I0662755

La famille Mezzo
L'intégral

Johanne Landers

AUTHOR NAME

Copyright © 2012 Johanne Landers
All rights reserved.
ISBN 10: 2924494141
ISBN-13: 978-2924494141

Jlprudhomme@msn,com
http://jlprudhomme.wix.com/johanne-landers
http://facebook.com/johanne.landers

LA SAGA DE LA FAMILLE MEZZO EN 5 VOLUMES

PRÉFACE DE LA SAGA
JOHANNIE ET FRÉDÉRICK MEZZO

Johannie Tremblay qui était née au Québec et habitait Vancouver depuis l'âge de cinq ans avait fini ses études universitaires avec mention pour devenir avocate. Ses parents étaient très fiers de leur fille unique. Son père qui était heureux de voir sa fille suivre ses traces, il était juge et Johannie aspirait aussi devenir juge. Ses parents avaient décidé de retourner en Italie pour son cadeau de fin d'études. Ils s'apprêtèrent à partir pour un mois. Elle avait beaucoup voyagé avec ses parents, mais elle préférait l'Italie à tout autre. Cela faisait si longtemps qu'ils n'étaient pas allés.

Johannie était aux anges quand elle entra enfin dans la suite de l'Hôtel Mezzo, c'était féérique. L'Hôtel promettait bien des plaisirs. Elle et ses parents s'adonnaient à des visites touristiques le jour et le soir ils restaient à l'hôtel pour souper et profiter des merveilleux couchés de soleil sur leur terrasse.

Plusieurs fois au restaurant de l'hôtel, Johannie voyait qu'un jeune homme était là presque chaque soir et il l'observait, elle lui rendait toujours son sourire, il était si charmant. À la fin de la première semaine, il se risqua à aller l'inviter pour une randonnée pédestre qu'il devait faire avec ses amis le lendemain. Il vit la résistance de ses parents et s'empressa d'ajouter que le propriétaire de l'hôtel était l'ami de son père et que celui-ci viendrait les rassurer sans problème avant que Johannie ne puisse accepter l'invitation. Johannie voulait mieux le connaître, elle ne comprenait pas pourquoi un étranger pouvait l'attirer à ce point et lui faire ressentir de fortes sensations, à seulement la regarder. Elle n'avait jamais connu cela avant. Ses yeux d'un noir impressionnant l'enivraient chaque fois qu'elle le regardait. Il était si beau. Le propriétaire s'empressa de venir voir les parents de Johannie pour leur expliquer que Frédérick était un très bon garçon. Ainsi débuta la saga Mezzo qui prenait son envol avec cet amour qui naissait entre leurs parents. Ils auront cinq merveilleux enfants, mais tout aussi différents les uns des autres.

Ogan Mezzo que rien n'arrête trouvera les amours de sa vie

Il est un jeune homme sûr de lui. Il défiera sa famille en choisissant un métier différent du reste de sa famille, ils sont tous avocats, sauf lui. Il pense avoir l'amour de sa vie jusqu'à ce que Suzie lui laisse entrevoir ce pour quoi elle est avec lui. Soudainement il comprend tout. Il ne veut plus de relation stable, il est blessé. Mais l'amour, le vrai, lui tombe dans les bras, la jeune et intouchable Amélia. Il est le plus jeune de sa famille et le premier à trouver l'amour de sa vie, ou les amours de sa vie plutôt. Il fait tout différemment des membres de sa famille, mais il est le plus heureux, car il n'a pas peur de défier ses parents qu'il respecte énormément à sa façon. Sa nouvelle vie qui lui est tombée dessus sera contagieuse pour sa famille.

Ogan entre au travail pour sa première journée aujourd'hui. Il vient de terminer ses études, il est maintenant comptable agréé. Il est un peu anxieux, mais quand même pas trop, car il va lui aussi travailler dans le cabinet d'avocat de ses parents.

— Bonjour M. Mezzo.

— Bonjour Amélia. Vous voulez bien m'appeler Ogan. Si vous nous appelez tous M. Mezzo, nous risquons d'avoir un problème.

— Oui Ogan.

— Est-ce que mes frères se font appeler M. Mezzo?

— Non, seulement votre père.

— Ouf! Je l'espère

— Votre père demande que vous passez le voir.

— Ah! Très bien, bonne journée Amélia.

— Vous aussi Ogan et bienvenu parmi nous.

— Merci. Tu sais, déjà si c'est toi qui m'accueilles chaque matin, c'est un très bon départ.

Amélia lui rendit son sourire.

Ogan se dirigea vers le bureau de son père. Celui-ci l'accueillit à bras ouverts. Le dernier des Mezzo qui faisait son entrée dans le cabinet familial. Ogan a trois frères, une soeur et ses parents qui travaillent déjà dans le cabinet. Ils sont tous avocats et lui, il n'en était pas question, il avait horreur de même y penser. Sa famille ne parlait que de causes à débattre. Lui c'était les chiffres qu'il aimait.

— Bonjour papa.

— Ah ! bonjour mon fils. Tu as l'air prêt pour ton travail ce matin. Je suis si fier de te voir enfin ici.

— Oui je suis prêt et fier d'être là moi aussi. Par où commençons-nous papa?

— Je vais téléphoner à Jack, car nous allons commencer par te faire signer quelques papiers pour ton cadeau de fin d'études, tout comme les autres enfants ont eu.

Jack arriva avec les documents prêts à être signés. Les documents comportaient une entente pour que Ogan puisse recevoir ses parts dans le cabinet.

Chaque fois qu'un des enfants commençait à travailler dans le cabinet, Frédérick et Johannie séparaient les parts de profits avec eux. Celles-ci étaient maintenant séparées en sept parties. Frédérick et Johannie avaient 15% chacun et les enfants recevaient à parts égales 14% à partir d'aujourd'hui. Tous les frais reliés au cabinet étaient sous la responsabilité des parents puisqu'ils avaient amplement d'argent pour se le permettre.

Après la signature des documents, Jack disparu et Frédérick fit appeler tous les autres membres de la famille pour venir féliciter Ogan et lui souhaiter la bienvenue. Michaël arriva le premier.

— Salut p'tit frère, tu viens nous couper nos parts, je présume. Jack m'a dit que nous allions avoir juste 14% maintenant que tu étais arrivé parmi nous. Je suis d'accord et très content que tu sois là. Bienvenu Ogan.

Michaël lui fit une accolade.

— Ce n'est pas comme si tu ne t'en attendais pas pour les parts quand même. Et puis qu'as-tu à te plaindre, tu étais le premier ici, alors t'as eu beaucoup de parts toi? Je vais avoir l'oeil sur ça à partir d'aujourd'hui.
— Ah ah ! Très drôle. Non, mais tu te rends compte combien de fois ça m'arrive. Dieu merci tu es le dernier.
— Le dernier et non le moindre mon cher frère.
— Ça, tu peux le dire. Merci papa d'avoir arrêté à cinq enfants. Mais je suis convaincu que maman et toi auriez dû arrêter à un.

Zoé arriva sur ces paroles.

— Et qu'est-ce que j'entends ? Michaël veut encore le monopole. Salut Ogan, et félicitations. Tu deviens salarié à partir d'aujourd'hui.
— Merci Zoé. Je vais m'assurer de faire ma paye avant les vôtres.
— D'abord que tu ne nous oublies pas. Aucun problème.

Johannie entra avec Emmanuël et Zack pour féliciter Ogan à leur tour. Ensuite Frédérick sortit le champagne avec jus d'orange pour fêter cela.

Par la suite Michaël fit le tour du cabinet avec Ogan pour lui montrer les nouveautés. Même si Ogan connaissait bien les lieux, son frère l'introduisait comme le nouveau comptable agréé du cabinet. Ensuite il y eut une réunion de famille dans la salle de réunion et une autre avec Jack qui était le comptable actuel. Ogan sortit de cette réunion enragé. Il était déçu et ne s'attendait pas à ce que son père garde Jack pour un an avec lui. Un an ! Ogan allait devoir être son assistant pour sa période d'apprentissage. Son père lui avait dit que Jack prenait sa retraite après cela et qu'il ne pouvait le mettre à la porte. Ogan comprenait bien cela, mais pas d'être sous ses ordres.

— Merde ! je suis maintenant comptable agréé et lui était seulement comptable. Ah ! je vais devoir me taper ce vieux fou pendant un an et partager son assistante Rita qui est toute aussi nigaude que lui.

Deux semaines plus tard, c'était encore pire qu'il croyait. Rita ne semblait pas vouloir ne rien faire pour lui. Elle disait toujours être occupée par les choses à faire pour Jack. Une journée, c'en était trop, il alla voir son père pour en discuter.

— Papa, puis-je avoir ma propre assistante? Je ne peux plus voir cette Rita, dis-moi qu'elle prend sa retraite aussi, car moi je ne la garderai pas. Elle ne veut rien faire pour moi, quand elle veut en faire, je lui demande le travail fait d'une certaine façon, elle me le remet en retard et loin d'être de la façon que je lui ai demandé. Je viens de finir mes études avec un baccalauréat et je veux mettre en pratique ce que j'ai appris. Elle me tape sur les nerfs et elle est vieille.

— T'as fini là !

— Non. Quand les autres sont entrés en fonction, ils avaient leurs propres dossiers à gérer et leur propre assistante. Bon! j'ai fini maintenant.

— Tu n'as qu'à passer voir Maria qui s'occupe des ressources humaines et lui dire de te trouver une assistante qui n'est pas vieille…comme tu dis, et qui t'écoutera à la lettre. Tu peux aussi demander à Amélia entre temps si tu as besoin d'aide, je suis certain qu'elle se fera un plaisir de t'aider. Et en passant jeune homme, Rita est plus jeune que moi.

— Ouf ! désolé papa.

Ogan fit une pause

— Mais pour Amélia, vous ne l'avez plus vraiment besoin, maman et toi ne fêtez maintenant que des choses plus minimes. Non ? Je pourrais l'avoir moi comme assistante, elle serait parfaite.

— Bien essayé, mais tu n'es pas le premier à la vouloir à ton service. Elle est parfaite comme tu dis, mais elle reste notre assistante.

— C'est bien, je m'attendais à cette réponse. Je me devais d'essayer, elle semble la perfection même. Jolie, calme, efficace et toujours souriante.

— Comme les autres, déniche-toi la tienne.

En sortant du bureau de son père, Ogan fit un sourire à Amélia. Elle avait entendu la conversation, elle lui souriait.

— Amélia, je voulais te dire que j'ai bien essayé de te sortir de ce pétrin, mais je n'ai pas réussi.

— Merci c'est gentil à toi, mais j'adore tes parents et je suis très bien avec eux. Ils sont merveilleux.

— J'aimerais quand même savoir si tu as une amie aussi jolie et efficace que toi qui voudrait travailler pour moi?

Amélia rougit.

— Merci pour le compliment, c'est très gentil. Tu peux m'envoyer les détails de ce que tu recherches et je vais voir.

— Très bien. Je passe me renseigner auprès de Maria sur quelques trucs et je t'envoie ça.

Trois semaines plus tard, Maria annonça à Ogan qu'elle lui avait trouvé une assistante. Il la rencontrait cet après-midi pour pouvoir évaluer si elle entrait dans ses attentes. Secrètement, il n'en voulait plus, il aimait bien le travail d'Amélia. Mais il dût s'avouer vaincu et embaucha Emma.

Après le travail, Ogan se rendit directement chez lui. Il était fatigué. En plus de sa journée de travail, il devait s'occuper du repas et du ménage de la maison. Sa belle Suzie était trop occupée à trouver du travail.

— Bonjour Ogan, j'ai téléphoné à ton bureau, tu as une nouvelle assistante ?

— Bonjour Suzie. Oui enfin, je l'ai eu mon assistante. Elle a commencé aujourd'hui et elle s'appelle Emma. Mais…je n'ai eu aucun message de toi.

— Non, je n'ai pas laissé de message.

Ogan avait soudainement un doute. Quand Suzie utilisait son prénom, c'est que quelque chose n'allait pas. Non, elle ne serait pas jalouse que j'ai ma propre assistante maintenant.

— Suzie, est-ce que quelque chose te tracasse ?

— Tu lis toujours si facilement en moi.

— Mais non, c'est toi qui ne peux pas cacher tes sentiments. Comme quand tu m'appelles Ogan.

Ogan pouvait lire de la peur dans le regard de Suzie. Il l'a connaissait si bien. Depuis le début de leurs études universitaires qu'ils étaient ensemble.

— Tu veux en parler. Tu n'as pas eu une bonne journée. J'imagine que ton entrevue ne s'est pas bien déroulée. Dis-moi.

Elle était toujours silencieuse.

— Suzie s'il vous plaît, je déteste quand tu me fais ça. Parle-moi.

— Premièrement, je ne suis allée à l'entrevue.

— Pourquoi as-tu fait ça? Tout semblait te sourire dans cet emploi. En plus avec le nouvel appartement que nous venons d'acheter, un deuxième salaire serait le bienvenu. Mais pourquoi as-tu fait cela? Je ne comprends pas.

Suzie eut un rire sarcastique.

— Tu me fais rire avec l'argent. Tu parles comme si tu étais pauvre et tu as des parents riches à craquer Ogan.

— J'aimerais que tu arrêtes de parler comme si l'argent de mes parents était la mienne. Mes parents nous ont appris malgré tout à savoir partir de nos propres ailes sans penser que tout était gratuit et sans effort. Nous sommes déjà très gâtés d'être bien remerciés par nos efforts. Ce n'est pas tous les enfants qui puissent avoir une auto neuve à leur entrée à l'université et de recevoir 100,000.00 pour l'achat d'un logement à leur graduation de fin d'études. En plus, n'oublions pas les parts que j'ai. Je n'ai absolument rien à me plaindre, et surtout, rien à demander à mes parents.

— Tu vas peut-être être obligé de le faire.

— Pourquoi ai-je l'impression que tu me réserves une mauvaise surprise Suzie? Qu'est-ce qui se passe?

— Je suis enceinte. Alors je ne travaillerai pas immédiatement.

Ogan se retourna, il la regarda dans les yeux. Qu'avait-elle fait? Il ne s'attendait sûrement pas à cette nouvelle.

— Quoi!

— Tu as bien compris Ogan. Alors il serait préférable que j'attends d'avoir le bébé et m'en occuper pour sa première année. Aussi, nous avons acheté cet appartement qui n'a que deux chambres et il lui faudra assez vite une chambre supplémentaire pour lui faire une salle de jeux et une cour. Aussi, il nous faudra une nounou quand je reprendrai le travail.

— Reprendrait le travail ! Tu n'as pas commencé encore. Mais Suzie tu prends la pilule contraceptive non ?

— Oui, mais il m'est arrivé d'en oublier ce mois-ci, je crois que j'étais perturbée avec la recherche d'emploi.

Ironie du sort, ils avaient discuté de cela deux mois plutôt et ils étaient d'accord pour attendre de deux à quatre ans avant d'avoir des enfants. Ils voulaient prendre le temps de bien s'installer dans leur travail respectif.

— Suzie, tu n'as jamais oublié et là soudainement, tu oublies !

— Bon c'est t'arriver, qu'est-ce que tu veux, je n'y peux rien. Et, baisse le ton Ogan. Vois-tu j'ai repensé à cela et j'ai réalisé que tu n'étais pas réaliste en pensant que tes parents ne pourraient pas nous aider dans cette situation pour quelques années….Ogan, ils sont millionnaires pour l'amour du ciel. Et le plus drôle, c'est qu'ils travaillent encore.

— Oui, ils travaillent toujours, c'est leurs choix. Nous n'avons pas à discuter sur ce point. Ils aiment leur métier. Je t'avais très bien spécifié que je n'emprunterais pas d'argent à mes parents, tu entends, pas un sou. J'ai maintenant mes parts dans la compagnie et un salaire. Tu n'es pas réaliste, depuis que nous avons fini nos études tu amènes toujours cela sur le tapis. Je sais que tu voulais une maison et non un appartement, mais nous allons nous contenter de l'argent que nous avons... Aucun argent de mes parents, c'est clair! Avec un enfant cet appartement ira très bien et nous verrons plus tard quand tu auras un travail. Je t'aime Suzie, mais tu dois arrêter de juste penser à l'argent de mes parents. Je n'en peux plus de cette situation.

Ogan prit son manteau et sortit. Suzie devenait trop obsédée par l'argent de ses parents. Il en avait assez, il commençait à avoir des doutes. Et là ! Oublier ses pilules. Ogan n'était pas fâché parce qu'elle était enceinte, mais parce qu'elle revenait encore sur le sujet de se faire entretenir par ses parents. Il devait réfléchir.

Il conduisait sans savoir exactement où il allait. Il finit par s'arrêter dans un bar, il avait besoin d'un verre et de se calmer. Il était si déçu de Suzie depuis qu'elle s'était aperçue que ses parents avaient beaucoup plus d'argent qu'elle le croyait. Elle en était trop obsédée. Ogan l'avait laissé dans l'ignorance jusqu'à ce qu'elle le découvre dans un article de journal. Pour lui ça n'avait aucune différence dans leur couple, dans leur amour. Il réalisa que cela était en train de détruire leur couple. Peut-être que l'enfant aidera si elle arrête de parler de l'argent de ses parents. Ce n'était pas dans ses habitudes de se rendre dans un bar seul, mais il ne voulait voir personne qu'il connaissait. À y penser, Ogan réalisait que Suzie était peut-être enceinte parce qu'elle l'avait planifié. Il n'en était plus certain. Il valait mieux ne pas faire de conclusion trop hâtive.

Après quelques heures à se saouler, il décida de prendre un taxi et se rendre chez ses parents. Il avait toujours la clé de la maison.

Quand il entra dans sa chambre restée à l'aspect d'adolescent. Il riait, comment avait-il pu décorer sa chambre de cette façon? Il se lança sur le lit et ferma les yeux. Ses parents ne se rendront pas compte qu'il était là, suffit que sa voiture était restée au bar.

— Frédérick.
— Oui chérie.
— Y'a une paire de chaussures au bas de l'escalier. Lequel est ici?

Frédérick souriait à Johannie.

— On va voir dans les chambres pour trouver l'intrus?
— Oui, viens.

Ils trouvèrent Ogan sur son lit, complètement habillé.

— Hum, je crois qu'il va avoir un bon mal de tête celui-là. La question est pourquoi se retrouve-t-il chez ses parents hein.
— Réveille-le, j'ai bien hâte d'entendre la réponse.
— Ogan, réveille-toi Ogan.
— Non papa, pas tout de suite. Ferme la lumière.

Frédérick se sentit rajeunir. Ogan était celui qui ne voulait jamais se lever le matin. Il devait revenir quelques fois pour s'assurer qu'il s'était levé.

Tant qu'à Ogan, il était un peu perdu, mais quand il vit ses parents et sa chambre, ouf il savait qu'il n'avait pas échoué au bon endroit.

— Ogan, c'est maman. Que fais-tu ici ce matin ma tornade? Des problèmes, tu veux peut-être en parler avec nous ou un de nous deux.

— Ah maman, papa! Non ça va aller. Si cela ne vous dérange pas, je vais entrer juste ce midi. Je dois passer voir Suzie, nous avons eu une petite dispute, rien de grave. Cela va s'arranger. Désolé de m'être retrouvé ici…je ne me rappelle pas vraiment comment je suis arrivé là.

— Ogan tu es et seras toujours chez toi ici, là n'est pas la question. J'espère que cela va s'arranger. Si on peut aider, fais-nous savoir.

— Merci papa.

Ogan se leva pour prendre une douche. Il trouva du linge de rechange dans ses tiroirs. Sa mère ne touchait vraiment pas à leur chambre d'enfant. Il prit un taxi pour récupérer sa voiture et se rendit chez lui pour s'excuser auprès de Suzie. Il ne l'avait même pas téléphoné. Suzie n'était pas à la maison. Où était-elle? Il téléphona sur son cellulaire, mais sans réponse. Elle voulait probablement lui remettre son coup bas qu'il lui avait fait. Il lui envoya un texto qu'il s'excusait, qu'il avait pris un verre hier et c'était retrouvé chez ses parents.

Deux heures plus tard, elle n'avait toujours pas téléphoné. Il décida de téléphoner chez quelques amies de Suzie. Personne ne l'avait vu. Soudain, son téléphone sonna. C'était son ami Jules.

— Salut

— Hé ! Ogan, écoute je voulais te parler, car Nancy et moi sommes sorties en boîte hier et nous avons vu Suzie, alors tu ne m'avais pas dit que vous n'étiez plus ensemble.

— Que veux-tu dire, nous sommes toujours ensemble.

— Oh! Désolé Ogan. Hier elle dansait avec … disons plusieurs gars. C'est pour ça que j'ai pensé que vous n'étiez plus ensemble…tu vois.

— Ah! Je vois oui. Hier elle m'a encore parlé de demander de l'argent à mes parents et tu sais comme cela me rend fou. Alors, je suis parti, je suis allé me saouler dans un bar et ce matin mes parents m'ont réveillé, j'étais perdu. Il faut croire que j'avais trop bu et je ne le n'ai pas téléphoné pour lui dire. J'imagine que c'est sa revanche.

— Ouf ! tu vas devoir te faire pardonner.

— Mon autre ligne sonne alors je te laisse et on se reparle.

— Salut Suzie

— Ogan, je ne sais pas où tu as passé la nuit, mais tu peux être certain que j'aurais eu besoin de toi.

— Désolé Suzie, j'ai bu et je me suis retrouvé chez mes parents.

— À cause de toi et ta colère envers moi, j'ai perdu le bébé cette nuit et je n'ai même pas pu te joindre.

— Quoi! Tu as perdu le bébé. Mais Suzie, je n'ai rien fait pour que tu perdes le bébé. Je suis parti au lieu d'être déplaisant.

— Le médecin a dit que c'était à cause que tu t'es fâché. C'est comme un traumatisme, car il n'a rien trouvé d'autre qui aurait pu causer ça. J'ai dû passer la nuit ici toute seule. Ce matin Nicole est venue me rejoindre, mais c'est toi que j'aurais voulu avoir près de moi.

— Ah Suzie! je ne voulais pas ça du tout, je suis vraiment désolé.

— Viens me chercher et nous en reparlerons à la maison. Je serai déjà en bas avec Nicole.

— Très bien, calme-toi je vais vous chercher immédiatement. Ça ne devait pas être trop long.

Pour les jours qui suivirent, Ogan était aux petits soins pour Suzie. Il arrivait de travailler et préparait le souper. Suzie disait que le médecin lui avait recommandé le repos complet pour deux à trois semaines. Aussi pour se faire pardonner, Ogan lui apporta des fleurs, il lui acheta un bracelet en or avec gravé sur le dessus ''je t'aime''. Il se sentait si coupable. Suzie lui répéta qu'il ne fallait plus jamais crier après elle.

Ogan alla dîner à la cantine du coin avec Zack et ils rencontrèrent Jules.

— Salut Ogan.
— Salut, content de te revoir.
— Comment ça va avec Suzie?
— Bien on a parlé et il s'avère qu'elle a passé la nuit à l'hôpital et elle avait essayé de me joindre, mais sans succès, j'avais fermé mon cellulaire. Alors ce n'est pas elle que vous avez vue.
— Désolé Ogan, mais nous lui avons parlé. Ogan nous étions là jusqu'à la fermeture à 3h00 du matin et elle est sortie juste avant nous. Ce doit avoir arrivé après. Mais elle avait l'air plus que bien, je t'assure.
— Jules, tu me dis ça comme si tu doutes. Pourquoi je sens que tu ne me dis pas tout?
— Hum ! À la fin de la soirée elle était toujours avec le même gars et … ils …. Ils s'embrassaient assez … farouchement. Disons que ce n'était pas de petites accolades. Désolé, mais si je te le dis, c'est parce que tu as toujours été mon ami et je n'aime pas ce que je pense.

Zack regarda son frère. Jules n'avait pas l'air d'aimer Suzie et Zack savait très bien qu'il ne l'aimait définitivement pas et lui non plus. Elle était trop audacieuse et arrogante. Elle se prenait pour une reine et cela l'agaçait.

— Tu vas devoir faire un ménage dans ta vie petit frère.
— Oui. Hé bien! pour l'instant vous allez devoir m'excuser. Je vais retourner au bureau.

Il disparut en flèche. Il entra chez lui ce soir-là et questionna Suzie. Il supportait souvent ses caprices, mais aujourd'hui le mensonge, pas question. Il voulait savoir la vérité.

— Bonsoir Ogan, tu as eu une bonne journée ?
— Non pas vraiment. Toi qu'as-tu fait ?
— Rien je crois que j'ai encore besoin d'un peu de repos.

Le téléphone sonna et Ogan répondit.

— Salut soeurette.
— Salut Ogan, est-ce que Suzie est là ?
— Oui, mais peut-elle te rappeler, elle est occupée pour l'instant?

Suzie était surprise. Ce n'était pas dans les habitudes d'Ogan de faire cela.

— Elle n'a pas besoin de me rappeler. Dis-lui juste que j'ai finalement acheté la jupe que nous avons vue ensemble aujourd'hui.
— Aujourd'hui !
— Oui, nous nous sommes rencontrées au centre d'achat.
— Très bien je lui fais le message. Merci
— Suzie, pourquoi dis-tu que tu n'as rien fait et que ma soeur dit qu'elle t'a rencontré aujourd'hui ?
— Je dois te dire tout ce que je fais maintenant. C'est quoi ça?
— Bon, c'est bien. À quelle heure as-tu essayé de me rejoindre le soir où tu es allée à l'hôpital ?
— Toute la soirée, je ne sais plus.
— À quelle heure es-tu allée à l'hôpital, tu t'en souviens sûrement?

19

— Environ une heure après ton départ. Je ne sais vraiment plus. Tu recommences à me harceler, je n'aime pas ça.

— Ah ! Ah ! Comment pouvais-je être si aveugle? Et avec qui as-tu dansé en boîte ce soir-là… jusqu'à environ 3h00 du matin ! ! !

Suzie ne parlait plus maintenant. Il savait et elle regrettait d'avoir été en boîte. Si elle n'y était pas allée, son plan aurait marché.

— Et tu sais quoi Suzie, j'ai eu de gros doutes après avoir appris cela. Alors j'ai fait un téléphone à l'hôpital aujourd'hui pour découvrir que tu n'as jamais passé la nuit là. Alors quel jeu tu joues là? Dis-moi la vérité, étais-tu enceinte ou pas ?

— Non Ogan tu ne comprends pas. Je devais te donner une leçon, car tu me pousses à me trouver un emploi tout de suite, mais je ne suis pas prête et je voulais savoir si nous aurions un enfant tout de suite au lieu d'attendre, comment tu réagirais. Et tes parents ont tellement d'argent que je me disais que si je te poussais à en profiter que tu me remercierais plus tard.

— Qu'est-ce qu'on ne peut pas entendre ! Je n'étais pas juste aveugle, j'étais fou. Sors d'ici et je ne veux plus jamais te revoir et je ne veux pas que tu me téléphones non plus. Aucune excuse n'est acceptable pour ce que tu as fait. Sors avec ton linge, car c'est la seule chose qui t'appartient ici. Et n'oublie pas de laisser les clés sur la table avant ton départ.

— Mais où veux-tu que j'aille? Je ne sortirai pas d'ici c'est mon appartement aussi.

— Tu n'as strictement rien à ton nom. Tout est à moi, car j'ai tout payé, tout. Va chez ta chère amie qui a monté le complot avec toi ou chez tes parents. Peu m'importe. Sort.

— Espèce d'enculé. Tu le regretteras.

Suzie prit ses bagages et partit. Elle n'avait jamais vu Ogan dans cet état. Elle se disait qu'elle n'aurait pas dû sortir ce soir-là et passer la nuit avec ce gars. Elle réalisait qu'elle avait bien manqué son coup avec Ogan. Il lui faudrait trouver quelqu'un d'autre et vite si elle ne voulait pas travailler.

Ogan entra au bureau le lendemain et Zack vint prendre de ses nouvelles.

— Hé comment est allée ta soirée hier ?
— Je l'ai mise à la porte et je crois que j'aurais dû faire cela depuis longtemps. Ça va aller, je suis juste très fâché contre moi-même de m'être fait berner de la sorte.
— Si tu veux parler, je ne suis pas loin.

Ogan se sentait honteux. Se faire berner comme cela. Pas croyable. Si son frère savait encore qu'elle lui avait fait à croire qu'elle était enceinte et qu'elle avait perdu le bébé. Dieu merci, il ne l'avait annoncé à personne. Sa honte aurait été dévastatrice.

Il ne sortait pratiquement plus de son bureau et refusait les invitations de sa famille pour dîner hors du bureau. La seule qu'il voyait et disait bonjour le matin était Amélia, toujours présente à son poste.

Amélia était déçue pour lui, il faisait pitié. Lui qui était toujours souriant et amical. Il était devenu automate. Suzie semblait vraiment l'avoir blessé et Amélia était convaincue que Ogan ne méritait pas cela. Elle essaya de faire la conversation, mais rien ne marchait.

— Hé ! Aucun beau sourire ce matin pour moi maintenant. J'espère que je n'ai rien fait de mal Ogan. Il faudrait me le dire si c'est le cas.

— Non Amélia, ce n'est pas toi c'est moi qui n'a pas l'humeur ces temps-ci.

Amélia en avait assez de le voir se détruire comme cela. Elle savait très bien qu'il n'était plus avec Suzie et que c'était probablement sa peine d'amour qui le faisait souffrir. Même sa famille avait tout essayé. Plus tard vers la fin de la journée elle alla le trouver dans son bureau. Ferma la porte.

— Ogan j'aimerais te parler.
— Comment puis-je t'aider?
— Ogan, tu dois te reprendre un peu. Je sais que c'est dur j'ai passé par là. Je t'assure, le plus vite tu reprendras tes habitudes, le plus vite tu te remettras de ta peine d'amour.
— Hum ! Si tu savais Amélia, je suis si bien depuis que je l'ai mise à la porte. Je suis quand même encore très enragé contre elle et la situation qu'elle m'a fait vivre. Incroyable.
— Ah ! tu l'as mise à la porte. Bon! écoute, je dois partir pour reprendre Annabella à la garderie, si tu veux en parler, demain on pourrait dîner ensemble.

— C'est bien parce que c'est toi. Ça va pour un dîner, mais je ne suis pas sûre de vouloir parler de ça.
— Très bien, mais nous irons dîner quand même. À demain et bonne soirée.
— Je vais me rendre à ton bureau pour 13h00 demain.
— Parfait.

Quand Johannie vue Amélia sortir du bureau d'Ogan, elle l'appela dans son bureau.

— Amélia, as-tu réussi à parler à Ogan ?

— Pas beaucoup, mais j'ai réussi à avoir un dîner avec lui demain.

— Merci Amélia. Je déteste voir un de mes enfants dans cet état.

— Ce n'est rien, j'étais aussi tellement malheureuse de le voir comme ça. Je vous donnerai des nouvelles demain. Croyez-vous que je puisse prendre un dîner plus long au besoin?

— Oui, absolument. Merci et bonne soirée.

— Vous aussi.

Amélia vint dans le bureau de Johannie dans l'après-midi pour lui dire que Ogan n'avait pas voulu parler de la situation de son couple, mais qu'il avait repris le sourire pendant le dîner. Il avait semblé se détendre. Johannie s'offrit à payer tous les dîners qu'Amélia prendrait avec Ogan. Elle voulait qu'elle l'invite de nouveau. Si cela pouvait lui faire du bien. Mais Amélia déclina son offre. Ogan ne l'avait pas laissée payer son dîner et elle était bien capable de payer ses dîners.

Les semaines passèrent et Ogan reprit ses habitudes. Il semblait de mieux en mieux. Ils allèrent dîner ensemble de plus en plus souvent. Amélia était bien avec lui. Il était si simple. Elle pouvait lui parler de n'importe quoi. Il l'écoutait toujours très attentivement. Amélia réalisa vite qu'elle devenait amoureuse d'Ogan. Elle devait se reprendre. Ils n'étaient pas de la même classe sociale et elle savait très bien qu'il la prenait pour son amie et cela s'arrêtait là. Elle ne voulait pas souffrir à nouveau ou détruire cette amitié. Elle avait organisé sa vie avec sa fille Annabella après le départ de son ex quand Annabella n'avait que quatre mois. Il n'était jamais revenu voir Annabella.

Ogan entra un matin et vit Amélia préparer ses choses pour partir, elle semblait affolée.

— Y'a un problème Amélia ?

— Oui, la garderie vient de me téléphoner. Il semblerait qu'Annabella se serait cassé un bras. Je dois m'y rendre immédiatement.

— Attends je dépose mes choses dans mon bureau et je viens avec toi.

— Ta mère s'est déjà offerte pour venir avec moi, elle refuse que je prenne un taxi.

Ogan alla voir sa mère et lui dit qu'il préférait aller avec Amélia. Johannie ne s'y opposa pas.

Amélia sortie de l'auto et Ogan la suivait de près. Elle fût surprise de voir qu'il entrait aussi dans la garderie. La garderie passa un banc d'auto à Amélia. À l'hôpital encore là, il entra dans la salle avec elles. Annabella s'était bien cassé le poignet.

— Ogan tu n'as pas besoin d'attendre, tu sais. Je peux très bien prendre un taxi pour me rendre à la maison.

— Non, il n'en est pas question. Je reste et je vous ramènerais chez vous.

— Merci Ogan, c'est très gentil.

Arrivé devant l'immeuble chez Amélia, Ogan vit qu'elle était pour entrer le banc d'auto dans la maison.

— Tu ne veux pas le mettre dans ton auto tout de suite au lieu de l'apporter dans l'appartement ?

— Non, je n'ai pas d'auto.

— Alors, laisse-le là et je vais le rapporter à la garderie.

Ogan prit Annabella dans ses bras et Amélia prit son sac. Elle se sentait mal à l'aise, elle n'aurait pas voulu qu'il voie son appartement. C'était un peu minable, car elle n'avait pas d'argent pour l'arranger à son goût et que ses meubles étaient vieux et dépareillés. Elle ne pouvait quand même pas lui dire de ne pas entrer. Il avait été si gentil pour elles.

Ogan déposa Annabella sur le canapé et elle lui donna un bisou sur la joue.

— Tu sais qu'elle n'est pas si proche des gens habituellement. Je suis surprise que tu aies eu un bisou.
— Elle est tellement adorable et d'une beauté à couper le souffle.
— Merci.
— Au revoir les filles.
— N'oublie pas de donner des nouvelles d'Annabella à ta mère en entrant au bureau. Nous nous reverrons vendredi, car je n'entre pas au bureau demain.
— Oui, compte sur moi. Si je l'oubliais, elle m'en voudrait. Une mère c'est ça.
— Une merveilleuse mère !
— Mais oui, je suis bien d'accord avec toi.

Ogan retourna au bureau, il informa sa mère pour Annabella et le vendredi Amélia était de retour au bureau. Le samedi après-midi, Ogan partit faire des emplettes et à la pharmacie il tomba sur une peluche avec un plâtre au bras. Cela le fit sourire. Il ne put s'empêcher de l'acheter. Il décida d'acheter une pizza pour les filles et il pourrait remettre la peluche lui-même à Annabella. Il réalisa que l'idée de passer la soirée avec Amélia ne lui déplairait pas. Il sentait par contre qu'il se servait de la condition d'Annabella pour arriver à passer cette soirée avec sa mère. Il se sentait si bien avec Amélia.

— Bonjour Amélia, c'est Ogan. J'ai un petit cadeau pour Annabella.

— Ogan ! Très bien tu peux monter.

Amélia était surprise. Déjà qu'elle n'aimait pas recevoir dans son appartement tellement il était minable. Mais ce n'est pas comme s'il ne l'avait pas vu, car la dernière fois, il avait monté Annabella jusqu'en haut, il avait bien vu son salon, propre, mais les meubles étaient si vieux. Elle ne pouvait certainement pas lui refuser de monter encore une fois là.

— Bonjour Ogan, entre.

— Je suis venu pour voir comment allait Annabella, je lui ai trouvé un petit trésor. Regarde cela Annabella, il a un bras dans le plâtre, tout comme toi.

Annabella prit la peluche et tendit les bras pour que Ogan la prenne dans ses bras.

— J'espère que ça va avec toi Amélia, j'ai apporté de la pizza pour nous. Je me sentais seul, alors quand j'ai vu la peluche j'ai pensé à vous deux et j'ai pensé que tu ne serais pas fâché contre moi.

— Non cela me fait plaisir. J'étais sur le point de commencer le souper. Je vais préparer les assiettes.

Amélia regardait Ogan et sa fille. Elle n'en revenait pas comme ils s'étaient adaptés l'un à l'autre si vite. Sa fille n'avait pas l'habitude de la délaisser et là, elle l'ignorait totalement.

— Je suis jalouse là. Annabella n'a pas l'habitude de me délaisser pour quelqu'un d'autre. C'est la première fois. Je crois qu'elle est tombée en amour avec toi Ogan.

— Ah ! ah ! je crois que moi aussi. Elle est tellement adorable. Ah ! mais c'est qu'en voyant la peluche, je n'ai pas pu résister.

— Je te comprends, cette peluche est si mignonne.

— Viens t'asseoir avec nous, apporte la pizza ici avec ce qu'il faut et nous mangerons au salon.

— Très bien. Les filles sont gâtées ce soir.

— Annabella que dirais-tu si on trouvait un nom à ta peluche.

— Toutou.

— Ah ! tu veux l'appeler toutou.

— Non.

— Non, alors comment veux-tu l'appeler…suffit que je suis avec deux beautés ce soir, est-ce que tu veux l'appeler beauté ?

— Oui, beauté.

Ils mangèrent tous au salon. Annabella ne voulait plus débarquer des genoux d'Ogan. Amélia lui donna son bain et Ogan resta avec eux dans la salle de bain. Annabella s'amusait à arroser Ogan et Amélia. Quand Amélia se rendit mettre Annabella au lit, Ogan se rendit avec eux dans la chambre. Amélia se sentait tellement mal à l'aise, sa chambre était pire que le reste de son appartement. Personne ne venait la voir ce qui était bien pour elle dans ses conditions. Elle n'avait pas l'argent nécessaire pour se payer un appartement plus cher ou même acheter quelque chose qu'elle n'avait pas strictement besoin.

— Tu veux une histoire Annabella.

— Oui.

— Tu sais Ogan, je crois que tu es l'être le plus généreux que je connaisse… et curieux. Tu nous suis partout, tu veux tout voir. Tu me fais rire.

— C'est Annabella, je crois que je suis tombé en amour avec elle.

— Bon, je vous laisse et je vais ramasser les restes de notre souper. Tu me rejoins au salon après.

— Oui, mais pour la curiosité, c'est Zoé qui est la pire dans notre famille…attention à elle si tu crois que moi je suis curieux.

Ogan ne resta que cinq minutes avec Annabella pour sa petite histoire.

— Elle est restée couchée, tu crois qu'elle va se relever ?

— Non, elle est très gentille pour cela. Elle sait que je suis juste à côté, mais elle ne se relève pas.

— Ouf ! T'aurais dû voir chez nous, nous étions cinq à nous relever. C'était l'enfer quelques fois. Pas pour nous, mais pour la nounou qui aidait ma mère. Avec cinq enfants et son travail, elle avait besoin d'elle.

— Je n'aurais pas voulu voir ça.

— Vous partagez la même chambre tous les deux.

— Tu sais Ogan quand on élève un enfant seule, on doit s'assurer d'avoir de l'argent de côté pour les mauvais jours. Et je mets aussi régulièrement de l'argent dans un compte pour les études d'Annabella. Il y a tellement de choses à payer. Nous sommes très bien comme cela.

— Oui, je te comprends Amélia. Ce ne doit pas être facile. Bon, maintenant je devrais aller.

Elle ne voulait plus le voir partir, mais plutôt qu'il reste. Elle aimait tellement être en sa présence. Elle était toujours seule avec sa fille, alors la compagnie d'Ogan était bienvenue pour une fois.

— Pourquoi ne restes-tu pas ? J'ai loué un film pour ce soir. On pourrait le regarder ensemble.

— Si tu veux. Je n'ai vraiment rien à faire. J'aurais pu sortir en boîte ce soir avec un ami, mais cela ne m'intéressait pas. Je n'aime pas la danse, le bar trop plein et la boisson juste en petite quantité, alors les bars ne sont pas vraiment pour moi. Plutôt un bon verre de vin à la maison, ça oui, ou encore une bière avec de la pizza.

— Alors c'est parti pour le film, mais je n'ai pas de vin.

— Il nous reste deux bières, je crois que cela fera pour ce soir. Si tu en prends une, je vais en reprendre une aussi.

— OK tu peux mettre le film et je vais chercher les bières.

Ogan la regarda s'en aller vers la cuisine et il pensa à Suzie. Comme elles étaient différentes. Amélia si douce et si simple, tandis que Suzie si… espiègle.

— Ogan arrête le film, j'ai pensé qu'on pourrait parler un peu avant de le regarder. J'aimerais que tu me parles de ce qui est arrivé avec Suzie. Tu as été si distant après votre rupture, tu semblais dévasté, fâché ou je ne sais trop. Est-ce que je me trompe?

— Non, tu as raison. Pour une fois que j'avais décidé que c'était fini les sorties dans les bars pour de bon et que je voulais m'installer, avoir des enfants. Par contre, je voulais finir notre installation avant. Je veux dire que moi je venais de débuter mon nouvel emploi, Suzie était à la recherche d'un emploi et le nouvel appartement tout ça c'était déjà beaucoup à gérer.

Un silence régna dans la pièce, trop long pour Amélia. Il semblait avoir tant de difficulté encore à en parler. Il avait dû l'aimer assez.

— Je suis désolée, je n'aurais pas dû te parler de cela.

— Ça va maintenant. Elle m'a tellement humilié. Si tu savais.

Amélia se rapprocha de lui et prit sa main. À leur contact, leur coeur s'emballa. Amélia regardait Ogan dans les yeux et rien n'existait plus. Elle n'arrivait plus à détacher ses yeux des siens. Elle devait se reprendre.

— Justement Ogan, je crois que je comprends. Ça me brise le coeur de te voir comme cela. Qu'est-il arrivé Ogan, dit-le moi.

Ogan regarda toujours Amélia dans les yeux et soudainement, il réalisa qu'il était sur ses lèvres. Un baiser si doux, il sentait la chaleur de son désir à elle aussi. Il entendit son coeur battre à toute vitesse, à moins que ce soit le sien, il ne le savait plus. Il savait par contre qu'Amélia répondait à son baiser avec autant d'énergie que lui. Elle le voulait aussi.

Ils se laissèrent aller. Ogan s'arrêta pour regarder Amélia de nouveau et reprendre son souffle. Qu'avait-il fait? Serait-elle fâchée contre lui?

Amélia se rapprocha de nouveau pour qu'il reprenne ses lèvres. Ni un ni l'autre ne semblait et ne voulait mettre fin à cet enlacement de feu et de passion. Finalement Amélia, le repoussa doucement.

— Qu'est-ce qu'on fait Ogan? Je suis désolé, c'était…plus fort que moi.
— Je ne sais pas non plus ce qui vient de se passer, mais je ne sais pas ce qui m'a pris. C'était plus fort que moi, tu es si belle, si douce et tu l'as toujours été à mes yeux. Mais tu étais inaccessible. Mais maintenant, tu sais Amélia quand j'étais plus jeune et que tu as commencé à travailler pour mes parents, la première fois que je t'ai vu, je suis tombé sous le charme. Mais pour moi, jusqu'à aujourd'hui, je croyais t'aimer d'une très grande amitié, mais je crois que c'était beaucoup plus de l'amour qui vient tout juste d'exploser à mes yeux.

Ogan se pencha et lui chuchota à l'oreille.

— Je vais être honnête avec toi Amélia, je voudrais t'aimer tout entière, je voudrais te faire l'amour sans arrêt. Même quand j'étais avec Suzie, tu me faisais plus d'effet qu'elle. Je ne voulais pas comprendre ce que je vois aujourd'hui.

— Moi aussi Ogan, je dois être honnête avec toi. Je t'aime aussi, surtout depuis que je sais que tu n'es plus avec Suzie. Avant je repoussais tout ça parce que cela faisait si longtemps que tu étais avec Suzie, que je croyais que vous vous seriez mariés bientôt.

— Dieu merci que je n'ai pas fait cela. J'ai pu avoir un aperçu de ma vie avec elle avant d'avoir fait l'irréparable. Ça aurait été une catastrophe.

— L'autre chose Ogan est que je ne suis pas la fille à vouloir des histoires d'un soir, je ne veux rien savoir de cela. Et aussi, j'ai Annabella et la vie d'un couple n'est pas pareille avec un enfant. Tu l'as vu dans son meilleur jour avec le sourire, mais quelques fois elle ne va pas bien, elle pleure, elle boude et elle a de très mauvaises journées. C'est beaucoup plus difficile quand y'a un problème. J'ai très peur d'avoir une relation avec un homme, qu'elle s'attache à lui et qu'ensuite, il disparaisse de sa vie à nouveau comme son père lui a fait.

— Comme tu sais, j'étais avec Suzie depuis très longtemps et j'étais fidèle. Alors les histoires d'un soir ne sont pas pour moi non plus.Tu sais Amélia, je vous aime toute les deux et les enfants ne m'ont jamais fait peur… ce n'est pas comme si nous venions juste de nous rencontrer, nous nous connaissons très bien depuis longtemps déjà. Je te connais et tu me connais. On sait tous les deux qu'on est de bonnes personnes. Je crois qu'il est moins risqué dans ce cas de l'essayer.

— Oui, c'est vrai ce que tu dis… Et j'en ai très envie aussi. Alors nous allons essayer et nous verrons. J'aimerais quand même que pour une certaine période, que nous n'en parlions pas au bureau jusqu'à ce qu'on soit plus sûre, plus à l'aise dans notre relation.

— Viens, rapproche-toi. C'est raisonnable ce que tu demandes et je suis parfaitement d'accord.

— Nous devons nous promettre que si cela ne marche pas, nous resterons bons amis et que nous allons toujours nous respecter au bureau par la suite.

— D'accord avec ça aussi, mais je ne vois pas comment cela ne marcherait pas.

— Maintenant, parle-moi de ce qui est arrivé avec Suzie et toi. Je dois savoir Ogan.

— Très bien. Elle m'a fait à croire qu'elle était enceinte et quand elle me l'a annoncé, je n'étais pas content, car nous nous étions mis d'accord pour attendre de nous installer dans notre nouvel appartement, moi je venais de commencer mon emploi et Suzie cherchait toujours un emploi? J'étais tellement fâché parce qu'elle disait avoir manqué quelques pilules, mais intérieurement je sentais le mensonge en elle, mais je ne pouvais en être certain. Aussi elle a de nouveau ressorti l'histoire que mes parents étaient très riches et que je devais leur emprunter de l'argent. Elle revenait toujours à l'argent de mes parents. Alors je suis sorti, je me suis retrouvé dans un bar et ensuite réveillé chez mes parents.

— Alors tu t'es retrouvé chez tes parents ?

— Oui, t'imagines mon père et ma mère dans ma chambre le matin pour me réveiller. Je croyais rêver quand j'ai ouvert les yeux.

— Ah ! ah ! oui j'image le portrait. Assez drôle. Ils n'étaient pas fâchés que tu te retrouves là.

— Mes parents fâchés ! Non, je ne crois pas les avoir déjà vu fâcher.

— Moi non plus depuis que je les connais. Continue.

— Quand je suis entrée chez moi je l'ai appelé et finalement elle m'a dit qu'elle avait perdu le bébé par ma faute parce que j'avais crié et j'étais parti fâché. Je suis allé la chercher à l'hôpital. Elle m'attendait à la sortie, alors je croyais que cela était vrai. Finalement j'ai appris par un ami qui l'avait vu en boîte qu'elle avait dansé avec un homme toute la soirée et une partie de la nuit. Ensuite il dit qu'ils sont partis ensemble vers 3h00 du matin. Cela ne coordonnait pas avec l'heure qu'elle avait perdu le bébé. Je l'ai mis dehors, j'en avais assez de ses supercheries…j'ai utilisé certains pouvoirs d'avocat pour découvrir qu'elle n'avait pas du tout été admise à l'hôpital. T'imagines ma frustration. C'est là que j'ai réalisé que je ne l'aimais plus depuis un certain temps. Ce n'était devenu qu'une habitude d'être ensemble. Pire depuis qu'elle savait que mes parents étaient riches. Aussi ma famille ne l'aimait pas beaucoup, je le savais très bien, mais je crois que je ne prenais pas ma vie en main.

— C'est terrible de t'avoir fait ça. Mais pourquoi te dire qu'elle était enceinte si elle ne l'était pas? Tu l'aurais quand même vu après un certain temps.

— Elle disait que si je l'avais accepté, elle aurait pu tomber enceinte pour le vrai. Réellement, je crois qu'elle est folle. Elle voulait un enfant tout de suite pour ne pas avoir à aller travailler et profiter de l'argent de mes parents.

— Quelle histoire!

— Ce n'est pas tout.

— Quoi! Y'a plus.

— Elle disait qu'elle avait fait tout cela pour …. Me punir, parce que je ne voulais pas comprendre que mes parents pouvaient ou même devaient nous donner de l'argent depuis qu'elle avait vu dans une revue les familles les plus riches de la région, elle en était devenue folle. Je ne l'ai pas vu venir. Je crois que j'étais aveugle. Avec la fin de mes études et le début de mon nouveau travail, cela prenait tout mon temps et mon esprit.

— L'argent peut rendre fou, mais qu'est-ce que je trouve malheureux c'est qu'elle ne voyait pas l'homme honnête qu'elle avait et la chance d'une vie heureuse qu'elle a laissée passée.

— Tu m'estimes beaucoup. Mais moi aussi je sais que tu es une bonne personne et c'est pour cela que je ne veux pas laisser passer ma chance.

— Ogan, regarde-moi. J'ai été pendant deux ans avec Louis avant de tomber enceinte et nous le voulions tous les deux cet enfant. Regarde où j'en suis aujourd'hui. Il s'est tiré avec tout l'argent que je mettais de côté, ce qui se soldait à environ $20,000.00 avec l'argent de la succession de mes parents. Je n'avais plus rien, même pas d'argent pour acheter du lait et des couches à ma fille qui allait pour naître deux semaines plus tard. Il n'est jamais revenu pour voir sa fille. Crois-moi, je sais très bien qu'on ne peut pas savoir. Mais j'aurais dû voir les signes. Toi au moins, tu les as vus et tu as fait la meilleure chose pour y remédier.

— Tu as raison.

— Mais une chose qui m'a échappé dans tout ce que tu m'as dit. Tu t'es servi de…certains pouvoirs d'avocat ?

— Hum…disons que cela doit rester un secret. Y'en a qui ne serait pas content de savoir que j'ai utilisé leur nom. Mais Amélia, je devais savoir la vérité.

— Ah ! ah ! petit malin avec ça. Ne t'inquiète pas pour ton secret. Il est bien gardé. Mais quel nom as-tu utilisé au juste ?

— Laisse tomber…quelque chose dans le genre ''le plus gentil de la boîte''.

— Pauvre Emmanuël s'il savait.

— Hé! comment sais-tu?

— T'as bien dit le plus gentil.

— Hum, je croyais que c'était moi le plus gentil vraiment. Alors le plus gentil après moi.

— On regarde ce film.

— Oui.

Quand Amélia s'apprêtait à mettre le film en marche, elle se maudit intérieurement, car elle avait choisi un film romantique avec elle en était sûr, quelques scènes de nudités. Elle se sentit rougir. Elle venait à peine d'y penser et c'est elle qui lui avait demandé de rester pour voir le film. Tant pis se dit-elle. Il était trop tard pour trouver une excuse, elle aurait l'air ridicule d'une façon ou d'une autre.

— Tu es sûr Ogan que tu veux voir le film, on peut aussi continuer à parler.
— Non, non. On regarde le film.

Elle devait se résigner. Elle mit le film et alla s'asseoir près d'Ogan. Il restait une heure au moins au film à jouer et tous les deux sentaient la chaleur monter en eux. À deux reprises, Ogan se rendit à la salle de bain pour essayer de reprendre ses esprits. Mais en vain, son corps n'en pouvait plus, le contrôle devenait de plus en plus difficile. Il devait partir d'ici, mais comment dire à Amélia ''Ah! tu m'excuses je dois partir maintenant, j'ai une érection qui me fait mal...merde''

Ogan s'approcha d'Amélia un peu plus. Il lui chuchota à l'oreille en l'embrassant dans le cou.

— Si tu n'arrêtes pas ce film, je ne pourrai plus répondre de moi.
— Ogan, je crois qu'il est trop tard pour cela. Je ne peux déjà plus répondre de moi-même.

Ils ne regardaient plus le film. Ils s'embrassèrent passionnément un long moment et Ogan prît le visage d'Amélia dans ses mains et lui dit qu'il l'aimait vraiment et qu'il ne la décevra pas. Il continua à l'embrasser, puis descendit dans son cou. Il l'allongea sur le divan et reprit ses baisés passionnés. Amélia gémissait déjà juste à le sentir descendre pour rejoindre ses seins, après les avoir caressés avec sa langue et les avoir doucement suçotés, il continua son parcourt vers le bas avec sa langue et ses baisés torrides.

Elle se rendit compte qu'elle était à moitié nue et que lui n'avait toujours rien enlevé. Elle commença à déboutonner sa chemise et au moment où elle défaisait le bouton de son pantalon, il recommença à la lécher autour du nombril et descendit entre ses cuisses. Elle perdu l'idée de ce qu'elle était en train de faire et son cerveau vola en éclat. Ça faisait si longtemps. Son corps répondait violemment sans qu'elle ne puisse rien y faire. Son désir était trop fort. Elle voulait Ogan, elle le voulait maintenant.

— Ah ! Ogan continu, n'arrête plus s'il te plaît.

Ogan redoubla ses caresses. Puis il se mit à remonter tout aussi doucement et Amélia ne pouvait empêcher son bassin de se mouvoir. Elle entreprit de continuer ce qu'elle avait commencé, mais au lieu d'essayer d'enlever le pantalon d'Ogan, elle aurait voulu le déchirer. Elle le voulait en elle. Ogan l'aida et il se mit à fouiller dans ses poches, mais réalisa vite qu'il n'avait pas acheté de condoms, car avec Suzie il n'en utilisait pas et ne croyait pas en avoir besoin avant de rencontrer une autre femme. Jamais il n'aurait cru tomber dans les bras d'Amélia si vite. Mais elle était déjà dans ses bras et toute nue si belle, elle l'attendait lui.

Il regarda Amélia qui se mouvait toujours sur le divan. Il décida de continuer à lui faire l'amour oral.

— Ogan, viens je te veux en moi.

— Est-ce que tu prends quelque chose pour te protéger, car moi je n'en utilisais pas, elle prenait la pilule et je ne m'attendais vraiment pas à cela ce soir? Je n'étais pas venu avec cette intention… mais je ne peux te résister. Malheureusement je n'ai pas de condom sur moi.

— Je ne prends pas la pilule, car depuis plus de trois ans que je suis seule alors…cela ne me donnait rien. Vient Ogan, je ne peux pas penser que nous allons nous arrêter là, je vais devenir folle. S'il te plaît peux-tu essayer de ne pas éjaculer en moi? Je te promets de te faire jouir la minute suivante, mais n'arrête surtout pas. Je veux te sentir en moi.

Ogan ne put résister à ses paroles. Il l'a voulait aussi autant qu'elle.

— Oui, viens t'asseoir sur moi.

Elle s'assoyait doucement sur son pénis pour pouvoir sentir toute la bonté, la délivrance et la sensation de bonheur que cela lui procurait. Elle en frémissait des pieds à la tête.

— C'est si bon Ogan, y'a tellement longtemps que je rêvais de le faire avec toi. Mais c'est tellement meilleur que dans mes rêves.
— Ah! Amélia, tu me rends fou, je voudrais te faire l'amour toute la nuit. Je voudrais rester en toi à jamais. Je t'aime chérie…Ah Am...Amélia. Tu es si belle…si douce. Tu m'enflammes.

Ils divergèrent doucement, mais sûrement vers le septième ciel et Ogan dût, à contrecœur prendre Amélia par les hanches et l'étendre sur le divan pour finir de la faire jouir et ensuite quand il sentit qu'il l'avait pleinement satisfaite, il lui présenta son pénis qu'elle gratifia du même amour qu'il venait de lui donné.

— Ogan, c'était merveilleux.

— Plus que merveilleux. J'ai hâte de te refaire l'amour déjà.
Tu crois que je peux prendre une douche sans réveiller Annabella.

— Je crois que si elle ne s'est pas déjà éveillée avec nos ébats
sexuels que nous venons d'avoir, c'est qu'elle dort bien.

— Très bien, alors je vais prendre une douche.

— J'irais bien avec toi, mais j'ai peur qu'on ne puisse pas se
retenir. Ogan, n'oublie pas les condoms demain.

— Demain !

— J'aurais espéré…que tu reviendrais avec la petite boîte…tu
sais.

Ogan se rendit dans la salle de bain et ne put s'empêcher de
penser à ce qu'Amélia venait de dire ''demain''. Il se devait
d'acheter une grosse boîte de condoms. Il était heureux, il se
sentait tellement bien avec elle. Il la connaissait depuis longtemps,
mais pas dans l'intimité, pas de cette façon.

— Je n'ai pas réveillé Annabella j'espère.

— Non. Tu dois vraiment partir ?

— Oui, si je reste ici et que nous n'avons pas de condom, je
vais devenir fou. À moins qu'on ne fasse que dormir.

— Je suis d'accord, je suis si bien dans tes bras. C'est comme
si j'attendais ce moment depuis toujours.

— Très bien. À quelle heure est-ce qu'Annabella se réveille
habituellement? Je veux me lever avant qu'elle voie que nous
sommes couchés ensemble.

— C'est toujours moi qui la réveille après que je suis prête,
elle est très paresseuse le matin. Alors on va se réveiller ensemble
et il n'y aura pas de problème.

— D'accord, alors vient nous allons nous coucher…et dormir.

Ogan parti avant qu'Annabella soit debout, il passa chez lui se changer et il revint chez Amélia quelques minutes avant qu'elles partent pour la garderie.

— Ogan !
— Amélia, je suis revenu, il pleut et je ne veux pas que tu marches jusqu'à la garderie et prendre le bus après. Alors je vous attends en bas.
— Ogan…je descends.

Amélia arriva en bas, prit place à l'avant avec Annabella sur ses genoux pour discuter avec Ogan.

— Ogan je suis habituée. Tu n'avais pas à faire ça. Et si on nous voit arriver au bureau ensemble. Ils vont nous poser des questions. Aussi, je ne peux pas promener Annabella dans une auto sans siège.
— Regarde à l'arrière. Va l'asseoir et nous discuterons en chemin.
— Ah ! Ogan, tu penses à tout.

Amélia dût se résigner et alla asseoir Annabella dans le siège d'auto.

— Ne t'inquiète pas Amélia, je dirai que je t'ai vu attendre le bus.
— Ogan, nous habitons dans la même ville, mais un à l'opposé de l'autre. Je suis sûre qu'ils vont te croire.
— C'est vrai. Je dirai que je devais passer chez un ami avant de venir au travail. Et demain, si quelqu'un nous voit encore, et bien je trouverai une autre excuse.
— Demain ! Mais on ne peut pas arriver ensemble tous les matins. Ils vont savoir et nous nous étions entendus qu'on ne le

disait pas tout de suite. Malgré qu'hier était assez révélateur pour moi.

— Moi aussi, définitivement.

Ils entrèrent au bureau et personne ne semblait les avoir vus. Ogan trouvait la journée longue. La seule chose qu'il avait en tête était Amélia. Ils avaient dîné ensemble, mais ils n'arrivaient pas à faire la conversation, tous les deux ne pensaient qu'à refaire l'amour. Amélia finit par aller voir Ogan dans son bureau en après-midi. Elle n'était pas occupée et n'en pouvait plus.

— Salut Ogan, j'espère que je ne te dérange pas.

Ogan se leva, ferma la porte, la barra et prit Amélia dans ses bras. Il chuchota à son oreille.

— Hein! Je suis allé à la pharmacie tantôt, j'ai acheté une grosse boîte de condom.
— Hum! Et moi j'ai pris un rendez-vous pour reprendre la pilule. Alors on va être bien équipé pour ne plus arrêter. J'ai peur que nous allons avoir des nuits courtes.

Ogan n'arrêtait pas de l'embrasser dans le cou et lui réponde en laissant ses mains balader partout. Il leva sa jupe et glissa sa main dans sa petite culotte.

— Ton p'tit cul est si doux. Tu me fais perdre la tête.
— À cet instant, Amélia pensait qu'elle devait faire des achats un peu plus sexy à l'avenir.
— Ogan si quelqu'un venait dans ton bureau.
— C'est barré.
— Oui, mais…Ah Ogan...S'ils….

Il l'embrassa et ne put résister à aller jusqu'au bout, il voulait la faire jouir. Elle ne pouvait plus s'arrêter. Elle crampa ses doigts dans les épaules d'Ogan.

— Oh ! Ogan. Qu'est-ce que tu m'as fait? C'était si bon. Ce n'est pas pour cela que je suis venue, mais je crois que maintenant je vais pouvoir aller finir ma journée de travail.

— Je t'aime Amélia. Je ne peux plus me passer de toi. Tu es constamment dans ma tête. C'est comme si nos corps étaient faits l'un pour l'autre. C'est si intense. Je n'ai jamais ressenti cela pour une autre femme.

— Moi aussi, c'est pour ça que je devais venir te voir. Si on ne travaillait pas au même endroit au moins, ce serait peut-être moins pénible. Mais de te savoir si près de moi. Je t'aime, mais je dois maintenant retourner à mon bureau. De quoi j'ai l'air?

— D'une belle femme que je viens de faire jouir.

— Ogan ! Tu es très drôle, tu sais de quoi je parle.

— Tu es parfaite. Rien ne paraît. Juste un bel éclat dans tes yeux.

— La prochaine fois, ce sera ton tour chéri. Assure-toi que personne n'a la clé de ton bureau. Je ne suis pas sûre que s'ils viennent frapper à la porte, que nous les entendrons!

— Reviens ici.

— Non, je dois vraiment retourner à mon bureau et si tu me touches, je ne pourrais pas te résister.

Elle retourna à son bureau et personne ne semblait l'avoir manqué. Elle se sentait bien. Son impatience avait disparu. Ogan passa la voir à l'heure du départ pour voir si elle voulait embarquer avec lui et elle avait toujours peur qu'ils soient vus à arriver et partir ensemble.

— Je vais t'attendre sur la rue à l'arrière. Ne t'en fais pas, personne ne te verra.

— O.K., mais je ne veux pas que tu te sentes obligé de me ramener chez moi chaque soir.

— Tu ne veux plus que j'aille ce soir.

— Oh! oui, oui. Mais je pensais que tu viendrais plus tard. Mais si tu veux venir souper avec nous, cela me ferait très plaisir.

— Alors, je t'attends dans la rue arrière.

Il sortit et ne laissa pas à Amélia le temps d'ajouter quoi que ce soit. Elle alla le rejoindre et ils passèrent chercher Annabella. Ogan aida à s'occuper d'Annabella, il l'aida même à faire la salade tandis qu'elle préparait le repas. Elle ne pourrait plus jamais se passer de cet homme. Elle n'avait jamais eu comme modèle autour d'elle, des hommes qui levaient même le petit doigt pour aider leur femme. Il était si merveilleux. Comment Suzie pouvait-elle lui avoir fait une chose pareille et ne pas avoir vu qu'elle avait une perle dans les mains? Merci à elle quand même, elle ne le méritait pas de toute façon et si cela n'était pas arrivé, Amélia n'aurait jamais pu connaître ce qu'était l'amour. Une journée passée avec lui équivalait à toute une vie pour elle. Plus rien de ce qu'elle avait connu n'existait. Elle ferait tout pour cet homme et elle en était convaincue. Comment une vie pouvait-elle changer si vite? Pour ce qui était des malheurs, ça, elle le savait, mais le bonheur avait si souvent passé à côté d'elle, sans jamais la toucher.

Tout était nouveau pour elle dans cette relation. Elle aspirait toujours à rencontrer un homme avec qui elle se serait bien entendu pour pouvoir faire sa vie avec lui et donner une bonne éducation à sa fille…mais là, avec l'amour qu'elle ressentait dans son coeur pour Ogan. C'était certainement ça le bonheur.

Elle avait très bien évalué le risque qu'elle prenait en se laissant aller dans une relation avec Ogan, elle pouvait perdre l'homme qu'elle aimait, son travail, ses amis qui étaient toute la famille d'Ogan. Elle risquait très gros, mais impossible de le repousser puisque c'était lui qu'elle aimait en secret depuis ses débuts au cabinet. Chaque fois qu'il venait au bureau, elle en salivait sans pouvoir rien y faire que d'oublier qu'il était passé troubler sa vie.

— Je me dois de l'essayer, j'aime cet homme.

Pendant qu'elle donnait le bain à sa fille, Ogan avait fait la vaisselle et tout rangé. Ils jouèrent avec Annabella pour un moment, elle ne voulait plus lâcher Ogan. C'était toujours Ogan pour tout. Amélia s'en réjouissait en elle-même. Alors Ogan dut aller la coucher et lui raconter une autre histoire, car elle l'avait fait la journée d'avant.

Quand elle fût endormie, Amélia demanda à Ogan s'il voulait prendre une douche avec elle. Ils allèrent faire l'amour dans la douche, sur le canapé, dans la cuisine et finir sur le plancher du salon. Ils se couchèrent à 2h30 du matin. Le levé allait être dur.

Deux semaines plus tard, Ogan décida qu'il était pour vieillir à vu d'oeil s'il ne retrouvait pas son lit bientôt. Alors il partit faire quelques achats. Il ne voulait pas passer son temps avec un petit sac de voyage quand il avait un appartement luxueux qu'il se ferait un très grand plaisir à partager avec les deux femmes qu'il aimait le plus. Il ne pouvait pas penser à se séparer d'eux. Deux semaines, sa vie était devenue le bonheur total. C'était ce qu'il recherchait.

Il avisa Amélia qu'il ne dînerait pas avec elle, car il devait se rendre à un rendez-vous et qu'il la verrait juste le lendemain. Il partit faire les achats en question qui consistaient en un lit et un bureau pour Annabella pour qu'il puisse les apporter chez lui. Plus tard si tout allait bien, il lui demanderait d'emménager avec lui.

Mais il voulait lui faire la surprise pour les meubles d'Annabella pour qu'elle ne puisse pas l'en empêcher. Il était pour acheter des meubles qui constitueraient une chambre d'ami par la même occasion.

Il se rendit au centre d'achat, il vit un lit baldaquin blanc et rose d'où il se trouvait. Il ne put résister.

— Au diable la chambre d'ami !

Quand il ressortit, il avait acheté le lit baldaquin, la commode, le linge de lit. Il sortit avec un sac contenant le linge de lit. Les meubles lui seraient livrés l'après-midi même à sa demande. Il avait déjà acheté un siège d'auto pour Annabella le lendemain de leur rencontre. Si leur couple n'avait pas marché, ce qu'il doutait à tout haut point, il lui aurait donné.

— Ogan !
— Ah ! Zoé.
— Qu'est-ce que tu fais avec ça?
— Oh! …je…Ah! écoute je vais te le dire, mais tu devras ne rien dire aux autres pour le moment et tu devras aussi libérer ta soirée pour venir m'aider à faire une chambre d'enfant.
— Je suis bouche bée là, explique-moi.
— J'ai rencontré une femme merveilleuse et elle a une fillette tout aussi merveilleuse qu'elle. Le problème c'est qu'elle habite dans un appartement… Hum… un peu minable tu vois. J'ai décidé de faire une chambre pour sa fille, comme ça elles pourront venir coucher chez moi. Je me disais que j'avais un appartement super et j'ai besoin de retrouver mon lit.
— C'est qui, je la connais ?
— Non, tu ne la connais pas et tu la connaîtras quand nous serons prêts.

— Bon, c'est bien, mais j'ai hâte de la connaître. Maintenant je comprends pourquoi tu sembles si fatigué ces temps-ci. Ah ! ah ! ah ! les parents se le demandent aussi.

— Ne parle de ça à personne pour l'instant. Promis ?

— Bon c'est d'accord. À quelle heure tu veux que je me rendre chez toi ?

— Tu peux venir après le bureau et je vais commander pour souper, comme cela nous pourrons commencer plus vite.

— O.K., fais-moi savoir quand tu pars du bureau et je ne serai pas longtemps derrière toi.

— Je ne retourne pas au bureau aujourd'hui. Alors, viens quand tu es prête.

Zoé retourna au bureau et elle avait l'habitude de se confier à Amélia. Avec les années, elles étaient devenues complices toutes les deux.

— Amélia, si tu as une minute, tu viendras dans mon bureau.

— Cinq minutes et je viens te voir. Tu sembles tout excitée.

— Oui.

Amélia passa à la salle de bain avant, car elle ne se sentait pas trop bien. Probablement le manque de sommeil auquel elle n'était pas habituée. Elle pensa que c'était peut-être bien qu'elle dorme seule ce soir pour reprendre de son sommeil un peu. Elle se rendit voir Zoé qui l'attendait avec les yeux clairs. Elle semblait très heureuse.

— Qui a-t-il qui t'excite comme cela Zoé ?

— Écoute, je suis allée au centre d'achat et j'ai rencontré Ogan qui sortait d'un magasin pour enfant. J'étais vraiment surprise. Alors il m'a dit qu'il avait rencontré une femme avec une fillette et qu'elles étaient merveilleuses toutes les deux. Je crois qu'il est vraiment en amour cette fois-ci. Je ne l'ai jamais vu si heureux. Même avec Suzie, la différence est dramatique.

Amélia souriait et ses yeux brillaient de bonheur.

— Et puis…t'a-t-il dit qui c'était ?
— Non, mais il est vraiment en amour. Juste à en parler, on pouvait voir l'amour dans ses yeux. C'était quand même beau à voir, mais moi en même temps j'étais déçue, car … secrètement j'aurais aimé qu'il se tourne vers toi.
— Oh ! Je ne sais pas quoi te dire. Bien je suis très contente pour lui. Là je dois retourner travailler.
— Attends, je ne t'ai pas dit le meilleur. Imagine-toi qu'il a acheté des meubles pour enfant et qu'il va les recevoir cet après-midi. Il m'a demandé de l'aider ce soir à faire la chambre d'enfant. J'y vais juste pour la curiosité, car je ne connais quand même rien aux chambres d'enfant.
— Il a fait ça !
— Oui, hé ! que dirais-tu de venir avec moi? On pourrait passer chercher ta fille et l'amener avec nous. Tu seras meilleure que nous deux pour des conseils du côté de la sécurité et tout ça. Ne dis pas non, je sais que tu ne sors pas beaucoup et j'aimerais vraiment que tu m'accompagnes.

Amélia avait soudainement envie de rire comme une folle. Elle essayait d'imaginer Ogan quand elles entreraient avec Zoé. Il lui avait fait une petite cachette et la tentation était trop forte.

— Oui très bien. Je suis sûre que nous allons nous amuser.
— Très bien et ne t'inquiète pas, je te ramène chez toi après.
— Merci.

Amélia retourna à son bureau, mais son esprit n'y était pas. Elle voulait jouer le jeu et lui faire la surprise. Elle avait très hâte.

Elle et Zoé avaient toujours été très près l'une de l'autre depuis son arrivée dans le cabinet. Amélia n'avait pas vraiment d'objection à ce que Zoé soit au courant de leur relation. Zoé et elle s'étaient toujours confiées l'une à l'autre. Mais cette relation d'amitié se limitait qu'au bureau, elle n'était pas moins importante pour Amélia.

Amélia était impatiente de voir la surprise d'Ogan, mais aussi de Zoé. Elle avait bien vu qu'Ogan semblait courbatu parce qu'il était habitué à beaucoup plus de confort que son vieux lit pour finir leur nuit. Mais de là à aller acheter des meubles pour Annabella. Elle se sentait gênée par cette situation. Mais c'était son choix à lui et c'était déjà fait. Elle n'y pouvait rien et l'aimait beaucoup trop pour affecter sa relation avec lui pour cela. Elle croyait fermement dans cette relation.

— Bonjour Ogan, j'espère que je ne te dérange pas.
— Non pas du tout.
— Je me demandais si tu étais près du bureau si tu pouvais me laisser le siège d'auto pour Annabella. J'ai une amie qui voudrait passer me prendre et nous irions chercher Annabella ensemble à la garderie.
— Sans problème, je te l'apporte.
— Merci chéri.

Zoé et elle partirent pour aller prendre Annabella à la garderie et se rendent chez Ogan. Amélia ne savait plus où mettre la tête. Avait-elle bien fait d'accepter? C'est elle qui avait demandé à Ogan de garder le secret. Maintenant Zoé va probablement s'en apercevoir. Non, elle va s'en apercevoir c'est sûr. La situation sera drôle et c'est tout. Il était trop tard pour retourner en arrière. Zoé sonnait maintenant pour entrer chez Ogan.

— Bonjour.
— C'est Zoé.
— Je ne lui ai pas dit que tu venais alors on va lui faire la surprise.
— Oui…pour être surpris, il va l'être. Ah ! ah ! ah !

Ogan ouvrit la porte et Annabella lui sauta dans les bras sans attendre.

— Ogan, Ogan.

Zoé regardait Ogan, elle était stupéfaite.

— O.K. … ai-je manqué quelque chose? Comment connais-tu si bien la belle Annabella toi, pour qu'elle te saute dans les bras… et t'appelle par ton nom?

Ogan et Amélia souriaient et Zoé comprit que c'était Amélia qui était la femme qu'il avait rencontrée.

— Ah merveilleux ! Je suis si contente pour vous deux. Mais Amélia tu m'as bien fait marché.
— Et moi aussi. La belle surprise que je voulais vous faire à Annabella et à toi.
— Oui, mais je n'ai pas pu résister. La situation était si drôle que j'ai sauté sur l'occasion. Alors je crois que c'est moi qui te fais une belle surprise.
— Ah, je t'aime toi. Venez voir ça les filles, j'ai une belle surprise pour Annabella, oui juste pour toi ma belle.

Zoé et Amélia étaient bouche bée tellement l'ensemble était merveilleux. Le lit, la commode et la maquilleuse étaient délicats et si beaux pour une petite fille. Amélia avait les larmes aux yeux. Il avait fait tout ça pour elle et sa fille.

— Hé ! Approche, ne pleure pas, ce n'était pas mon intention. J'ai juste pensé que nous serions mieux chez moi et Annabella avait aussi besoin d'avoir du confort comme nous.

Il la prit dans ses bras et lui donna un doux baisé sur les yeux et Annabella fît comme lui, elle donna des baisés sur les yeux de sa maman.

— Vous êtes vraiment heureux ensemble, plus je vous regarde et plus je vois comme…une lumière qui brille autour de vous trois. Vous êtes beaux à voir.
— Oui, nous le sommes. Mais nous aimerions l'annoncer nous-mêmes aux autres si tu n'en vois pas d'inconvénient.
— Non je vous comprends. Je suis si contente. Je disais justement à Amélia que j'aurais voulu que ce soit elle que tu aimes. Ah ! Amélia, tu m'as bien eu.

Il commanda pour souper, fit la chambre tous ensemble. L'harmonie était merveilleuse.

— Moi je dois y aller. Merci de m'avoir fait partager ce beau moment avec vous trois. C'est merveilleux. Amélia ta fille est magnifique et elle a déjà enjôlé mon frère.
— Oh ! Elle ne le lâche pas d'une semelle.
— Ça lui va bien une fillette dans les bras. Qui aurait cru ça de mon p'tit frère. Je suis si contente. Est-ce que je vous ramène ?
— Certainement pas, Annabella va essayer sa nouvelle chambre. À demain soeurette et merci d'avoir gâché ma surprise.
— Ne me dis pas que tu vas t'en plaindre.

— Non, sûrement pas, je les garde avec moi. Au revoir.

Ils donnèrent une bise à Zoé qui partait avec un gros sourire sur les lèvres. Elle était très heureuse pour eux.

— Ogan, je n'ai rien apporté pour demain et pour Annabella et moi.

— Nous allons allez chercher tes choses et tu pourras revenir passer la nuit avec moi.

— Moi qui me disais qu'une bonne nuit de sommeil me ferait le plus grand bien.

— Alors nous dormirons.

— Sans nous toucher, tu es fou. J'en ai déjà l'eau à la bouche et mon corps frémit en ta présence.

— Viens alors, on doit sortir immédiatement pour se rendre chez toi, sinon…

— Oui, allons-y

À leur retour, ils installèrent Annabella dans son nouveau lit pour la nuit.

— Tu viens, on va aller dormir nous aussi.

— Tu ne veux pas qu'on nettoie un peu avant.

— Demain, viens vite, je n'en peux plus d'attendre depuis que tu m'as dit que tu avais l'eau à la bouche. Et je te promets que nous allons le faire seulement qu'une fois et qu'après je vais te laisser dormir.

— Tu veux que je te montre ce que je peux faire quand j'ai l'eau à la bouche.

— Il se pencha pour la prendre dans ses bras et lui chuchoter à l'oreille.

— Hum, avec ta bouche aussi.

La famille Mezzo : L'intégral

— Disons que l'autre jour avec ce que tu as fait de mon corps...j'ai aussi envie d'explorer ton corps. Tu es si musclé, je ne veux pas manquer un muscle de ce beau corps.

— Arrête de parler et passe à l'action, car je ne me rendrai pas bien loin avec tes paroles. Finalement, je ne te croyais pas si…si…si affamée.

— Ah ! ah !, alors, ne bouge pas, c'est toujours moi qui me retrouve nue avant toi. Cette fois-ci tu ne me touches pas avant que je te l'accorde.

Elle lui enleva sa chemise lentement en lui donnant des baisés partout et en utilisant sa langue aux bons endroits pour le faire languir et frémir comme il l'avait si bien fait avec elle. Elle voulait lui donner le même plaisir. Elle lui enleva le reste de son linge tout aussi lentement et quand il fût nu, elle lui ordonna de s'étendre sur le lit et elle débuta par caresser ses pieds et monta avec sa langue son assertion vers le haut.

— Tu me rends fou Amélia. Continu bébé.
— C'est bon de te faire l'amour.

Ogan baissa les yeux sur Amélia.

— C'est très bon ce que tu me fais là chérie. Hum… aaaaa.

Ogan mit ses mains chaque côté de sa tête pour encourager ses mouvements. Sa bouche était si douce et si parfaite, il en devenait fou.

— Arrête maintenant bébé, vient t'asseoir sur moi, viens je veux être en toi. Je veux t'aimer Amélia.
— Non, laisse-moi te faire jouir, j'ai envie de la voir jouir et de goûter à ce plaisir.

— Aaaaaa ! tu…Aaaaaaa Amélia, n'arrête plus, c'est tellement bon. Hum.

— Tu as été merveilleuse bébé. Je t'imaginais pas comme ça.

— Tu n'es pas déçu hein ? Tu sais Ogan, je n'avais jamais fait cela avec mon ex. Mais avec toi, j'en ressentais le besoin. Je devais te goûter de partout. Mon corps en a frémi.

— Je t'aime. Tu sais que je ne pourrais plus me passer de toi. Aujourd'hui je me demandais comment on avait pu se voir si souvent et ne pas voir cet amour. Je n'ai jamais ressenti rien d'aussi fort avec aucune femme.

— Je t'aime tellement aussi. Nous étions en couple, j'imagine que nous avons refoulé nos sentiments pour ne pas avoir mal.

— Oui. Viens, je vais te montrer ma salle de bain avec une belle grande douche, faite juste pour nous deux.

— On peut laisser la porte ouverte pour que je puisse entendre Anna…

— Aucun problème.

Ils refirent l'amour dans la douche, ensuite prit un verre de vin tout en discutant de leur vie respective que l'un ne connaissait pas encore de l'autre. Ils se sentaient compatibles à cent pour cent.

Le lendemain ils entrèrent ensemble au bureau et comme ils entrèrent, Fédérick et Johannie les regardaient entrer.

— Bonjour les enfants.

Ogan alla embrasser ses parents.

— Bonjour

Johannie suivait Frédérick dans son bureau au lieu de se rendre dans le sien.

— Frédérick, est-ce que tu penses la même chose que moi?

— Tu es drôle ma chérie, tu me demandes souvent cela, mais non je ne sais pas ce que tu penses.

— Ah les hommes! vous ne voyez rien. Ils entrent ensemble, le sourire radieux et les yeux, que pour eux. Fédérick…j'ai vraiment senti quelque chose d'électrique entre eux.

— Johannie ma chérie, je crois que tu te fais des idées. Et si tu as des doutes, pourquoi ne pas parler à Ogan, il te le dira, mais j'aimerais mieux que cette réponse soit non? Pour être honnête, j'ai toujours eu peur qu'un des garçons…profite un peu de notre douce Amélia.

— Frédérick s'il te plaît, tu ne crois pas qu'elle pourrait être heureuse avec un de nos garçons. Je serais très heureuse de l'avoir comme belle-fille.

— Moi aussi, ce n'est pas ce que je dis.

— Je sais très bien ce que tu dis et si un de nos garçons l'utilisait pour un soir, il aurait affaire à moi directement.

— Bon, je crois que tu devrais aller clarifier la situation avec ta tornade de petit garçon.

— Je vais les surveiller pour un jour ou deux et on verra. Comme tu dis, je dois peut-être me tromper.

Amélia ne se sentait pas bien soudainement. Elle avait mal au coeur. Elle ne dormait plus assez. Elle alla à la salle de bain se rafraichir, mais aussitôt entrer, elle dut courir pour vomir. Elle avait définitivement besoin de dormir une bonne nuit de sommeil.

Le soir elle allait très bien, mais elle disait à Ogan que si elle ne dormait pas une bonne nuit qu'elle ne se sentirait pas mieux le lendemain.

— Tu sais si tu as besoin d'une journée de congé, mes parents n'y verront aucune objection, mais je suis d'accord...Pas de câlins ce soir.

— Oui pour un câlin et on va essayer pour le reste que cela soit non.

— Occupe-toi d'Annabella et je vais te faire couler un bain moussant pour que tu te reposes.

— C'est très gentil Ogan.

Amélia alla s'occuper de coucher et lire une histoire à sa fille et se laissa cajoler ensuite en commençant par son bain et Ogan vint la trouver pour lui faire un message aux épaules quand elle était dans le bain. Elle était si bien, personne ne s'était jamais occupé d'elle comme cela avant. Mais le lendemain, le même scénario se produisit, elle avait encore vomi.

— Non, non ce n'est pas ça, ce n'est pas possible. Nous avons les condoms et la pilule… impossible.

Les larmes lui coulaient sur les joues. Elle ne pouvait même pas penser que cela pouvait arriver, surtout pour Ogan qui venait d'avoir une affreuse expérience avec Suzie.

— Si c'est cela, je ne pourrai jamais y faire face. Faire cela à Ogan, déshonorer sa famille. Ils ont toujours tous été si bons avec moi. Je savais pourtant le premier soir que nous l'avons fait, nous n'avions pas de protection… je ne peux me pardonner cette négligence… je savais.

Elle retourna à son bureau, puis dut se rendre à l'évidence. Elle ne pourrait pas finir sa journée de travail. Elle alla voir Johannie pour avoir le reste de la journée. Johannie n'avait aucun problème avec ça. Amélia ne soupçonnait pas que Johannie avait vu et entendu. Tandis qu'Amélia se préparait à partir, Johannie alla voir Frédérick.

— Chéri, je suis peiné. Je suis sûr qu'Amélia est enceinte de nouveau. Le problème c'est que je sais qu'elle n'a pas de conjoint en ce moment, ou depuis peu si c'est le cas. Pourtant Frédérick, je suis quand même surprise. Ce n'est pas Amélia…y'a quelque chose que je ne comprends pas.

— Ah non, cet enfant est si merveilleuse. Tu sais, dans la vie nous avons eu beaucoup de chance, mais quand on voit la vie d'Amélia, elle ne semble pas en avoir eu beaucoup de son côté. Et elle est tellement orgueilleuse. Elle ne veut accepter aucune charité, aucune aide. Nous l'aiderons indirectement si c'est le cas. Ce n'est pas comme si nous n'avons pas les moyens.

— Oui, c'est une bonne idée. Il faut juste trouver un moyen de le faire sans la blesser. Si jamais c'est le cas, je crois que nous devrions commencer par lui trouver un appartement. Nous pourrions juste lui dire que ce logement nous appartient et que nous n'arrivons pas à trouver personne pour l'instant. Elle n'habite pas dans un très bon quartier.

Ogan qui passait devant le bureau de son père vit ses parents qui étaient soucieux.

— Hé ! Y'a un problème.

— Oui, mais n'en parle pas pour l'instant. Cela fait deux matins qu'Amélia est malade, elle est partie chez elle. Je suis certaine qu'elle est enceinte. Mais toi Ogan qui va dîner souvent avec elle, est-ce qu'elle t'aurait parlé d'un nouveau conjoint dans sa vie ?

Ogan était gelé sur place, impossible d'articuler quoi que ce soit. Il ne savait plus quoi répondre. Il était sur le point de leur dire, mais non ce n'était pas le temps. Si c'était le cas, c'était sa faute. Il pensait à la première fois qu'ils avaient fait l'amour.

— Vous dites qu'Amélia est partie chez elle. Je vais essayer de la rattraper et l'apporter chez elle. On ne peut pas lui laisser prendre le bus dans cette condition.

Il sortit comme une flèche en laissant ses parents estomaqués.

— Je n'ai même pas eu le temps de lui dire qu'elle était déjà partie en taxi. Faites que je n'ai pas raison dans mes doutes, je connais très bien mon fils et ce regard, cette façon de se sauver. Rassure-moi Frédérick, il n'aurait pas fait une histoire d'un soir avec Amélia. Ah! dis-moi que non.
— Je ne lui souhaite pas, car il a avoir à faire à moi et pas le bon moi.

Ogan ne voyait Amélia d'aucun côté. Il se rendit chez elle et attendit pendant deux heures. Il décida de se rendre chez lui...personne non plus. Elle ne répondait pas au téléphone.

— Ah ! qu'est-ce que je lui ai fait? Merde que j'ai été imbécile. Elle doit m'en vouloir.

Il décida d'aller attendre Amélia à la garderie, mais elle l'avait devancé. Il retourna l'attendre chez lui, peine perdue. Il retourna à son appartement, toujours rien. Il ne put fermer l'oeil de la nuit. Il entra au bureau et ne vit toujours pas Amélia.

— Maman, est-ce qu'Amélia entre aujourd'hui ?
— Non elle a téléphoné et elle ne sera pas ici pour le reste de la semaine. Elle dit qu'elle ne se sent pas bien et qu'elle doit voir un médecin.

— Merci maman. Si elle rappelle, peux-tu t'assurer que je lui parle?

Ogan tourna le dos avant que sa mère ait le temps de lui poser une question.

— Ogan revient ici mon garçon. J'ai à te parler. Frédérick, tu viens aussi.
— Maman, papa.
— Tu n'as pas vu Amélia hier.
— Non, elle était déjà partie et je ne l'ai pas rattrapée. Je suis même allé chez elle et elle ne s'y est pas rendue de la soirée.

Sa mère resta stupéfaite, ces doutes se confirmaient de plus en plus. Pour qu'il se fasse du souci à ce point, il y avait bien quelque chose.

— Ogan, s'il te plaît, dis-moi que tu n'as pas utilisé Amélia pour une histoire d'un soir.
— Maman ! Je ne suis pas ''ce'' genre d'homme.

Non, mais qu'est-ce qu'elle me demande? Merde!

— Mon fils, si jamais tu as fait cela. Ne la laisse pas tomber. Ta mère et moi l'apprécions beaucoup cet enfant et elle ne mériterait pas cela.
— J'ai bien dit NON. Ce n'est pas mon style de faire une chose pareille.

Ah merde ! qu'est-ce que je dis là…si elle est enceinte, c'est bien ce que j'ai fait…non, c'est loin d'être une histoire d'un soir.

— Alors je vais te donner un numéro d'une amie qu'elle a. Elle me l'avait donné pour urgence. Si tu es son ami, va l'aider.

— Merci maman. Merci

Il courut à son bureau pour pouvoir appeler Amélia. Celle-ci ne regarda pas qui téléphonait et répondit.

— Bonjour

— Amélia chérie. Pourquoi t'es-tu enfui de moi. S'il te plaît, pardonne-moi de t'avoir fait cela, mais…

— Ogan arrête. Mais de quoi parles-tu ?

— Et bien, ma mère disait être certaine que tu étais enceinte.

— Mais….mais….Comment peut-elle savoir ça?

Amélia commença à pleurer…je ne l'ai dit à personne Ogan. C'est de ma faute, tu sais j'ai tellement honte de te faire ça après ce que Suzie t'a fait et puis de déshonorer ta famille. Je suis vraiment désolée Ogan. Si tu savais comme je suis peinée et bouleversée. Je ne sais plus quoi faire.

— Amélia, pour commencer, c'est de notre faute. On est un peu égale là dedans, je crois. Amélia, laisse-moi aller te chercher et nous allons aller chez moi pour en discuter …qu'est-ce que je dis là, je ne veux pas en discuter. Je veux t'avoir près de moi avec Annabella et le bébé. Je t'aime chérie. Je ne vois plus ma vie sans vous. Amélia, ce n'est pas du tout pareil comme avec Suzie, tu n'es pas Suzie et ma vie n'est pas la même avec toi. Je t'aime vraiment et nous aurons ce bébé.

— Ogan, moi aussi je t'aime, mais j'ai tellement honte de retourner au travail. En plus, tu me dis que ta mère l'a déjà deviné. Elle doit être très fâchée contre moi.

— Non, elle n'était pas fâchée. Hum, elle ne sait pas que c'est moi. Je n'ai rien dit pour l'instant. Donne-moi l'adresse et je pars te chercher tout de suite.

— Ogan, tu dois me croire pour une chose, je n'ai pas manqué de pilule depuis que je l'ai commencé, je te le promets. C'est sûrement arrivé le premier soir que nous avons fait l'amour.

— Amélia, je sais maintenant que toi tu ne serais même pas capable de me faire cela. Oublie ça, donne-moi l'adresse.

Elle lui donna l'adresse et il partit pour les chercher immédiatement. Ils se rendirent à l'appartement pour discuter.

— Chérie, il y a une chose que je veux mettre au clair. S'il te plaît, ne me dis jamais que tu veux avorter, c'est une chose que je n'accepterai pas.

— Non Ogan, je n'en serais pas capable moi-même.

— Dans ce cas nous sommes d'accord. Nous allons avoir un enfant.

— Oui, je t'aime, tu es si compréhensif. Je n'ai tellement pas l'habitude de ça, que je ne sais plus comment gérer la situation.

— Dans combien de temps allons-nous avoir le bébé?

— Quelque chose vers le mois d'août, mais je dois voir le médecin demain avant d'en être certain. Tu acceptes si facilement Ogan. Pour moi c'est comme si le ciel m'était tombé sur la tête. Tu crois vraiment que ta famille va accepter cela sans m'en vouloir.

— Je ne suis même pas inquiet. Viens là. Je t'aime ma chérie.

Ils firent l'amour une partie de la soirée après qu'Annabella fût endormie. Le lendemain Ogan se rendit au travail, mais il défendit à Amélia d'y aller, car il voulait un jour ou deux pour pouvoir arranger les choses et aviser ses parents.

Ogan n'arrivait pas à dormir, il repensant à ce que ses parents lui avaient dit.

— Bonjour Ogan.

— Bonjour Papa

— Tu as vu Amélia hier, elle va bien j'espère?

— Oui, tout va bien et même très bien. Elle avait besoin d'un peu de réconfort.

— Ah ! c'est bien d'avoir un ami sur qui compter.

— Oui.

— Je suis venu pour t'inviter samedi prochain pour souper à la maison.

— Je ne sais pas papa, j'avais déjà des plans. Peut-être la prochaine fois. Merci

Frédérick avait le sourire aux lèvres.

— Ah ! c'est très malheureux, car justement c'est pour la fête d'Amélia qu'on fait ce souper ta mère et moi.

— Oh ! Dans ce cas, je ne peux pas dire non. Je vais me libérer.

— C'est bien ce que je pensais. Tu amènes quelqu'un avec toi ?

— Non, je vais être seul.

Frédérick alla retrouver Johannie et ils rirent de la situation. Mais ils n'avaient pas eu de confirmation qu'elle était enceinte encore jusqu'à ce que Zoé leur en parla en les voyant tous les deux si bouleversés de la situation. Ils étaient pour l'apprendre d'une façon ou d'une autre, pourquoi les laisser s'inquiéter. Frédérick avait bien taquiné Ogan.

Ogan parti dans l'après-midi, il ne voulait pour rien au monde manquer la visite chez le médecin.

— Salut les belles filles.
— Ogan, Ogan.

Annabella lui sauta dans les bras.

— Elle a pleuré pour toi aujourd'hui, elle te cherchait dans toute la maison.
— Elle est tellement adorable.

Ils se rendirent tous les trois chez le médecin. Celui-ci confirma que le bébé serait là vers le mois d'août, mais qu'une écographie serait nécessaire pour confirmer la date exacte, ainsi que le sexe du bébé s'ils voulaient savoir.

— Ah Ogan ! je n'en reviens toujours pas que cela m'arrive.
— Dans ce cas tu n'as qu'à penser comment notre première nuit d'amour a été passionnée. Le bébé pour moi c'est ça. Il a été créé dans l'amour et la passion.

Amélia prit la main d'Ogan et la porta à ses lèvres.

— Quel homme sur terre peut être plus merveilleux que toi… personne.
— Dans ce cas, il n'est plus question de parler de désagrément par rapport à ta grossesse. Ce bébé sera le bienvenu. Nous sommes d'accord ?
— Oui… oui je suis d'accord. Je l'aime déjà.
— Pour changer de sujet, est-ce que tu as reçu une invitation aujourd'hui ?
— Oui, je voulais t'en parler. Ta mère m'a téléphoné pour m'inviter samedi pour souper.

— Elle t'a dit pourquoi elle t'invitait.

— Oui, tes parents ont décidé d'inviter tous leurs employés pour les remercier. Ogan, si elle sait, elle va probablement me poser des questions.

— Elle n'est pas sûre, elle disait avoir un doute, alors, ne t'en fais pas.

Après qu'Amélia fût endormie, il la regarda dormir et il savait qu'il ne pourrait plus vivre sans cette femme. Même avant qu'il apprenne la grossesse, il savait que c'était elle la femme de sa vie. Alors il aimait vraiment Amélia, il devait mettre sa famille au courant qu'il était maintenant en couple…qu'ils allaient avoir un autre enfant…

— Ah ! ah ! C'est vraiment juste à moi que quelque chose comme cela peut arriver. Mes parents ne me surnommaient pas Tornade pour rien.

Il mit sa main sur le ventre d'Amélia et chuchota au bébé, j'espère que tu seras plus sage que moi…c'est ton papa.

Amélia s'était réveillée et elle le vit faire ce geste, elle en pleurait.

— Je suis riche.
— Quoi!

Ogan pensa soudainement à Suzie qui ne pensait qu'à l'argent. Il devint soudainement blême, il ne pouvait s'être fait faire cela encore, non. Dieu merci, Amélia ajouta que sa richesse était le coeur de l'homme qui était penché sur elle.

— Ah ! Tu m'as fait peur. Rendors-toi chérie.

Il laissa de nouveau aller ses pensées et une idée lui vint. Il va lui proposer le mariage chez ses parents samedi. Personne n'aura rien à redire. Il s'endormit très heureux d'avoir eu cette idée.

Le lendemain Ogan se rendit à la bijouterie. Il allait les rendre heureuses ses princesses. Il voulait acheter une bague de fiançailles et un autre cadeau pour la fête d'Amélia, ainsi qu'une petite chaîne pour Annabella.

— Bonjour jeune homme, comment puis-je vous aider?
— Bonjour, je voudrais voir vos bagues de fiançailles.
— Certainement. Suivez-moi par ici, vous avez trouvé l'amour de votre vie, je peux le voir dans vos yeux.
— Oui, c'est vraiment l'amour de ma vie.
— Dans ce cas, vous voudriez peut-être lui acheter une perle rare.
— Montrez-moi.

Il choisit une bague délicate sertie d'une pierre Brézilienne aqua marine. C'était différent, mais Amélia n'était pareille à aucune femme à ses yeux.

— Maintenant, ce sera aussi sa fête et nous attendons un bébé, avez-vous quelque chose de spécial à me montrer.
— Oui, j'ai un bracelet merveilleux. Vous pouvez ajouter les breloques que vous voulez, des choses qui ont une certaine importance pour elle, ceci personnalisera le bracelet. Voilà le bracelet et ici sont toutes les breloques. Mais nous avons aussi un catalogue pour les breloques.
— Wow ! Merveilleux comme vous dites. Je vais prendre le bracelet et trois lettres, deux A et un O. Je vais aussi ajouter une princesse et un hochet.
— Vous aimez vraiment cette femme.

— Oui. Je vais aussi ajouter une petite chaîne pour une jeune fille de trois ans.Que je rêve d'adopter en épousant sa mère.

— Trop beau. J'ai le petit coeur parfait pour cela.

— Alors, préparez-moi trois emballages cadeaux avec cela. Je serai l'homme le plus heureux.

Il se retourna pour voir qui entrait et tomba sur Zack.

— Pourquoi cette ville est énorme, même très énorme et je tombe toujours sur ma famille quand ce n'est pas le temps.

— Ah ! ah ! ah !, mais qu'est-ce que tu fais ici Ogan.

— Et toi.

— Un cadeau pour Amélia.

— Ah ! oui, moi aussi.

Zack regarda tout ce que la vendeuse avait aligné sur le comptoir pour pouvoir emballer à cet endroit.

— Tout ça ? ? ?

— Oui.

Zack ouvrit la petite boîte rouge et vît la bague. Il regarda son frère avec les sourcils arqués. Ensuite il ouvrit la longue boîte verte pour y trouver un bracelet avec les breloques. Il regarda encore son frère avec une question de plus et de l'inquiétude à voir que son frère semblait être en train de se ruiner pour une femme. Il décida d'ouvrir la troisième boîte, il fût très surpris d'y trouver une petite chaîne.

— Tu les aimes vraiment.

— Tu ne me demandes pas pour qui?

— Tu es vraiment plus naïf que je croyais Ogan. C'est bien ce que j'aime de toi.

— Bien drôle, pourquoi tu dis ça?

— Ogan, tu crois vraiment que je n'ai pas vu les beaux yeux que tu fais toujours à Amélia et elle te les renvoie. Je suis content pour vous deux.

— Zoé te l'a dit ou quoi.

— Non, juste très facile à voir quand vous êtes dans la même pièce les feux d'artifice fusent de tous les côtés. Bon, il me semble que tu as tout acheté. J'achète quoi moi? C'est pour qui le petit coeur, pour sa fille?

— Tu peux lui prendre des boucles d'oreilles et oui le petit coeur est pour Annabella, ma petite princesse. Elle est tellement adorable cet enfant. Tu as probablement deviné que la bague est pour mes fiançailles.

— Tes fiançailles, ah hé bien là non. Tu m'as eu. Je suis content pour vous deux. Je vous vois bien ensemble. Elle le sait.

— Non, personne à part toi. Je veux dire pour les fiançailles. Zoé sait que nous sommes ensemble, mais pas plus.

Zack sortit avec des boucles d'oreilles. Ogan repensait à ce que Zack lui avait dit. Ses parents n'étaient pas faciles à berner, ils devaient probablement savoir. Lui qui pensait faire une surprise à sa famille. C'est lui qui devenait de plus en plus surpris.

Le samedi matin, Amélia était si nerveuse. Jamais elle n'avait été invitée chez les Mezzo. C'est sa fête aujourd'hui, mais Johannie lui a déjà remis son présent au bureau, la journée d'avant. Peut-être se doutait-elle pour Ogan et elle. Le téléphone sonna et la sortie de ses pensées.

— Oui bonjour.

— Salut chérie, je voulais te dire que j'ai fini mes emplettes et que je passe vous prendre dans trente minutes.

— Nous serons prêtes. Ogan … je me sens très nerveuse. Tu crois vraiment qu'on devrait arriver ensemble.

— Oui, ne t'inquiète pas, il n'y a aucun problème chérie. Rien ni personne ne peut se mettre à travers notre amour. Et mes parents t'adorent déjà, alors comment peuvent-ils ne pas accepter notre union?

— Ce n'est pas notre union qui me fait honte, c'est que je suis enceinte.

— Non Amélia, arrête, car je suis l'homme le plus heureux de la terre, du reste, les autres ne comptent pas. C'est nous et nos enfants qui comptons. Le bébé ne change rien à l'amour que j'ai pour toi.

— Je t'aime. On va t'attendre en bas.

Ils arrivèrent dans la maison familiale des Mezzo et tous les autres étaient déjà arrivés. Ogan se sentit soudain embarrassé. Il arrivait chez lui avec une famille! Mais rien ni personne ne pourrait lui enlever ce qu'il venait d'acquérir. Amélia était nerveuse. Annabella pour sa part était bien accrochée au cou d'Ogan. Elle était effrayée par tous ces adultes qui parlent en même temps. Elle se relaxa après un moment.

— Ogan chéri, tu sembles t'être fait une bonne amie.

— Oui, elle est bien accrochée. Annabella, tu te souviens de Zoé. C'est la plus tannante de la famille.

— Ah ! c'est bien les présentations. Bonjour Annabella, toujours aussi mignonne.

— Mignonne tu dis. Mais c'est la plus belle princesse que je n'ai jamais vue. Moi je suis le papa d'Ogan, Frédérick. Tu voudrais venir avec moi pour chercher un biscuit et un jus à la cuisine?

Frédérick avait dit le mot magique ''biscuit''. Elle prit la main de Frédérick et ils partirent à la conquête du biscuit promis.

— Papa! J'ai quelque chose à être jalouse. J'ai toujours été la seule fille ici…et la seule princesse. Mais je lui laisse mon nom volontiers suffit qu'elle ressemble vraiment à une vraie princesse.

— Il est à peu près temps qu'il y ait de l'action ici. La maison est trop monotone par moment. Vous êtes trop tranquille maintenant.

Quand Frédérick et Annabella revinrent au salon, Ogan leur annonça qu'il avait une nouvelle à leur annoncer. Le silence se fit automatiquement. Mais tous avaient le sourire aux lèvres, car le portrait que formait ce couple n'était pas dur à deviner. L'amour se lisait dans leurs yeux et dans leurs gestes l'un envers l'autre.

— Oh! Attendez, je dois aller chercher quelque chose.

Ogan prit le coffre rouge qu'il avait laissé dans sa poche de manteau, revint au salon et s'agenouilla devant Amélia. Elle avait le souffle coupé.

— Amélia, veux-tu m'épouser?

Les larmes d'Amélia coulèrent, ceux de Johannie et Zoé suivirent. Amélia les regardait tous comme si elle attendait leur accord. Son regard revint dans celui d'Ogan.

— Oui, je t'aime Ogan et je ne pourrais plus aimer personne d'autre.

— Je t'aime aussi. Il lui passa la bague au doigt et l'embrassa.

Amélia sentit la chaleur lui monter aux joues. Tous passèrent les prendre dans leur bras et les féliciter. Frédérick ouvrit le champagne et les invita à passer au jardin avant le repas. Après le repas ils revinrent au salon où un gâteau attendait Amélia.

— Johannie, est-ce possible ou je me trompe si je dis qu'il n'y a pas beaucoup d'employés ici? C'était pour cela que vous m'aviez invité. Vous faites déjà tellement pour moi, je vous remercie. Vraiment c'est trop.

— Je devais juste m'assurer que tu ne dises pas non à notre invitation.

— Gâteau maman.

— Ta fille n'est pas du même avis que toi.

Après s'être tous régalés, Ogan alla chercher le cadeau d'Amélia et celui d'Annabella.

— Amélia, je n'ai pas vraiment fini de te faire souffrir ce soir.

— Ogan, que me fais-tu?

— Annabella, viens voir maman. Amélia voici une petite boîte qui est pour Annabella, mais avant de lui donner, je voudrais avoir ton accord pour l'adopter officiellement la même journée de notre mariage.

Amélia se remit à pleurer à chaudes larmes.

— Ogan, je ne devrais peut-être pas dire cela, mais je ne peux me retenir tellement ce sentiment est fort en moi. Comment Suzie ne voyait pas l'homme que tu es vraiment, je ne comprends toujours pas? Je t'aime Ogan et Annabella a déjà fait son choix pour toi. Elle est aussi en amour avec toi.

— Annabella ma chérie, je serai ton papa. Je t'aime ma poupée. C'est facile on est déjà complice.

Il prit la chaîne et la mit au cou d'Annabella. Ensuite il donna le cadeau de fête à Amélia.

— Amélia, voici un cadeau très spécial pour ta fête, car il représente notre famille qui sera toujours avec toi.

Elle ouvrit la boîte qui contenait le bracelet avec les breloques.

— Merci Ogan. Je veux me marier demain, jamais je ne veux te perdre.

Tous furent surpris et partirent à rire. Ils présentèrent leur cadeau à Amélia et ensuite Ogan demanda à nouveau le silence. Amélia rougit de nouveau. Johannie la vit et elle vint s'asseoir près d'elle.

— Amélia, tu sais il est très dure de berner une femme qui a eu cinq enfants.
— Ah ! Johannie vous saviez. Je suis si désolé. Nous n'avions pas prévu cela, mais il est là et nous l'aimons déjà.
— Oui ma chérie, mais je ne savais juste pas qui était le père.

Ogan n'avait plus un mot à dire. Il fût soulagé de l'aide de sa mère.

— Bon, je n'ai plus rien à dire. Vous êtes maintenant officiellement grand-mère, grand-père, tante et oncle.
— Félicitation à vous trois. Ogan tu me fais vraiment sentir très très petit en ce moment. Je suis le plus âgé et c'est le plus jeune qui me fait un coup pareil. J'ai l'air ridicule. Tu me pousses à y penser sérieusement.
— L'amour ne se commande pas Michaël. Quand on le trouve, on le sait, crois-moi.
— Comment pourrais-je tous vous remercier pour les beaux cadeaux et aussi votre acceptation de me voir entrer dans votre famille de cette façon?

— Oh ! ma chérie. Le plus beau cadeau que toi tu pouvais nous faire était bien d'entrer dans notre famille. Et pour le travail, tu ne dis jamais non pour faire quelque chose pour nous, c'est toujours bien fait, n'est-ce pas les enfants, tu es une travaillante exceptionnelle, tu sembles être une mère aimante pour ton enfant et je suis sûre que tu seras une épouse parfaite. Alors c'est une grande joie pour nous. Je crois qu'Ogan sera un homme très heureux.

— Je le suis déjà maman.

— Merci…merci mille fois. Soyez assurés que j'aime travailler pour vous tous et j'aime votre fils…depuis longtemps, mais il était déjà engagé, alors je n'osais pas m'interposer dans leur relation.

— T'aurais dû.

Ogan aidé de ses frères déménagea Amélia et Annabella. Ils étaient heureux ensemble.

— Nous devons décider d'une date pour le mariage. Amélia, je dois te demander si tu étais mariée à Louis ou vous étiez seulement conjoint.

— Seulement conjoint.

— Alors si cela te va, nous allons pouvoir nous marier à l'église.

— Oui, c'est un rêve de fille ça. J'y compte bien.

— Les gars aussi aiment ça. O.K. j'imagine qu'on a toujours hâte que ce soit fini, mais non, c'est quand même une fierté pour un homme de voir sa future femme venir à lui dans la grande allée.

— Nous allons quand même devoir faire vite, car je veux me marier avant la naissance du bébé et si possible, je préfèrerais ne pas être … un ballon qui vient vers toi dans l'allée.

— Je vais te marier n'importe comment chérie. Alors on doit commencer au plus vite. Ma famille peut nous aider au besoin.

— J'ai bien l'intention de prendre une fille d'honneur…comme Zoé, elle sera contente.

— Oui ça, c'est une affaire de fille. Annabella va aussi jouer un rôle important dans le mariage. Elle sera notre bouquetière et j'aimerais signer les papiers pour l'adoption immédiatement après notre cérémonie. Oh ! j'oubliais, on doit apporter les papiers reliés à la naissance d'Annabella pour que mes parents s'occupent de faire le nécessaire pour l'adoption. Je dois aussi te dire que nous allons devoir retrouver le père pour qu'il approuve.

— Il n'a rien à approuver, il n'a pas voulu la reconnaitre comme sa fille.

Ogan la prit dans ses bras.

— Tu sais Amélia, tu disais chez mes parents comment Suzie ne m'avait…apprécié à ma juste valeur, mais je dois dire la même chose de Louis. Dieu merci, car nous sommes ensemble aujourd'hui et je suis l'homme le plus heureux.

— Merci chéri d'adopter Annabella, si tu savais comme cela me touche.

— Tu veux rire, je vous aime toutes les deux.

— Nous aussi on t'aime. Je parle aussi pour Annabella, mais tu sais qu'elle est folle de toi.

— Oui, et je ne m'en plains pas. C'est toujours bon pour l'égal d'un homme ça, d'avoir deux femmes folles de lui. Bon, si on est d'accord, je te laisse les choses de filles comme fille d'honneur, bouquetière, gâteau et ces choses-là et moi je m'occupe de la date du mariage, de l'endroit du mariage des garçons d'honneur, mais nous allons quand même nous consulter.

— Ça me semble bien parfait.

— Et puis notre voyage de noces as-tu une idée de l'endroit.

71

— Ogan, tu sais bien que je n'ai pas les moyens de payer le mariage, tu nous as déjà donné de merveilleux cadeaux à Annabella et moi, en plus du bébé à venir, je crois que nous devrions passer sur le voyage de noces et nous irons un plus tard.

— Attends…laisse-moi penser. Non pas question!

— Bon, je n'ai jamais voyagé à part partir de chez moi et venir ici. Tu vas devoir choisir et je vais te suivre.

— Tu sais, j'ai déjà demandé à mes parents pour prendre soin d'Annabella pendant notre voyage.

— Ah ! t'as fait ça toi. Petit coquin. Tu es un homme adorable.

— L'Italie, ça te dirait.

— L'Italie…Hum je te suivrai au bout du monde. Mais pourquoi l'Italie dis-moi. Ce serait quand même loin d'Annabella.

— Mon père est Italien, il y habitait quand il a rencontré ma mère. Elle était en voyage avec ses parents. C'est là que tout a commencé pour eux. J'ai encore de la famille là bas. Nous y allions souvent en famille, mais après la mort de ma grand-mère il y a environ une dizaine d'années, nous n'y sommes plus retournés. J'aimerais bien te faire rencontrer ma famille italienne. Ils sont merveilleux. C'est un monde différent.

— J'aimerais bien les rencontrer.

— Pour ce qui est d'Annabella, elle doit passer du temps avec mes parents avant le voyage pour bien s'adapter, mais si on voit que cela pourrait être difficile pour elle, nous allons devoir l'amener avec nous.

— Alors ce sera l'Italie. Et pour Annabella, nous discuterons avec tes parents.

— Merci, ce sera un voyage mémorable. Je te le promets Amore.

Annabella passa quelques jours avec Johannie et Frédérick et tout allait bien de ce côté. Mais une semaine avant le mariage, Frédérick alla voir Ogan dans son bureau.

— Ogan
— Oui papa, vient t'asseoir
— Tu sais ce que tu as fait à toutes nos femmes?

Ogan sourit à son père.

— Non, mais dis-moi.
— Chaque fois que nous les cherchons, elles ont disparu, elles sont encore parties faire les magasins. Nous sommes même obligés de répondre à nos propres téléphones. C'est affreux.
— Ah ! ah ! ah ! pauvre papa. Moi je n'ai aucun problème avec mon assistante, elle est toujours là.
— Oui bien, justement je te ferai remarquer que c'est mon assistante que tu épouses. Je t'avais bien dit pourtant de ne pas y toucher.
— Trop tard papa, je n'ai pu résister et j'en suis très fier.
— Tu peux l'être mon fils. Ogan je suis venu pour te parler d'autre chose. Ta mère m'a dit que vous alliez en Italie pour votre voyage de noces.
— Oui, je veux qu'Amélia connaisse ta famille. Ils sont tous si merveilleux. J'ai toujours adoré quand nous y allions en famille. Je crois que cela me manque.
— Hum, justement je suis un peu jaloux. Alors je me demandais si nous irions ta mère et moi vous retrouver deux semaines plus tard si cela ne vous dérangeait pas.
— Papa, je croyais rester juste deux semaines.
— Ah non ! si tu vas en Italie, tu dois y aller pour un mois mon garçon.
— Un mois serait beaucoup trop long pour Annabella. Déjà deux semaines c'est beaucoup.

— Nous l'amènerons avec nous.

— Ça serait une très bonne idée. J'en parle quand même à Amélia à son retour et je te reviens sur cela. Haaaaa, mais qu'est-ce que je dis là, tu sais très bien qu'elle va dire oui, alors je vais juste l'aviser.

— Super, n'en parle pas à ta mère, je lui fais la surprise.

Ogan n'avait pas vu son père courir depuis très longtemps. Il était content de l'avoir rendu heureux. Zack vit courir son père aussi.

— Qu'est-ce qu'il y a papa?

— Rien, je suis occupé là, je dois faire des réservations. Ta mère et moi allons rejoindre Ogan et Amélia en Italie deux semaines après leur départ. Pas un mot à maman.

— Quoi, mais … j'ai besoin de vacances moi aussi, crois-tu que je pourrais y aller?

— Zack, ce n'est pas à moi qu'il faut demander. Va voir Ogan.

Zack se dirigea à grands pas vers le bureau d'Ogan.

— Ogan, papa vient de me dire qu'ils iront en Italie avec vous.

— Oui, il veut faire la surprise à maman. Elle sera contente. Elle a toujours aimé l'Italie.

— Hé! tu crois que je pourrais aller aussi.

— Tout le monde peut aller en Italie.

— Oui, mais tu sais ce que je veux dire. Ce serait bien de se retrouver tous en Italie comme quand nous étions jeunes.

— Tous !

— Oui bien…je veux dire une partie. J'irais bien avec les parents si tu n'as pas d'objection.

— Zack je n'ai aucune objection, je vais en parler à Amélia à son retour, la connaissant cela va lui faire plaisir.

— Très bien, je dois aller en parler à papa et aux autres pour voir s'ils peuvent prendre de mes dossiers.

Zack alla voir Emmanuël et lui demanda de le rejoindre dans le bureau de Michaël. Dix minutes plus tard, ils se retrouvèrent dans le bureau d'Ogan à le supplier de pouvoir se joindre au voyage. Ils allèrent par la suite discuter avec leur père et tous se mettent d'accord pour s'organiser et s'entraider afin de fermer le plus de dossiers possible et de retarder ceux qui pouvaient l'être.

Amélia arrivait dans le bureau d'Ogan au moment où Zack, Michaël et Emmanuël en sortaient pour aller vite faire leur réservation.

— Réunion de famille…ou de gars plus tôt?

Oui, je dois t'expliquer. J'espère que tu vas aimer. Ne me laisse plus jamais seul au bureau avec eux. Ils m'ont harcelé cet après-midi.

— Hum, terrible ça. Moi aussi j'ai quelque chose à te dire. Je suis si contente chéri.

— Vas-y avant moi d'abord.

— Ta mère m'a demandé si elle et ton père pourraient venir avec nous en Italie et ils s'occuperont d'Annabella. Ce serait merveilleux, car elle n'a couché que quelques nuits chez tes parents. Est-ce que cela te dérangerait Ogan?

— C'est merveilleux. Nous serions beaucoup plus tranquilles de savoir Annabella près de nous.

— Oh ! merci Ogan. Je vais aller dire à ta mère qu'elle peut faire les réservations. J'oubliais, Zoé aimerait aussi venir.

— Pas de problème. Ah! Ah! Ah!

— Tu viens, nous allons aller leur dire ensemble.

— Oui, mais avant, moi aussi j'avais quelque chose à te dire. Ça commence à me faire rire cette situation. Mon père est venu me voir, il aimerait bien venir en Italie avec nous et … mes trois frères. Alors je crois que nous allons tous être là. Est-ce que tu as une objection à ça?

— Oh ! mais non, ce sera merveilleux Ogan. Tu aurais dû voir les yeux de ta mère et Zoé quand je leur ai dit qu'elles pourraient venir.

— Moi aussi, c'était exactement comme cela. Ils étaient comme des enfants, toutes excités.

— Je n'aurais jamais cru faire mon voyage de noces avec toute ma famille.

— Ne t'inquiète pas, nous prendrons du temps pour nous.

— Oui et je suis très content qu'Annabella soit avec nous, tu sais si tu ne l'as jamais laissée avec d'autres personnes, c'est vraiment préférable pour elle, mais aussi pour nous. Pour avoir la conscience tranquille de la savoir bien et près de nous.

— Bon tout est réglé.

— Non pas vraiment. Mes parents étaient pour nous rejoindre deux semaines après notre départ avec Annabella. Que dirais-tu s'ils venaient tous en même temps? On aurait Annabella pendant tout le voyage.

— Ah ! mais c'est ce que je pensais que nous partirions tous ensembles. Et aussi, je croyais que nous partirions pour deux semaines.

— Non, mon père a suggéré un mois. Tu sais quoi, on va faire une réunion de famille. Je les appelle pour qu'ils se rendent tous dans la salle de conférence.

— Non chéri, ça, c'est mon travail. J'y vais et je te rejoins dans la salle.

Amélia passa vite dans leurs bureaux pour les inviter dans la salle de conférence. Michaël était au téléphone à réserver son billet. Zack et Emmanuël avaient déjà réservé leur billet. C'était le chaos total. Ils se retrouvaient tous dans la salle et Ogan prit la parole.

— Bon vous êtes tous très excités et nous aussi. D'après les constatations d'Amélia, la plupart ont réservé leur billet. Mais nous aimerions Amélia et moi, savoir si vous voudriez partir en même temps que nous?

— Mais vous ne voulez pas avoir deux semaines à vous seuls avant que nous arrivions tous.

— Non papa, nous aimerions vous avoir tous. Nous allons quand même prendre du temps pour nous, comme faire des randonnées en bateau, visiter, aller coucher sur une autre île pour une nuit….Des choses comme cela… Amélia et moi seulement.

— Et bien je suis d'accord Ogan et nous allons nous occuper d'Annabella pendant tout le séjour.

— Merci maman, c'est très apprécié et aussi pour Amélia et moi il est important qu'Annabella soit près de nous. Allez tous changer vos billets d'avion maintenant. Amélia vous fournira nos coordonnées.

— Mon garçon je vais en profiter pour vous annoncer que ta mère et moi avons décidé qu'à notre retour de voyage, nous allons prendre ton assistante et si vous êtes intéressés bien sûr, Amélia deviendra ton assistante.

— Ah papa! Je crois avoir été le premier à te demander d'avoir Amélia.

Tous les autres enfants dirent la même chose.

— Oui, mais vous ne l'avez pas marié à ce que je sache, alors elle est toute à moi.

Ogan regarda Amélia avec un gros sourire en guise d'approbation. Amélia lui fit signe que oui.

— Nous sommes d'accord. Je vais aviser mon assistante. Chérie, notre voyage de noces est officiellement changé en voyage de famille.

— Et j'en suis très contente. Nous allons nous amuser.

— Je suis quand même jaloux, je l'avais demandé en premier. J'aurais dû te marier Amélia.

— Moi aussi, quel crétin je fais d'avoir manqué ça.

— Ah vous êtes drôles les gars, vous êtes trop tard, mon coeur est pris.

— Oui elle est toute à moi, allez dans vos bureaux, vous avez du travail.

— Non, mais pour qui il se prend le petit frère pour nous envoyer travailler? Tu vas nous payer cela en voyage… tu vas quand même nous garder une journée entre gars.

— D'accord pour une journée entre gars et nous enverrons les filles magasiner. Et toi papa tu vas téléphoner ton frère pour voir si nous allons tous avoir de la place dans son hôtel?

— Oui mon garçon je vais l'appeler pour lui indiquer tous les changements

Johannie prit la parole.

— Les enfants, rassoyez-vous. Il y a près de dix ans déjà que nous ne sommes allés en Italie. Je suis vraiment très contente que nous y allions tous ensemble. Merci à Amélia d'accepter ce compromis de sa nouvelle famille.

— C'est avec un très grand plaisir Johannie et j'en suis même excité. Je suis certaine que nous allons tous nous amuser ensemble.

Johannie reprit la parole en étant un peu taquine.

— Bon, vous savez les enfants que je suis un tout petit peu riche.

— Un peu comment maman ?

— Zack, si je te disais colossale, ça t'irait comme réponse.

— Non, colossale comment maman.

— Zack, laisse maman parler, on ne sortira jamais d'ici. Je suis dans la comptabilité, tu te rappelles… je vois certaine chose. Ignore-le maman, continue.

— Je viens à l'instant de décider que nous étions tous pour faire un beau voyage. Je paye tout. Ogan va arranger les choses pour qu'un compte soit ouvert et que nous ayons tous une carte reliée à ce compte bancaire et Amélia va prendre toutes vos réservations et les changer pour une carte de crédit reliée au bureau.

— Maman, on doit quand même savoir combien on peut dépenser. Colossale comment ?

Johannie se dirigea vers la sortie en souriant à Zack.

— Papa, tu dois savoir toi.

— Zack, la seule chose que moi je sais, c'est de penser à m'amuser en Italie.

Tous avaient fait le nécessaire pour leur voyage, mais Emmanuël arriva le lendemain, il alla parler à son père du voyage.

— Bonjour papa.

— Bonjour Emmanuël ça va, tu as l'air soucieux, je me trompe.

— Non, écoute papa j'ai décidé que je resterais ici et que je m'occuperais du bureau.

— Mais pourquoi faire ça mon fils, j'ai de bons employés pour tenir le bureau ouvert. Il n'y aura aucun rendez-vous et aucun dossier qui sera fait, mais ta mère et moi l'avons fait plusieurs fois et tout entrait dans l'ordre. Ne t'inquiète pas pour cela et vient avec nous.

— Non, j'ai des dossiers très importants entre les mains et il serait vraiment préférable que je reste ici. Si tout va bien, j'irai peut-être vous rejoindre pour les deux dernières semaines.

— Bien, c'est comme tu veux, c'est toi qui vois. Mais si tu changes d'idée, n'hésite pas.

— Merci papa. Je vais aviser Ogan.

Emmanuël alla aviser Ogan et celui-ci trouvait malheureux que son frère ne puisse pas venir.

— Zoé, Zack et Michaël ne peuvent pas t'aider à régler tes dossiers.

— Non Ogan, quand un avocat prend un dossier assez complexe, il est difficile pour un autre avocat d'entrer dans la course en si peu de temps. Ce serait trop long pour eux avant qu'ils puissent se familiariser avec le dossier.

— Bon, puisque tu le dis. Essaie au moins de te libérer pour les deux dernières semaines.

— Je vais faire mon possible. Désolé p'tit frère.

Ogan appela Amélia dans son bureau.

— Ferme la porte chérie.

— À double tour, voudrais-tu avoir ton dû ?

— Non pas aujourd'hui, mais je vais garder cela en mémoire. Je voulais te dire qu' Emmanuël ne sera pas du voyage. Il annule, car il a des dossiers trop importants.

— Hum, et moi de mon côté ta mère vient de m'aviser que Michaël venait avec une amie qu'il voit depuis deux mois. Pour ce qui est de Zack et Zoé, ils viennent seuls. Mais Ogan … je dois te dire quelque chose que je voudrais que tu gardes secret.

Maintenant que nous sommes ensemble, je ressens le besoin de te le dire. Mais nous allons en parler à la maison ce soir.

Après avoir couché Annabella, Ogan était impatient de savoir ce que Amélia voulait lui dire en privé.

— Maintenant est-ce que je peux savoir ton secret bien gardé?
— C'est une confidence qu'on m'a faite il y a très longtemps. C'est à propos d'Emmanuël. Est-ce que tu savais qu'il est homosexuel?
— Quoi, d'où tiens-tu une chose pareille Amélia. Mon frère voit des femmes. Plusieurs même. Dans les fêtes que mes parents donnent ou autre rencontres que nous avons, il vient toujours accompagné … d'une femme. Il n'est pas homosexuel.
— Ogan, tu te trompes sur son compte. Ça fait huit ans qu'il est en couple avec Jordan.
— Tu ne me fais pas marcher là.
— Non pas du tout chéri. Les femmes qu'ils amènent avec lui sont des escortes. Il ne veut pas ternir l'image de la famille, c'est pour cela qu'il n'en a jamais parlé.
— Ah ! je suis estomaqué. C'est malheureux.
— Pourquoi malheureux! C'est son choix si c'est la seule façon pour lui d'être lui-même et d'être heureux. C'est sa vie et cela ne change pas sa personnalité.
— Désolé, je ne sais plus quoi penser, c'est la surprise. C'est vrai, tu as raison. Est-ce que tu serais fâchée si je lui en parlais.
— Non, je crois qu'il est temps qu'il se découvre et qu'il peut vivre sa vie pleinement, même en famille. Je voudrais même les inviter pour pouvoir rencontrer Jordon. Ça fait si longtemps qu'il m'en parle.
— Avant je vais lui parler pour voir comment il réagit au fait que maintenant, je sais. Je lui parlerai au bureau demain.
— Non Ogan, tu ne peux pas faire cela au bureau. Ça le rendrait mal à l'aise.

— Mais toi, il t'en a parlé au bureau.

— Non, nous allions dîner ensemble quelquefois et c'est là que je voyais qu'il était malheureux et pensif. Alors je lui ai demandé ce qui n'allait pas et il a fini par se confier à moi.

— Ah bon ! Je l'appelle tout de suite pour voir si je peux passer le voir.

— Non ne l'appelle pas. Tu dois y aller sans prévenir.

— Aurais-tu d'autres consignes pour moi avant que je fasse ou dise quelque chose que je ne devrais pas? J'ai peur maintenant. Ah! Ah! Ah!

— Non c'est parce que je sais que chaque fois que l'un de vous s'invite chez lui, il demande à Jordon de partir le temps qu'il vous reçoit.

— O.K. j'y vais de ce pas. Tu ne veux pas venir avec moi.

— Non, tu es son frère et vous allez devoir parler entre vous. Je n'ai pas à y être. C'est très important, tu vas lui faire un des plus beaux cadeaux ce soir Ogan. Il attend cela depuis tellement longtemps, ne soit pas surpris s'il est ému. Ogan dit lui de ma part que je devais le faire et que j'espère qu'il ne sera pas fâché contre moi, mais qu'il doit comprendre qu'il n'y a plus de secrets entre nous.

— Ne t'inquiète pas si moi je l'accepte, il sera probablement content comme tu dis. À plus tard chérie.

— J'oubliais de te dire qu'après avoir rencontré Jordon, tu le connaîtras et tu pourras l'inviter à notre mariage, comme ton ami bien sûr. Et aussi ça fait déjà huit ans qu'ils habitent ensemble.

— Quoi, tu veux dire que ça fait huit ans qu'il nous berne? Ah ! je me sens ridicule de n'avoir rien vu… Depuis huit ans.

— Oui, mais j'utiliserais un autre verbe que berné. Pour lui c'est la peur d'être celui qui ruine l'image parfaite de la famille, plutôt que berner sa famille.

— Bien, j'ai compris. Tu as toujours les bons mots pour apaiser et comprendre les gens. Viens ici.

Amélia s'approcha et il la prit dans ses bras et lui chuchota à l'oreille.

— Je commence à croire que je vais avoir une petite femme comploteuse. Tu avais déjà tout planifié pour voir venir Jordon au mariage hein.

— Oui … je crois que finalement tu lis en moi trop facilement. Amélia lui fit son plus beau sourire sensuel. C'est mon plus grand souhait, car Emmanuël est mon grand ami. Je te donne la permission de me punir à ton retour, je vais t'attendre… Allez va-t'en.

— Je t'aime. Eh oui, je vais te punir, ne t'endors pas avant mon retour.

Ogan se sentait ridicule. Il avait beau avoir des amis homosexuels, mais pour son frère ça semblait différent.

— Ah ! je dois me détendre et voir le côté heureux de mon frère, comme Amélia m'a mentionné.

Ogan sonna à la porte de son frère. Il était quand même nerveux, il voulait que tout se passe bien.

— Bonjour Ogan, quelque chose est arrivé?
— Bonjour,je passais voir mon frère, c'est tout.
— Entre, j'ai un ami ici, mais il partait justement.

Jordon s'avança pour saluer Ogan.

— Ogan voici Jordon. Il était juste passé pour me remettre quelque chose.
— Ogan, ça me fait plaisir de te rencontrer. Emmanuël m'a beaucoup parlé de toi. Bon désolé, mais je dois vraiment y aller.

— Non Jordon, s'il te plaît reste. J'ai à vous parler à tous les deux.

Jordon regarda Emmanuël pour voir sa réaction. Celui-ci finit par comprendre qu'Amélia avait parlé à son futur époux.

— Venez, nous allons passer au salon. Vous voulez un verre, moi j'en prends, j'en ai besoin.

— Emmanuël je ne sais pas trop par où commencer… bon je me lance. Après que toute la famille est acceptée de venir en voyage avec nous, Amélia et moi étions très content, surtout moi qu'on se retrouve tous comme dans notre jeunesse. Je dois t'avouer que ce matin, j'étais très déçu quand tu as dit que tu avais tout annulé parce que tu avais trop de travail, je ne comprenais pas vraiment pourquoi les autres ne pouvaient pas t'aider. Alors j'étais…un peu boudeur…malheureux, c'est là que Amélia m'a avoué quelque chose.

— Ah non ! elle n'avait pas le droit. Je suis désolé Ogan, je ne savais pas comment vous le dire, mais c'est depuis que je suis au secondaire tu sais. Je ne semblais jamais prêt pour l'annoncer.

— Écoute Emmanuël, je dois t'avouer que j'ai été surpris, mais je suis un imbécile de n'avoir jamais rien vu ou deviné. On peut dire que tu nous as bien bernés. Ah merde ! Amélia m'avait dit de ne pas dire berner… désolé Ah Ah.

— Attendez, je devrais probablement partir et vous laissez parler entre frères.

— Non, non, reste Jordon parce que je suis ici pour t'inviter à notre mariage, comme mon ami maintenant… et pourquoi pas à notre voyage. Comme cela Emmanuël va bien être obligé de se défaire de ses précieux dossiers.

— Tu es fou Ogan, le risque est trop grand.

— Non, vous n'avez qu'à vous comporter comme des amis. Et puis c'est qu'Amélia et moi on l'espère beaucoup. Aussi, nous voudrions vous inviter ce samedi pour souper, Jordon et moi pourrons faire plus ample connaissance.

Emmanuël avait les yeux mouillés, il se détourna quelques minutes. Il n'en revenait pas que pour son p'tit frère, c'était si simple. Ogan semait l'espérance dans son coeur. Jordon semblait heureux, mais en aucun cas il n'irait à l'encontre des attentes d' Emmanuël. Il regarda Emmanuël avant de répondre pour avoir son approbation.

— Hum, ta femme est une perle. Nous allons vous voir samedi avec un grand plaisir. Il n'y aura personne d'autre de la famille.

— Non je te le promets. Et tu n'en veux pas à Amélia j'espère, parce qu'elle m'a fait un message pour toi. Elle dit qu'il n'y a plus de secret entre elle et moi maintenant.

— Tu as la femme la plus merveilleuse qui soit. Je suis très content pour toi Ogan, mais aussi pour elle. Je n'aurais pas voulu la voir avec un homme qui la ferait souffrir à nouveau.

— Merci…je t'aime Emmanuël, tu es et resteras toujours mon frère. Je veux te voir heureux. Alors, c'est réglé pour le mariage?

— Oui, nous y serons avec plaisir.

— Et pour le voyage, croyez-vous qu'il y aurait une possibilité? Vous pourriez prendre des chambres qui communiquent. Personne ne s'en rendra compte.

— On en discute et on s'en reparle samedi si ça va avec toi.

— Parfait. Je vais te prendre un autre verre parce que j'ai eu un peu chaud là.

— Ah! Ah! Ah! avec plaisir. Ogan si tu savais comme tu me délivres. Je suis un peu lâche de ne jamais l'avoir avoué à personne dans la famille.

Jordon le regarda, il savait qu'il fallait faire une blague avant de voir quelqu'un pleurer… ils étaient tous des hommes après tous.

— Bon, suffit que ce n'est pas du tout une soirée de fille ici, on va changer de sujet. Faut quand même pas perdre notre honneur.

Ils se mettent tous à rire, discuter et blaguer de la situation. Ogan se sentait mieux après cela. La confrontation avait été moins pénible qu'il le pensait. Il retournait chez lui content, il était sûr que son frère déciderait de venir avec Jordon en voyage.

— Salut chérie.
— Comment ça s'est passé? Tu dois tout me dire.
— Je croyais que je devais te punir.
— Après, après. Dis-moi.
— C'était mieux que je pensais. Je crois que j'aurais voulu courir bien loin au lieu de frapper à la porte. Mais tout s'est très bien passé. Tu sais je suis content de m'être rendu chez lui tout de suite. Sinon j'aurais pensé à comment cela se passerait et j'aurais eu beaucoup plus peur de la confrontation. Je suis vraiment content. Ils étaient aussi contents. Emmanuël disait qu'il était soulagé et, tu sais quoi.
— Non, continu.
— Ils vont venir samedi. Il faut s'assurer que personne d'autre de la famille ne sera ici et aussi, j'ai fait mon invitation pour le mariage à Jordon. J'ai même rajouté qu'il pouvait venir en voyage avec nous tous les deux.
— Merveilleux. Emmanuël doit être content.
— Oui, mais pour ce qui est du voyage, ils vont nous donner la réponse samedi.
— C'est bien. Je crois qu'ils vont venir s'ils font comme des amis.

— C'est exactement ce que j'ai dit. Bon, assez parlé de mon frère tu veux. Viens, suis-moi j'ai une petite punition à te donner si je me rappelle bien.

Ils firent l'amour, Ogan n'avait pas oublié qu'il avait pris Amélia dans son bureau au début de leur relation et il voulait maintenant qu'elle le prenne aussi à son tour dans son bureau. Cela l'excita au plus haut point, il avait hâte au lendemain. Il chuchota à l'oreille d'Amélia en lui embrassant le cou et les seins.

— Tu sais ce que j'ai décidé pour ta vraie punition d'avoir comploté dans mon dos.
— Hum, dis-moi.
— Demain je vais t'attendre dans mon bureau. Nous allons regarder nos horaires en entrant au bureau et nous allons nous donner rendez-vous. Tu te rappelles quand je t'ai prise dans mon bureau. Maintenant c'est toi qui vas me prendre. J'en suis impatient.

Le lendemain, ils convenaient de se rencontrer dans le bureau d'Ogan à midi parce qu'il y aurait moins de monde dans le cabinet. Amélia ne voulait pas décevoir Ogan. Elle le prit avec tout l'amour qu'elle avait pour lui.

— Oh ! Amélia n'arrête surtout pas, c'est merveilleux.

Après avoir eu sa punition, Amélia resta avec Ogan et finalement, il ne put se retenir et il la prit avant qu'elle retourne dans son bureau.

Le samedi Emmanuël et Jordon vinrent souper et ils avaient décidé qu'ils se rendraient en Italie avec toute la famille. Emmanuël avait déjà fait les réservations nécessaires. Jordon était lui aussi avocat et il avait déjà rencontré à la cour un moment ou un autre les autres membres de la famille d'Emmanuël sans les connaître plus que de les rencontrer au tribunal. Il n'y avait que Ogan et Amélia qu'il ne connaissait pas.

Ogan et Amélia avaient décidé de se marier dans le jardin de Johannie et Frédérick. Ses parents étaient heureux que cela se passe dans leur jardin. La date approchait, à moins d'une semaine. Ensuite ils s'envoleraient tous pour l'Italie.

— Ogan
— Oui maman
— Je voulais te dire que nous t'attendons vendredi. Tu dois venir coucher à la maison pour ne pas voir Amélia avant l'heure du mariage.
— Quoi, ce n'est pas un peu vieux jeu ça maman.
— Non, je t'attends vendredi après le travail.
— Bon, je ne semble pas avoir le choix. Je préfère quand même la chambre avec Amélia que ma chambre d'enfant.
— Exactement, aucun choix. Mais tu seras quand même en meilleure condition que la dernière fois que tu es atterri dans cette chambre..
— Ah ! ah ! ah ! Oui c'est vrai. Bon, je ne semble pas avoir grand choix sur cette décision. Alors vendredi je vais me rendre chez toi maman. Dans ce cas, Amélia et moi allons apporter des choses chez toi cette semaine pour Annabella et nos bagages pour le voyage, car nous n'aurons pas le temps de repasser à la maison.
— Parfait. Tu peux dire à Amélia que Zoé ira coucher chez toi pour l'aider.
— Maman, s'il te plaît, j'aimerais que tu utilises chez elle.
— Oh Oui! désolé Ogan.
— Merci maman.

Il appela Amélia pour l'informer de la supercherie de Johannie. Amélia riait d'Ogan.

— Je te préfère à ma mère.

Le vendredi arriva, Ogan alla chez ses parents et Zoé alla passer la nuit avec Amélia. Le lendemain la journée était splendide. Elles se rendirent chez Johannie et Frédérick une heure avant la célébration pour finir les préparations. Amélia mit sa robe avec l'aide de Zoé.

— Il n'aurait pas fallu que le mariage soit dans un mois, tu n'aurais jamais fait dans cette robe.
— Regarde, mon ventre ne paraît pas vraiment. Je suis contente, car cela fera de plus belles photos.

On frappa à la porte.

— Qui est-ce ?
— C'est maman Zoé. Puis-je entrer?
— Oui, Johannie venez.
— Oh! ma chérie, que tu es belle! Je ne savais pas si tu voulais que je te voie avant le mariage. Annabella est prête. Elle est avec Emmanuël et Frédérick.
— Vous pouvez l'apporter pour que je la voie.
— Oui je vais la chercher.

Quelques minutes plus tard, Johannie entra avec Annabella. Amélia la vit, elle était si mignonne, elle en avait les larmes aux yeux.

— Non, ne pleure pas Amélia.
— Non, désolé c'est si émouvant. Je suis la femme la plus comblée.

Ogan attendait impatiemment dans la chambre avec ses trois frères qu'on lui annonce qu'il était temps d'aller prendre sa place dans l'abri de jardin où le mariage était célébré. Ses frères se moquaient de lui et il commençait à ne plus trouver très drôle d'être enfermés avec eux.

— Mon fils, si tu es prêt, on t'attend.
— Ah oui ! enfin !
— Tu me fais penser à moi quand j'ai épousé ta mère.
— On peut dire que j'ai déjà chaud avec trois abrutis dans la chambre avec moi.
— Allez prendre vos places les garçons.

Ogan suivit son père qui alla le reconduire jusqu'à sa place avant de prendre place avec sa femme. Zack était garçon d'honneur, Zoé la fille d'honneur et Annabella la petite bouquetière. Il entendit la musique se mettre en marche. Il vit entrée Annabella, quelle beauté cet ange. Ils avaient pratiqué avec Annabella à plusieurs reprises et elle semblait avoir très bien compris, mais aujourd'hui quand elle vit tous ces gens et qu'elle aperçut Ogan à l'avant, elle partit à courir et sauta dans les bras de celui-ci pour se nicher dans son cou.

— Ma belle Annabella, j'aurais dû y penser que tu ne pouvais te passer de moi hein. Vas sur les genoux de mamie tu veux.

Ogan regarda Zoé entrer, elle était en beauté, mais quand elle divergea vers sa gauche, il vit enfin Amélia qui était conduite à l'hôtel par Michaël . Elle était si belle dans sa robe, son deuxième ange venait à lui. Il les aimait déjà tant. Il ne pouvait plus vivre sa vie sans elles.

La famille Mezzo : L'intégral

Après la cérémonie du mariage, Ogan appela Annabella pour les rejoindre et il lui demanda si elle voulait qu'il soit son papa. Il lui remit un bracelet avec l'inscription ''Mon papa et moi pour la vie''. Les papiers avaient été signés et Annabella portait officiellement le nom de Mezzo.

Le mariage se déroula bien, la soirée fût très animée avec les invités qui étaient venus en grand nombre. Ogan s'assura de présenter Jordon à Emmanuël pour que son frère soit à l'aise. Tout se déroula comme sur des roulettes.

La famille au complet, ainsi que Jordon et Mia partirent ensemble pour prendre un vol de nuit pour l'Italie. Ils étaient tous fatigués, mais très heureux du déroulement de la journée. Frédérick vint voir Ogan dans l'avion.

— Ogan, je ne savais pas que ton ami venait avec nous.
— Oui, quand nous lui avons dit que nous allions en Italie, il voulait se joindre à nous parce qu'il pensait s'y rendre cette année, mais il était seul pour faire le voyage, alors je lui ai dit de se joindre à nous.
— Ah ! mais oui, c'est bien pensé mon garçon.
— Il semble s'être fait ami avec Emmanuël, car ils n'ont pas lâché de discuter depuis que je les ai présentés. Il est avocat aussi.
— Il me semblait bien l'avoir déjà vu. Bon alors nous le considèrerons comme faisant partie de la famille pour le voyage.
— Merci papa.

Amélia se fit un grand plaisir d'envoyer un texto à Emmanuël pour lui dire la bonne nouvelle.

Dans l'avion, Ogan éduqua sa petite épouse sur ce qu'il avait appris par son père à propos de l'Italie. Plus particulièrement sur Palermo, où son père avait grandi.

— Nous allons être à l'hôtel appartenant à son oncle, Le Grand Hôtel, Villa Igiea. Palermo est la capitale de la Sicile en Italie.

— Est-ce que tu sais parler italien toi? Je n'ai jamais entendu personne de vous parler italien à part ton père avec certains clients ou au téléphone.

— Mais oui, nous parlons tous un peu italien. Par contre, après la mort de ma grand-mère, que nous appelions nonna, qui est décédée il y a dix ans, nous ne sommes pas revenus en Italie.

— Alors nonna veut dire grand-mère. Et pour grand-père?

— C'est nonno.

Amélia partit d'un fou rire.

— Ouache ! Tu crois que tes parents aimeraient que nos enfants les appellent comme cela?

— Ah! Oui c'est une très bonne idée. Nous allons montrer à Annabella et pour le bébé ce sera plus facile pour lui.

— Oui, je crois aussi. Dis-moi autre chose en Italien.

Amélia chuchota à l'oreille d'Ogan qu'elle entendait parler le couple à l'arrière d'eux en Italien et qu'elle trouvait cela très sensuel et sexy. Ogan riait.

— Très bien amore.

— Ah ! ça je sais, c'est amour.

— Oui, laisse-moi penser… Farò l'amore questa sera.

— Ça sonne doux à mes oreilles. Dis-moi.

— Je vais te faire l'amour ce soir.

— Ah ! oui chéri. Continu mon amour. Je suis toute en accord avec toi.

Il lui chuchota toujours à l'oreille pour que personne ne puisse entendre.

— Il solo pensiero di perderlo mi fa ancora sussultare. Sai, il mio bello amore, quanto mi sei necessario? Che sia per il migliore come per il peggiore, lo amerò sempre, tu sei per il mio cuore esserlo più costoso.

Amélia était bouche bée.

— J'ai dit, la seule pensée de te perdre me fait encore tressaillir. Sais-tu, mon bel amour, combien tu m'es nécessaire ? Que ce soit pour le meilleur comme pour le pire, je t'aimerai toujours, tu es pour mon coeur l'être le plus cher.

Amélia le regarda dans les yeux et Ogan s'approcha pour l'embrasser comme sa mère arrivait. Elle venait s'informer à son tour.

— Ça va vous deux.
— Hum, oui maman, très bien même. Vous vous ennuyez déjà de nous où quoi.
— Johannie, Ogan m'apprend l'Italien.

Ogan s'étouffa presque avec sa boisson. Il regarda sa mère et lui souriait.

— Ah ! toi ma belle Amélia. Je vais devoir t'apprendre que Johannie est ton amie, mais elle est ma mère.
— Et ma belle-mère maintenant.

Johannie et Amélia riraient . Elles se jouaient la tête d'Ogan.

— Laisse-moi deviner ce qu'il t'a appris… tout ce qui contient le mot Amore.

— Ah ! bien mieux que cela, Johannie je t'assure. Tu ne le sais peut-être pas, mais ton garçon est le plus romantique des hommes que je connaisse.

— Amélia, ça me fait un peu drôle que ce soit à ma mère que tu parles là. On peut changer de sujet les filles.

— Ogan, tu sais les sièges à l'arrière ne sont pas si confortable que cela, tu veux bien aller voir ton père.

— Non maman, voyage de noces, première classe dans l'avion avec ma femme. À plus tard maman, bien essayée.

— Bon très bien, on se voit au débarquement Amélia.

— Je n'y manquerai pas Johannie.

Johannie retourna à sa place et elle pensait que pour être sensuel, rien de mieux qu'un Italien. Elle était contente d'apprendre que son fils en avait hérité. Amélia sera choyée.

— Si tu dis tout à ma mère, je ne t'apprendrai plus rien.

— Non chéri, je ne lui dis pas tout, tout, tout. Y'a certaines choses que j'aime à garder pour nous deux.

Ogan la reprit dans ses bras et il se mit à sentir sa chevelure. Il lui chuchota dans le cou.

— Je l'espère. Je t'aime. Où en étions-nous?

Il la prit par le menton et l'embrassa.

— Nous devrions dormir un peu.

Il demanda à avoir des couvertures et des oreillers. L'hôtesse lui en apporta immédiatement. Ils s'installèrent pour se reposer.

— Ogan reprit son baiser plus ardemment et il commença à la caresser sous la couverture.

— Haaaa, Ogan que fais-tu chéri ?

— Chut, embrasse-moi et reste dos à moi...comme si on regarde dehors.

Il la fit jouir silencieusement sous la couverture. Ensuite ils dormirent et Ogan se réveilla à une heure de l'arrivée. Il alla voir comment allait Annabella. Elle ne voulait plus lâcher Ogan. Il l'amena avec lui dans la section première classe. Annabella réveilla Amélia. Ils étaient heureux ensemble.

Ils débarquèrent en Italie enfin. Le voyage avait été très long.

— Je comprends maintenant Frédérick pourquoi vous disiez que deux semaines n'étaient pas assez. Juste se rendre ici est très long.

— Oui le voyage est généralement assez pénible. Mais tu ne le regretteras pas. Venez, nous allons chercher les bagages.

— Ah ! regardez, l'homme a une carte avec votre nom Frédérick.

— Bonjour, nous allons chercher les bagages et vous rejoindre à cette porte.

— Je vais aller avec vous et vous aider. C'est votre frère qui m'envoie. Nous sommes venus avec deux fourgonnettes.

— Oui, nous sommes onze. La famille s'agrandit.

Arrivés à l'hôtel, ils avaient un comité d'accueil exceptionnel. L'oncle d'Ogan leur donna comme cadeau de mariage, sa plus belle suite et la suite adjacente étaient réservées pour Johannie, Frédérick et Annabella.

Une heure plus tard, Amélia et Ogan montèrent à leur chambre. En entrant dans la suite, ils furent surpris de voir la montagne de cadeaux qu'il y avait dans le salon de la suite. Ogan regarda Amélia et lui chuchota à l'oreille.

— Je crois que nous devrions prendre une douche avant de défaire nos bagages et ouvrir ces cadeaux. Viens chérie, je n'en peux plus de te partager, je veux t'aimer tout de suite.
— Dit si gentiment, comment puis-je refuser?

Après avoir défait les bagages, ils allaient ouvrir les cadeaux de mariage et ceux pour le bébé.

— Comment allons-nous apporter tout cela Ogan.
— Nous allons tout envoyer par courrier à la maison. Viens, nous devons descendre pour le souper. Je t'avertis, il n'y aura pas moins de monde que quand nous sommes arrivés. Il va même en avoir plus.
— J'ai toujours aimé ta famille et maintenant la famille de ton père. Ils sont tous si merveilleux.

Ils firent tous la fête jusqu'aux petites heures du matin. Ogan et Amélia dormirent pendant six heures et partirent ensuite pour une randonnée en bateau. Ensuite ils accostèrent sur la côte à Castellammare del Golfo pour y passer la nuit.

— Bonjour, j'ai réservé une suite pour une nuit, Ogan Mezzo.
— Oui M. Mezzo, votre suite est prête.

Dans l'ascenseur Amélia semblait fâchée contre Ogan.

— Qu'est-ce qu'il y a Amélia, j'ai fait quelque chose.

— Ogan, sois réaliste. Des suites, ça coûte trop cher. Pourquoi n'as-tu pas pris une chambre normale.

— Chérie, ce n'est pas un problème. Ne t'inquiète pas pour cela, ma mère paie tout.

Ogan se pencha pour chuchoter à l'oreille d'Amélia.

— J'ai vu son immense fortune. En plus de pouvoir payer sans problème. Tu sais pourquoi j'ai pris cette suite.

— Non, mais ce n'est pas une raison pour exagérer.

— Il y a une merveilleuse terrasse privée, personne ne peut voir de chaque côté et en plus c'est au dernier étage...alors personne au-dessus. Il y a un jacuzzi sur la terrasse dont nous allons profiter au maximum, j'en suis certain. J'avais l'intention de te faire la surprise, mais bon, si tu es fâchée on peut retourner…

— Je comprends, nous allons rester ici. Je n'insiste plus.

— Je savais que tu comprendrais.

— Très drôle Ogan Mezzo.

Ils restèrent dans la chambre sans sortir et le lendemain ils partirent pour visiter les meilleurs sites. Pour le reste de la journée, ils restèrent sur leur terrasse.

— Chérie, es-tu d'accord si je téléphone ma mère et que je lui dis que nous allons rester ici pour une autre nuit.

— Ah oui ! je suis si bien. Si Annabella va bien, je n'ai aucune objection.

Ogan alla téléphoner. Il n'y avait aucun problème. Ensuite il retourna sur la terrasse. Il prit Annabella et l'installa dans le hamac, tout en l'embrassant, il défit son haut de maillot de bain et pris ses seins pour les embrasser doucement pour ensuite sucer de plus en plus pour sentir en eux le fringant besoin de sa femme de le recevoir en elle. Il enleva son propre maillot et se mit à cheval sur le hamac. Ensuite il enleva le bas du maillot de bain d'Amélia, il rapprocha son bassin du sien pour pouvoir entrer doucement en elle. Lui donner du plaisir était son but ultime.

— Ah Ogan ! Tu es merveilleux. Tu fais l'amour comme un Dieu. Tu me rends folle, continue mon chéri.
— C'est parce que tu m'attires comme un aimant. Ton corps est… Aaaaaaa… tu es ma déesse.

Ils firent l'amour jusqu'à ce qu'ensemble ils atteignirent le septième ciel. Ils prirent leur souper sur la terrasse et continuèrent à faire l'amour une partie de la nuit.

Le lendemain ils retournèrent le matin à leur hôtel de départ pour retrouver le restant du groupe. Frédérick avait préparé des activités pour toute la famille pour finir avec un souper gastronomique sur la plage.

— Vous savez, je vais vous dire que si jamais….j'ai bien dit si jamais je me marie un jour, je veux me marier sur cette plage.
— En d'autres mots Zack, on a tous le temps de venir se marier ici avant toi.
— T'as bien compris Zoé.

Emmanuël prit Amélia à part. Il avait un air très sérieux. Amélia arrêta de sourire.

— Y'a un problème Emmanuël ?
— Oui, je dirais que tes yeux sont si brillants aujourd'hui que si tu n'étais pas enceinte, je croirais que ce petit salaud t'aurait mise enceinte sur cette belle partie du pays.

— Ah! Ah! Ah! Emmanuël tu es terrible. Je l'aime
éperdument ce petit salaud et je crois que tu es jaloux que nous
nous soyons éclatés pendant deux jours.

— Oh ! tu me perces le coeur. Ce n'est pas gentil ce que tu me
dis. Ceci dit, je vais essayer d'y aller avec Jordon si c'est l'effet
que cela fait.

— Si tu veux vraiment t'éclater, essaye ça dans un hamac sur
une terrasse du dernier étage de l'hôtel.

— Arrête, je ne veux pas de détail, tu parles de mon frère là.

— C'est de ta faute, c'est toi qui as commencé. En passant,
ton frère est un amant très cochon.

— Aaaaaa, je ne te parle plus. Je ne suis plus capable
d'entendre des choses aussi absurdes sur mon pauvre petit frère.
Je ne le croyais pas comme ça. Dire que je le prenais pour un
saint, pouf ! C'est très malheureux comme tu viens de dépeindre
son image à mes yeux.

Ils rirent aux éclats tous les deux et Ogan s'approcha pour leur
demander ce qui les faisait rire. Cela les fit s'éclater de plus belle.
Ni l'un ni l'autre n'avaient l'intention de ne parler à personne de
leur discussion juteuse.

— Quoi, qu'est-ce qui vous éclate comme cela?

— Désolé chéri, mais ça doit rester entres amis.

— Ah ! parce que tu as des secrets pour moi maintenant.
Pourtant tu es bien celle qui a dit ne plus avoir de secret pour moi.

— Juste avec moi Ogan. Je te l'ai dit, c'est mon amie.

— Vous êtes malins tous les deux.

Emmanuël les tira tous les deux pour les ramener à la hauteur
du groupe.

— S'il te plaît, je voudrais porter un dernier toast à nos deux
amoureux… même s'ils sont déjà mariés, je veux quand même

leur porter un toast. Je voudrais officiellement ajouter que nous n'avons plus de petit frère, je crois qu'il est maintenant un homme.

Ogan regarda Amélia et Emmanuël qui étaient partis d'un fou rire incroyable. Qu'avait-elle fait?

Tous les membres de la famille se sentaient bien, en vacances et un peu espiègles. Annabella ne lâcha pas Ogan cette journée-là.

— Tout est si merveilleux, on dirait que les édifices ici nous parlent tellement ils ont de l'âge. Mais c'est romantique.

— Je suis très content que tu aimes. Moi aussi j'aime l'Italie. Nous allons amener nos enfants régulièrement comme mes parents ont fait avec nous.

— Oui, c'est important pour pouvoir connaître leur famille aussi. Oh Ogan ! Je vais apprendre l'Italien et leur apprendre aussi.

— Je ne comprends pas que chaque jour je me dis que je ne peux pas t'aimer plus et tu trouves un moyen pour contredire ce que je m'étais dit. Merveilleux, je t'aime toujours plus.

Le voyage se passa bien, entre soupers et réunions de famille, tour de bateau et visites. Pour Amélia et Ogan, une fois par semaine, ils partaient deux jours pour vivre de merveilleuses heures à faire l'amour et vivre des heures idylliques ensemble.

Emmanuël et Jordon ainsi que Mia et Michaël réussirent à prendre du temps pour eux à l'écart de la famille.

Frédérick et Johannie étaient heureux de revoir les membres de la famille de celui-ci. Le voyage se passa merveilleusement bien, mais il était malheureusement temps de repartir.

Au retour de voyage, Ogan s'aperçut que sa famille s'était encore plus liée. Avant leur départ, ils n'avaient pratiquement pas le temps de se parler et maintenant, ils s'accrochaient dans les couloirs et parlaient d'anecdote du voyage. Ils avaient le sourire aux lèvres et se réunissaient pour souper tous ensemble chez leurs parents ou en couple. Il pensait que le voyage en famille au lieu de seul avec Amélia avait été profitable pour tous. Emmanuël venait plus souvent voir Ogan dans son bureau, il s'était rapproché de son frère. La vie reprenait son cours au bureau.

— Emmanuël j'essaie encore de savoir de quoi vous parliez et riez comme deux petits fous. Chaque fois que j'en parle à Amélia, elle rit aux éclats… tout comme toi en ce moment. Ai-je des chances de le savoir un jour?

— Ah ! ah ! ah ! pas beaucoup de chance. Mais elle t'a déjà dit un de mes secrets non… alors de son côté, je ne sais plus.

Amélia entendait la conversation de son bureau et elle riait toute seule à son bureau. Quand son mari passa devant elle, il lui fit des yeux d'exaspération.

— Je part ma chérie, je serai de retour à la fin de la journée pour te prendre. Et non, il ne veut rien me dire.

— Bonjour Amélia, tu ne lui as pas parlé de notre secret à ce que je vois.

— Non, c'est tellement drôle. Il veut vraiment savoir.

— Laisse-le languir petit malin. Tu vas bien ce matin. Mon neveu ne te fait pas trop souffrir.

— Je crois qu'il sera un batailleur.

— J'ai bien hâte de voir ça. Et bien il aura beaucoup d'oncle pour se pratiquer si c'est le cas.

— Non, je ne préfère pas. Emmanuël on peut aller dans ton bureau, j'aimerais te parler en privé.

— Oui certainement, viens.

— Emmanuël je voudrais te parler de ta relation. On voit bien que tu te refermes sur toi-même et tu t'exclut. Ce n'est pas bon de vivre comme cela. Je sais, tu fait que cela depuis que tu es jeune, mais…tu n'es plus jeune. Tu devrais considérer en parler à ta famille, te libérer et pouvoir vivre pleinement sans toujours te cacher.

— Ne t'en fait pas pour moi Amélia, j'ai appris à m'y faire.

— Ogan et moi aurions tellement aimé vous prendre Jordon et toi pour les parrains de notre futur enfant.

— Et la marraine?

— Bien on peut dire deux parrains. Nous sommes en 2014. La société est plus ouverte maintenant. Je m'étais informée et c'est maintenant l'égal au Canada. Il y a des couples gais qui adoptent des enfants alors je ne voyais pas le problème. Tu sais Emmanuël, nous nous sommes toujours réconforté l'un et l'autre depuis que je travaille ici, tu es et resteras toujours mon meilleur ami. Alors je veux que tu sois le parrain, mais j'aurais préféré prendre vous deux.

— Je croyais que c'était Ogan ton meilleur ami ici.

— Non, lui c'est mon meilleur amant.

— Ah ! ah ! ah ! petite coquine. Je serais très honoré d'être le parrain, mais il serait plus sage pour l'instant de prendre Zoé pour marraine.

— Hum, on y avait pensé, mais je voulais quand même t'en parler avant. Peux-tu faire un testament pour nous?

— Amélia je vais t'avouer que j'ai beaucoup de travail, mais je connais deux personnes ici qui ne sont pas occupées et se feront un plaisir de te faire ce petit travail.

— Ah ! oui, je vais passer voir Johannie. Merci

— C'est toujours un plaisir de t'aider et de t'avoir sous mes yeux.

— Je vais le dire à mon mari, tu vas te faire sermonner.

Ils rirent de bon coeur.

Les mois passèrent et Amélia grossissait à vue d'oeil. Elle était maintenant à deux semaines de sa date et Ogan ne tenait plus en place, il avait si hâte. Entre-temps ils avaient fait l'achat d'une maison avec un jardin pour qu'Annabella puisse prendre l'air plus souvent en s'amusant dehors. Ils étaient heureux, ils étaient vraiment faits pour vivre ensemble.

— Bonjour Amélia, mais que fais-tu encore ici? Tu es tellement grosse que tu dois presque te lever pour décrocher le téléphone.
— Tu exagères un peu là Emmanuël.
— Non, mais soit réaliste, tu as l'air d'un gros ballon.
— Je vais très bien, va t'en dans ton bureau et je dois sérieusement penser à mon amitié envers toi et de parrainage. Tu es vraiment grossier ce matin.
— Pour ce qui est du parrainage, tu es trop tard, j'ai déjà accepté.
— Je vais de ce pas voir Ogan et lui dire que tu as dit que j'ai l'air d'un ballon, non un gros ballon.

Amélia savait qu'Ogan n'était pas là ce matin, il l'avait déposé et devait se rendre voir un des plus importants clients du cabinet.

— Laisse-le travailler, c'est si rare que cela arrive.
— Égoïste. Je vais dire à Ogan de retenir ton chèque de paye ou de faire une petite erreur… comme oublier un ou deux zéros à la fin.
— Bon très bien, je me sauve là avant de perdre ma chemise. Bonne journée.

Amélia avait beau faire la rigolade avec Emmanuël, elle ne se sentait pas si bien ce matin et elle savait très bien qu'elle aurait dû opter pour rester à la maison. Elle se rendit à la salle de bain et juste à l'entrée de la porte, elle sentit l'eau glisser entre ses jambes.

— Ah non ! Il me restait deux semaines à faire et Ogan qui n'est pas ici.

Elle regarda l'heure. Il lui avait dit qu'il devait faire une heure de route pour son rendez-vous, mais qu'il devrait être de retour pour le souper si la rencontre se passait bien. Elle n'avait pas beaucoup de choix que de se rendre à l'hôpital sans attendre, car c'était son deuxième enfant et les eaux était tombés. Elle ne voulait pas vraiment sortir de la salle de bain et faire face avec un client en ayant le pantalon et souliers pleins d'eau. Elle ouvrit la porte de la salle de bain, après cinq minutes elle ne voyait toujours personne passer. Elle décida de hausser le ton, pas trop fort pour voir si quelqu'un lui viendrait en aide.

— Allo, allo… c'est Amélia j'ai besoin d'aide à la salle de bain, c'est le bébé.

Frédérick l'avait entendu, mais Amélia aurait préféré que ce soit Zoé ou Johannie. Il sortit de son bureau en criant.

— Amélia a accouché dans la salle de bain.

Amélia leva les yeux en signe d'exaspération en refermant la porte de la salle de bain. Elle essayait de repenser mentalement à ce qu'elle avait dit. Johannie et Zoé arrivèrent dans la salle de bain comme des éclairs.

— Qui a-t-il mon enfant.

— Je n'ai pas accouché comme Frédérick l'a crié, mais je vais accoucher. J'ai perdu mes eaux.

— Ah ! ce Frédérick!

— Croyez-vous que l'une de vous pourrait m'apporter aux urgences, car Ogan n'est pas ici ce matin? Il est dans une réunion et il est à au moins une heure d'ici. Ah ! Mais à bien y pensé, je suis très trempée je devrais peut-être prendre une ambulance.

— Non chérie on t'apporte, si tu crois avoir le temps naturellement. Zoé va voir ton père, donne lui un coup de pied pour la peur qu'il m'a faite et dit lui d'avancer la voiture.

Zoé ouvrit la porte et trois de ses frères ainsi que son père étaient si près de la porte qu'elle sursauta.

— Et bien les gars. Bougez-vous. Papa va chercher la voiture. Michaël demande à ton assistante qu'elle regarde l'agenda d'Ogan et qu'elle lui téléphone de toute urgence. Zack toi trouve une couverture ou un sac de plastique quelque chose pour qu'Amélia puisse s'asseoir dessus dans l'auto. Toi Emmanuël apporte ton auto pour que nous puissions nous aussi nous rendre à l'hôpital avec eux. Je ne manquerai pas cela pour tout au monde.

— Côté organisation, tu l'as ma soeur. On va devoir te donner les mesures d'urgence du bureau.

— Va chercher l'auto tout de suite moi je vais dire à Phil qu'il s'occupe du bureau, car nous partons tous pour l'hôpital.

Emmanuël s'exécuta.

— Ah ! décidément les femmes sont brusques avec moi aujourd'hui. Dieu merci que le bébé à naître est un garçon.

L'assistante de Michaël n'arrivait pas à joindre Ogan. Il ne répondait pas à son cellulaire. Après quinze minutes elle décida de téléphoner au bureau de M. King pour que son assistante essaie de joindre celui-ci pour faire le message à Ogan. Ogan l'a rappela dix minutes plus tard pour l'informer qu'il prenait la route immédiatement pour revenir au bureau. Mais elle lui indiqua qu'Amélia était déjà partie depuis vingt minutes pour l'hôpital.

— Vous pourriez me passer Michaël s'il te plaît.

— Ils sont tous partis à l'hôpital.

— Décidément, c'est toujours une affaire de famille. Je me rends à l'hôpital.

— Essayez de les joindre et de leur dire que j'en ai pour au moins une heure.

— Très bien Ogan…et ne conduisez pas trop vite. Votre fils a besoin d'un père et il vous attendra s'il naît avant votre arrivée.

— Oui. Vous venez de ralentir mon élan, mais c'est bien vrai ce que vous dites. Merci de votre sage conseil.

Amélia avait été amené directement de l'urgence à l'étage des naissances.

— Vous n'aurez pas longtemps à attendre pour avoir votre bébé, Mme Mezzo.

— Ah non ! je ne veux pas l'avoir avant que Ogan, mon mari soit arrivé. Ah mon dieu ! Qu'est-ce que je dis là?

— Nous devons malheureusement vous apporter immédiatement dans la salle d'accouchement. Vous êtes prête.

— Johannie, s'il vous plaît puis-je vous demander de rester avec moi jusqu'à ce que Ogan arrive?

— Oh ! ma chérie, tu me fais le plus grand honneur qui soit. Avoir la chance de voir mon premier petit enfant naître.

Johannie avait les larmes aux yeux. Elle alla informer le reste de la famille et parti avec l'infirmière pour mettre les vêtements appropriés. Ensuite l'infirmière la conduisit auprès d'Amélia. Ses contractions étaient maintenant très fortes. Elle doutait qu'Ogan soit arrivé assez vite, mais elle se garda bien de le dire à Amélia. Elle regrettait de ne pas avoir veillé à ce que Ogan reste près du bureau.

— Est-ce que quelqu'un a pu joindre Ogan?
— Oui il est déjà en route depuis notre départ du bureau.
— Mme Mezzo à votre prochaine contraction, vous allez pousser.
— Déjà ! Ah non ! Ogan ne sera jamais là en temps.

La contraction vint, mais Amélia se refusait à pousser. Elle essayait, mais son cerveau ne travaillait pas dans ce sens.

— Mme Mezzo, vous devez vraiment vous concentrer, car si vous ne poussez pas, le bébé sortira quand même, mais c'est lui seul qui aura à faire tout le travail. Vous devez l'aider pour que l'accouchement soit moins dur pour lui.
— Très bien, je suis désolée.
— Je vous comprends, mais le bébé attendra papa dans les bras de maman.
— Oui. Je comprends.

Ogan entra à toute vitesse dans la salle d'accouchement suivi de l'infirmière qui lui disait qu'il devait finir de s'habiller avant d'entrer. Mais trop tard il était déjà en train d'embrasser Amélia. Le médecin lui fit signe de le laisser faire.

— Amélia ma chérie j'avais si peur de manquer ça.
— Mais comment es-tu arrivé ici si vite Ogan, c'est impossible tu ne peux ne pas avoir fait temps de vitesse. Tu…
— Maman, nous parlerons de cela après.

— Désolé, je comprends. Je devrais aller attendre de l'autre côté avec les autres.

— Non Johannie, s'il te plaît restez.

— Oui maman reste.

— Merci mes chéris.

Quinze minutes plus tard, Ogan avait son fils dans ses bras. Sa mère alla rejoindre le reste de la famille pour leur dire que tout allait bien que leur garçon était né sans problème et que Ogan était un père comblé avec son bébé dans ses bras.

— Hein! Ogan.

— Ah! Vous ne l'avez pas vu, il est avec Amélia et il est arrivé juste à temps pour voir naître son garçon.

— Merveilleux, mon petit fils est né. Johannie, quand vais-je pouvoir le voir?

— Il faut attendre qu'ils les transportent dans une chambre et Ogan viendra nous chercher. Mais je pensais qu'un de nous devrait aller chercher Annabella. Il ne manque qu'elle, c'est son petit frère après tout.

— Oui maman, tu as raison. Je vais aller la prendre à la garderie et je la ramène ici. Ne le dites pas à Amélia et Ogan, je vais leur faire la surprise.

Ogan vint chercher la famille pour qu'ils puissent voir son fils. Frédérick était curieux de savoir comment son fils était arrivé si vite.

— Comment es-tu arrivé si vite, c'est impossible?

— J'étais déjà parti depuis 10 minutes quand M. King m'a fait téléphoner pour me dire qu'un hélicoptère m'attendait sur un édifice qui n'était qu'à cinq minutes d'où j'étais, alors je dois le remercier et nous allons devoir refaire la réunion.

Silence se fit

— Papa…c'est tellement merveilleux de voir son fils naître.
— Oui, c'est une des plus belles choses de la vie que j'ai eu le grand plaisir de voir à quatre reprises. Une double naissance naturellement…j'avais pas assez chaud avec un à la fois.

Quand Zoé entra dans la chambre avec Annabella, Amélia se mit à pleurer.

— Merci d'avoir pensé à Annabella. Regarde mon trésor, c'est ton petit frère.
— Comment s'appelle le bébé?

Amélia regarda Ogan. Elle ne savait pas s'il avait pris la décision finale. Il était partagé entre deux noms et elle lui laissa faire le choix final.

— Nous étions d'accord pour un nom italien, alors nous allons le nommer Carlo.

Le père d'Ogan se mit à l'écart. Il était ému parce que Ogan avait choisi ce nom pour son fils. Pourtant Ogan ne savait pas. Johannie regarda son mari, elle...elle savait. Il lui fit signe que tout allait bien.

— Oh ! Zoé, aujourd'hui j'étais censé te voir pour te demander si tu voulais être la marraine avec Emmanuël comme parrain. Mais comme j'ai eu une petite distraction, j'avais oublié.
— Ah ! Ah ! Ah ! Une merveilleuse distraction. J'accepte avec la plus grande joie.
— Désolé pour mes autres frères, mais vous allez certainement avoir la chance dans quelques années vous aussi.

— Hum, tu en veux déjà un autre Ogan. Chéri, je crois que nous devrions en reparler…beaucoup plus tard.

— Non pas nécessairement nous, mais eux s'ils finissent par se trouver des conjoints.

— Ah ! Tu m'as fait un peu ? Je te trouvais soudainement un peu trop optimiste. Hé! J'y pense, Annabella a aussi besoin d'être baptisée, car je n'avais personne pour marraine et parrain, alors elle pourrait avoir deux parrains au lieu.

Emmanuël se sentit blanchir. Elle n'était pas pour lui faire cela, ce n'était pas elle. Impossible.

— Oui, comme cela Michaël et Zack si vous êtes intéressés?

Les deux répondirent en coeur que cela serait un plaisir pour eux. Emmanuël put laisser aller sa respiration. Amélia avait bien vu trop tard l'erreur qu'elle avait faite. Elle lui fit signe de s'approcher pour prendre le bébé. Et elle lui chuchota ses excuses. Emmanuël lui fit de gros yeux et il l'embrassa sur le front.

— Hé hé ! tu ne peux pas embrasser ma femme, sans me demander la permission, tu sais.

— C'est ma meilleure amie, tu dois t'y faire Ogan.

— Je croyais que c'était moi.

— Non, elle m'a dit que toi tu étais son amant.

Ils riaient tous de bon coeur.

Johannie et Frédérick prirent congé pour qu'Amélia puisse se reposer et le reste de la famille suivait leur exemple. Elle se retrouvait seule avec Ogan et le petit Carlo. Zoé avait décidé de passer la nuit chez ses parents avec Annabella.

Zoé avait bien remarqué la réaction de son père à l'annonce du nom du bébé.

— Maman, quand nous étions à l'hôpital il me semble que papa ne se sentait pas bien quand ils ont annoncé le nom de Carlo. J'ai bien vu qu'il t'a fait signe qu'il allait bien, mais tu crois qu'il allait vraiment bien.

— Oui Zoé, ton père était très ému. Tu vois, je vais te dire quelque chose dont nous n'avons jamais parlé avec vous les enfants. Ton père avait deux autres frères, que vous n'avez jamais connus. Ils n'en parlent jamais. Un soir, les deux étaient sortis. Carlo était parti travailler et Miki était sorti avec ses amis.

— Ah ! je comprends mieux, c'est parce qu'il avait un frère qui s'appelait Carlo.

Silence se fit

— Oui, mais tu es loin de tout comprendre ma fille. Il y eut un accident un soir où il y avait une pluie diluvienne mêlée de brouillard, c'était terrible à voir, un vrai déluge. La voiture de Miki a frappé celle de Carlo. Carlo est mort sur le coup. Miki est resté pour assister à l'enterrement et ensuite il est parti et personne ne l'a jamais revu. Ton père les aimait tellement tous les deux. Mike était l'aîné et Carlo le cadet.

— Oh ! C'est terrible maman, papa a dû être dévasté par cela.

— Oui, il a pris beaucoup de temps à s'en remettre.

— Quelle histoire affreuse. Mon dieu je comprends bien pourquoi papa n'en parle pas. Alors vraiment il a perdu deux frères en même temps. Est-ce que celui qui est parti avait causé l'accident?

— Oui, mais vu les circonstances de la température, ce n'était pas de sa faute. Il pleuvait tellement, les rues commençaient à être inondées pour la plupart. Miki n'a pas vu l'arrêt et les policiers avaient dit à ses parents que l'impact n'avait vraiment pas été fort, que probablement que Carlo avait mal frappé sa tête sur la fenêtre et que cela lui avait donné un coup final.

— Celui qui est décédé s'appelait Carlo l'autre qui est parti Miki.
— Oui.
— Miki c'est son vrai nom.
— Non, c'est Michaël. Mais tout le monde l'appelait Miki.
— C'est pour cela que vous avez nommé votre premier enfant Michaël.
— Oui, il aimait beaucoup Michaël aussi et il avait tellement de peine que son frère ne puisse accepter que ce n'était pas de sa faute. Mais comme ton père dit, il aurait eu tellement honte qu'il aurait probablement fait la même chose et disparut à jamais.
— Je suis surprise que vous n'ayez pas surnommé Emmanuël du nom de Carlo.
— Ton père ne voulait pas, car il disait avoir fait une erreur en donnant le nom de Michaël à notre premier enfant. Qu'il ne cessait de se rappeler et manquer son frère encore plus à cause de cela! Ensuite nous avons réalisé que Michaël portait la première lettre de notre nom de famille. Alors c'est là que nous nous sommes amusés à vous nommer avec la prochaine lettre dans notre nom de famille. M pour Michaël, E pour Emmanuël, Z pour Zark, Z pour toi Zoé et enfin O pour Ogan.
— Alors c'est arrivé avant notre naissance.
— Oui, j'étais enceinte de Michaël.
— Est-ce que papa a recherché Miki?
— Pendant des années. Mais à un certain moment il s'est rendu à l'évidence qu'il ne le retrouverait jamais.
— Pauvre papa. C'est une vraie tragédie pour sa famille.
— Oui, terrible. Mais ils doivent vivre avec.

La redoutable Zoé Mezzo, éperdue devant la défaite…et l'amour

Elle est l'avocate la plus redoutée de Vancouver. Elle prend beaucoup trop de risques par contre. Un jour elle fera une maladresse. Ses frères apprennent son erreur, ils feront tout pour la sortir de ce pétrin. Son frère Zack, le jumeau de Zoé, engage Ted son ami qui est détective privé. Zoé doit être protégée à tout prix. Elle s'aperçoit qu'elle ne sait plus si c'est la mafia qui est plus dangereuse ou le beau Ted. Zoé pense ne pas pouvoir vivre en ayant celui-ci collée à la peau vingt-quatre heures sur vingt-quatre. Ses frères ne lui donnaient aucun choix, il lui était imposé. Zoé apprendra à le connaître et tombera sous son charme. Lui aussi est facilement charmé par la belle Zoé, mais il ne veut pas mélanger amour et boulot pour bien faire son travail. Zoé sera sauvée de l'emprise de la mafia, mais pas de celle de Ted. Zoé ne pourra laisser son prince charmant partir, elle veut savoir s'il a les mêmes sentiments qu'elle.

Zoé ne pouvait sortir de sa tête l'histoire de ses deux oncles. Elle concentra tout son temps libre à faire des recherches pour retrouver son oncle Miki. Celui qui était vivant…celui qui a tué son frère dans un accident de voiture, une collision mortelle avait dit les policiers. Le conducteur de l'autre voiture était mort sur le coup. Miki était dévasté à la pensée qu'il avait tué un homme. La collision n'avait pas été forte, mais quand même mortelle. La température n'avait pas favorisé le tout, c'était la plus forte jamais vue sur la côte. Avec la température si élevée, le brouillard s'était mis de la partie et on pouvait le couper au couteau tellement il était épais. Miki n'allait pas vite et l'autre conducteur non plus, mais la collision avait été fatale pour l'autre conducteur parce qu'il s'était frappé la tête sur la vitre et celle-ci avait éclaté et une partie s'était logée dans la tempête. Mais les policiers restaient la à regarder Miki et sa mère, pourquoi ne partaient-ils pas, allaient-ils arrêter Miki? Non, la plus mauvaise nouvelle devait suivre. Le conducteur de l'autre voiture était son petit frère. Comment pouvoir vivre dans sa famille qu'il aimait plus que tout après avoir tué son frère…son petit frère Carlo qu'il aimait tant.

Ces temps-ci Zoé n'avait pas beaucoup de temps à y consacrer, car son travail la tenait en haleine. Son procès actuel était un cas de possession et vente de stupéfiants. Elle procédait à ses recherches elle-même comme elle avait toujours fait. Elle disait vouloir rencontrer les gens pour pouvoir ressentir leur réaction, pour pouvoir lire dans leur visage. C'était sûrement son point fort, car elle était considérée comme l'avocate la plus redoutée de Vancouver. Il y avait même certains avocats qui préféraient reculer en sachant que Maître Zoé Mezzo était pour être leur adversaire.

Elle avait des personnes à rencontrer aujourd'hui susceptibles d'avoir des informations qui pourraient l'aider dans son procès. Pour la première fois, elle se rendit compte que plus elle avançait dans ce cas, plus elle sentait quelque chose de louche. Quelque chose qui lui échappait. Il lui manquait un morceau du casse-tête. Elle redoubla son travail, mais ne trouvait toujours pas. Où était donc cette pièce manquante?

Ce n'était pas elle qui devait avoir ce dossier au tout début, c'était Michaël son frère aîné. Le dossier lui avait été spécifiquement envoyé à lui, mais il avait souffert d'une pneumonie alors Zack, Emmanuël et elle s'étaient séparés les dossiers qui ne pouvaient pas attendre sa convalescence. Elle travaillait sur ce dossier depuis plusieurs semaines maintenant, l'accusé était Marco White. Un jeune revendeur reconnut de la justice, mais cette fois la quantité était beaucoup trop grande pour un petit revendeur. Quelque chose ne tournait pas rond dans cette histoire. Elle avait même demandé à ses parents si cela leur était déjà arrivé qu'un accusé, avec une si grande quantité, soit jugé seulement pour possession et vente. Pour elle, il ne devait pas être jugé comme un petit trafiquant, mais bien comme un trafiquant à plus haute échelle. Et non, ses parents ne comprenaient pas non plus. Elle avait raison. Elle devait trouver, c'était une maladie chez elle tellement elle ne pouvait pas rester sans cette réponse. Elle alla discuter de ce dossier avec Michaël.

— Michaël, nous devons vraiment discuter du dossier Marco White.

— Ah! c'est toi qui l'as pris celui-là. Comment puis-je t'aider?

— Je ne sais pas. Il y a quelque chose de louche et je n'arrive pas à mettre le doigt dessus.

— Ça, c'est pas bon signe, tu vas massacrer toutes mes soirées à venir, je le sens.

— On ne dit pas que je suis la meilleure pour rien. Non, je veux juste éclaircir une chose. Pourquoi ce dossier t'a-t-il été envoyé spécifiquement?

— Hé! bien tu me l'apprends, car je ne le savais pas. D'où tiens-tu cette information?

— La demande qui t'a été envoyée par courriel du Juge Brown.

— Ah! parce que maintenant tu regardes dans mes courriels?

— Non, imbécile. Ils ont envoyé la demande par courriel au cabinet…c'est-à-dire à la boîte générique.

— Ah! j'aime mieux ça.

— Pourquoi, tu as quelque chose à cacher dans ton courriel…ne me tente pas Michaël.

— N'essaie jamais de me faire un coup pareil.

— Regarde toi-même dans ton courriel si tu aurais reçu quelque chose en regard à ce Marco White.

Zoé alla se mettre derrière son frère pour regarder avec lui la recherche dans son courriel. Finalement il trouva un courriel qui demandait que ce soit spécifiquement lui qui s'occupe du dossier, car le juge sur cette affaire préférait travailler avec lui.

Mais Michaël avait déjà tenté Zoé, il était trop tard. Tandis que Michaël essayait de trouver le courriel en question, Zoé regardait tout le reste.

— Bon c'est assez flatteur, mais assez exceptionnel. Je vais renvoyer un courriel et expliquer au juge que je regrette, mais que j'ai été malade et que le cabinet a dû prendre mes dossiers en charge. Qu'en dis-tu, nous allons voir ce qu'il répondra!

— Bien.

Michaël ferma vite son courriel, car il s'aperçut que Zoé avait de beaux grands yeux qui cherchaient toujours dans ses courriels. Ce qu'il n'avait pas pensé était qu'en fermant son courriel il laissait voir à Zoé son fond d'écran. Un trop grand sourire apparu sur le visage de Zoé. Il avait compris l'erreur qu'il venait de faire.

— Sors de mon bureau tout de suite.

Zoé fit mine de sortir en riant, elle se retourna arrivée à la porte du bureau de Michaël et parla très fort pour que tous ceux qui étaient dans le cabinet puissent l'entendre.

— Hein! Je la connais elle. Bravo Michaël, c'est une avocate reconnue, depuis quand tu cou…..

— LA FERME, TU VAS ME LE PAYER ZOÉ.

Zoé riait. Elle était si maligne envers ses frères quand elle le voulait. Ils leur avaient tous fait des coups à elle, alors maintenant, quand elle en avait l'occasion, elle leur remettait leurs petits coups. Aussi être surveillé par quatre frères lorsqu'elle a débuté avec les petits copains.

Tous passèrent à tour de rôle pour savoir de Zoé avec qui Michaël couchait. Michaël lui fit de gros yeux chaque fois qu'il la voyait cette journée-là.

Ce soir-là, elle décida de regarder à ce dossier à partir du début jusqu'à la fin de nouveau. Elle avait sûrement dû manquer quelque chose. Elle se consacrait tellement à cette cause, qu'elle n'avait plus de vie sociale à part les repas en famille. Elle devait probablement prendre du recul et se donner une soirée de répit, elle sentait qu'elle s'était surmenée avec cette cause. Elle devait sortir et s'amuser un peu. Elle téléphona Wendy sa meilleure amie et se donnèrent rendez-vous pour le samedi suivant pour sortir la boîte la plus en vogue de Vancouver.

— Salut Wendy, contente de te voir.

— Oui moi aussi, je crois que nous ne sommes jamais restées si longtemps sans nous voir.

— Oui, je suis tellement occupée, je n'ai jamais eu une cause à plaider qui me prenait autant de mon temps que celle-ci.

— Bon, on ne parle plus travail. Ce soir… hummm, on regarde la marchandise et si nous sommes chanceuses…on aura le sexe en extra. On pourra toucher en plus de regarder…Ah! Ah! Ah! toi tu ne changeras jamais. Mais c'est vrai que cela me détendrait.

Zoé disait ces mots et elle savait très bien qu'elle n'était pas le genre à coucher le premier soir avec un homme sans le connaître. Les préliminaires étaient importants. Wendy par contre n'avait pas froid aux yeux et elle n'avait pas peur, mais pour Zoé, sa copine ne prenait vraiment pas assez de précautions. Par contre Zoé aurait tout oublié ce soir pour se retrouver avec homme dans son lit pour se faire caresser et se laisser aller. Elle se résigna même à se dire qu'elle allait essayer ce soir. Elle voulait un homme, elle en avait besoin. Et la marchandise ne lui déplaisait pas du tout, elle en avait l'eau à la bouche.

Elles rattrapèrent le temps perdu jusqu'à ce qu'un beau jeune homme invite Zoé à danser.

— Bonjour mesdames, moi c'est Phil.

Il se tourna vers Zoé et l'invita à danser. Zoé voyait bien que Wendy en bavait pour lui.

— Non désolé pas maintenant, mais Wendy toi tu peux y aller ne te gêne pas.
— Oui, Wendy est ce que tu veux danser.
— Avec joie, j'adore danser avec de beaux mecs comme toi mon joli.

Zoé riait, c'était du Wendy cent pour cent. Elle resta seule et ses pensées retournèrent inévitablement à son travail. Mais elle vit soudain qu'elle était observée, l'homme lui fit un sourire enchanteur. Elle lui rendit son sourire séducteur et elle le voyait déjà dans son lit.

— Ouf ! Zoé reprends-toi, reprends-toi. Tu en baves ma belle ça va être trop évident.

L'homme en question lui fit envoyer un verre de ce qu'elle buvait. Elle le salua avec son verre. Pour lui c'était l'invitation à continuer sa quête. Il se rendit à sa table.

— Bonsoir mademoiselle, moi c'est Nicholas….Je peux partager votre table.

Zoé pensa que ce n'était pas sa table qu'elle voulait partager, c'est mon lit.

— Oh! oui, désolé. Mes pensées étaient ailleurs. Avec plaisir, moi c'est Zoé.

— Quel joli nom pour une si belle femme?

Il était charmeur avec ça! Attention n'en mets pas trop. Oh !là.

— Merci

Ils bavardèrent quelques heures avant que Wendy s'approche de la table. Zoé lui présenta Nicholas et elle, elle lui présenta Luis avec lequel elle partait. Elle avait changé de partenaire, mais Zoé ne s'en étonna pas. Zoé avait bien vu, elle savait qu'elle repartirait avec un homme.

— Wendy, tu m'appelles sans faute demain avant-midi compris, sinon j'envoie la police après toi.

— Oui madame. Passez une belle fin de soirée.

— Vous aussi.

Elle continua sa discussion avec son bel inconnu Nicholas.

— Vous travaillez ensemble, ou habitez ensemble?

— Non, c'est une amie d'enfance. Nous sommes comme des soeurs, depuis une vingtaine d'années que nous nous connaissons.

— La soirée est encore jeune, est-ce que tu veux que nous allions dans une autre boîte ou peut-être aller dans un endroit plus tranquille, prendre un café pour pouvoir parler sans crier.

— Nous pourrions aller chez moi prendre un verre de vin.

— Non Zoé, ce ne serait pas sage. Il lui fit un clin d'oeil. Tu es beaucoup trop jolie, je ne pourrais pas me retenir.

Justement pensa Zoé, elle ne voulait pas être sage, pourquoi était-elle tombée sur un sage homme. Zoé était perdue dans ses pensées à la recherche du mode d'emploi pour ''comment apporter un homme dans ton lit en un soir''.

Zoé aperçut soudain Zack qui venait vers eux. Elle fit la grimace sans s'en rendre compte.

— Manquant plus que ça!
— Salut mon amour.
— Ce jeu-là ne marche plus O.K.
— Zoé, tu n'as qu'un mot à dire et je peux aller discuter avec le monsieur pour qu'il ne t'importune plus.
— Hum, c'est tellement tentant. Mais non merci, c'est mon frère. Nicholas je présente Zack et Zack voici Nicholas.
— Oh! désolé pour ce que j'ai dit. Bonsoir, c'est un plaisir de te rencontrer.
— C'est réciproque. Je voulais juste jouer avec ma petite sœur en l'agaçant un peu. Elle détestait tellement quand on lui faisait cela quand elle était plus jeune, la tentation était trop forte. Vous avez vu ses yeux comme elle m'a fusillé.

Tous riaient à la réflexion de Zack.

— C'est assez rare qu'on te voie en boîte sœurette. Mais restez ici… je reviens, je vais aller chercher mes amis, ils vont aussi être contents de faire ta connaissance.
— Désolé Nicholas, je crois que mon frère est tombé sur la tête ce soir. Je n'ai aucune envie de connaître ses amis.
— Ce n'est pas grave, nous resterons un peu et ensuite nous déciderons où nous allons.
— Parfait. Trente minutes, pas plus.

Zoé se retourna en entendant les voix leur dire bonsoir.

— Ah merde! Que faites-vous tous ici, c'est un rêve que je fais ou quoi, réveillez-moi quelqu'un s'il te plaît.

— Nicholas, je te présente mes frères, Michael, Emmanuel et Ogan.

Nicholas était surpris de les voir arriver, il leur serra tous la main. Il se tourna vers Zoé.

— Tu en as d'autres encore?

— Non, Dieu merci.

Michaël la regarda avec un sourire. Il prit Zoé et l'embrassa sur le front.

— Hé!! dit ma p'tite soeur que tu les aimes bien tes frères.

— Oui, mais pas ici et pas ce soir. Ogan, tu es marié maintenant. Que fais-tu en boîte?

— Oui je suis marié et non je ne suis pas venu seul en boîte. Amélia est partie se refaire une beauté, juste pour moi.

— Bon, au moins je vais avoir quelqu'un de mon côté. Et pourquoi êtes-vous tous là, que personne ne m'a invité alors?

— Nous avons décidé cela à la dernière minute et je crois que tu ne réponds pas à ton téléphone cellulaire.

— Ah! je ne l'ai probablement pas entendu ici. Hé! bien! Oui, je vois que vous m'avez téléphoné, six fois!

— Oui, tu ne peux pas dire que nous n'avons pas essayé.

Amélia venait vers eux. Ils discutèrent tous ensemble.

— Zoé, je partais justement. Tu veux que je te ramène chez toi. Avec le vin que je te vois avaler, j'espère que tu n'as pas pris ta voiture.

— Oui, non… Ah oui, il est déjà très tard. Nicholas c'était un plaisir de faire ta connaissance. J'ai adoré discuter avec toi. Que dirais-tu si nous échangions nos numéros? Nous pourrions éviter les indésirables, parce que je crois que ça ressemble beaucoup à un complot ce soir.

Personne n'avait de quoi écrire, alors Zoé arrêta une serveuse, lui emprunta sa plume et inscrit son numéro de cellulaire dans la main de Nicholas.

Nicholas partit en même temps qu'eux tous et il raccompagna Zoé jusqu'à la voiture de Zack en espérant pouvoir lui voler un baiser. Ce baiser était si tendre, mais la flamme monta dans son corps, elle devait y mettre un frein sinon elle ne pourrait pas repartir avec Zack.

— Je t'appelle.
— Oui. Merci pour cette soirée.

Elle s'installa dans la voiture où Zack l'attendait déjà.

— Ce n'est pas de sitôt.
— Non, mais arrête. Je le voulais vraiment ce baiser.
— Moi aussi j'en voulais un, mais j'ai fini par perdre la belle blonde que je voyais. Je ne l'ai plus revu après avoir changé de table.
— C'est à toi de ne pas me déranger et de rester à ta place.
— Très drôle, je me devais de vérifier et quand je suis allé chercher le reste…de ma bande, c'était assez beau à voir sur ton visage.
— Assez surprenant que Nicholas ne soit pas parti à courir en se sauvant. Quatre frères pour veiller sur moi.

Zack prit sa soeur et l'embrassa sur la tête.

— Je crois quand même que je suis arrivé au bon moment.

— Ferme là tu veux. Ce n'est pas parce que tu es mon jumeau que tu sais ce que moi j'avais en tête.

— Ouf! Féroce la soeur. Tout compte fait, je ne suis peut-être pas arrivé au bon moment.

— J'ai dit, ferme là Zack.

Zack siffla entre ses dents.

— Mais qu'est-ce qui te prend? Si tu voulais repartir avec ce minable, t'avais juste à me le dire.

Silence

— Et tu sais ce qu'il aurait fait? Il aurait sorti tous ses beaux atouts et tous ses charmes, il t'aurait mis dans son lit.

— Imbécile…tu viens de décrire mes quatre frères.

Zack faillit s'étouffer.

— Nous avons vingt-sept ans Zack, tu ne trouves pas qu'avec qui je couche ou que je veux coucher est mon affaire.

— Oui, mais quand même tu es ma soeur et ma jumelle en plus. C'est plus fort que moi, je ressens toujours le besoin de te protéger.

— J'ai trois autres frères qui avaient un peu trop ce besoin aussi. J'ai l'impression que c'est juste parce que je suis la seule fille.

— Oui, peut-être. Tu ne m'en veux pas trop.

— Oui Zack, imagine que je voulais coucher avec lui. Je crois que vous lui avez fait peur et qu'il ne voudra plus de moi. Et tout ça par ta faute.

— Finalement, j'aurais dû te laisser là-bas. La route va être longue jusque chez toi. Tu es sûre de ne pas vouloir aller te refroidir dans ta chambre d'enfant chez les parents. Nous ne sommes qu'à deux minutes de là.

— Va te faire foutre et rapporte-moi chez moi. Finalement comme tu dis, je crois que tu es très content que Zoé n'ait pas de sexe ce soir.

— Yark! ne parle pas de sexe avec moi…surtout que je n'en aurai pas ce soir.

Zack la ramena chez elle et s'assura qu'elle fût bien entrée avant de repartir.

Une semaine après avoir fait la connaissance de Nicholas, il lui téléphona pour l'inviter à souper.

— Bonjour Zoé, c'est Nicholas
— Ah! bonjour Nicholas
— Je me demandais si tu n'étais pas trop occupée si nous pouvions sortir souper ensemble samedi. C'est bien toi qui disais avoir besoin de distractions parce que ton emploi actuel t'accaparait beaucoup. Tu dois bien manger quand même.

— Oui je mange. Hum! je crois que j'aurais bien besoin d'un bon repas et d'une bouteille de vin pour accompagner cela.

Zack entra dans son bureau avec un gros sourire aux lèvres, il avait entendu Zoé prononcer le nom de Nicholas. Elle se leva, le mis à la porte de son bureau et lui ferma la porte au nez avec un sourire sarcastique. Johannie passait au même moment.

— Elle a du caractère cette fille.
— Hum oui, mais je voulais vraiment entendre cette conversation.
— Alors elle a bien fait de te mettre à la porte.

— Maman voyons, ne dit pas ça à ton fils.

Ils rirent tous les deux et Zack expliqua la situation à sa mère.

— Vous faites encore de la surveillance rapprochée à ce que je peux voir.
— Non maman, nous ne savions pas qu'elle serait là en même temps que nous. Nous l'avons même téléphoné pour venir avec nous et elle n'avait pas répondu.
— Ça reste que tu sembles avoir profité de la situation quand même.
— Tu sais maman, je crois que j'ai beaucoup de travail.
— C'est ça, cesse d'embêter ta soeur et retourne travailler.

Il y avait une si belle complicité dans cette famille. Zack et Johannie retournèrent dans leur bureau respectif et Zoé pendant ce temps-là continuait sa discussion en privé.

— Nous pourrions y aller ce soir. Tu veux que je passe te chercher chez toi à 19h00.
— Non pas chez moi je suis au bureau. Tu peux passer à mon bureau.
— Oui sans problème. À 19h00 alors.

Zoé sortit de son bureau en trombe. Elle passa dans chacun des bureaux de ses frères et les convoqua pour une réunion immédiate dans la salle de réunion. Johannie la vit aller et alla trouver Frédérick.

— Ouf! Frédérick, prépare-toi à voir un beau spectacle.
— Que veux-tu dire Johannie?
— Zoé est sortie en boîte l'autre soir et pour faire une histoire simple, ces quatre frères y étaient aussi et Amélia. Mais tu te

rappelles quand elle était plus jeune comme les garçons la taquinaient un peu quand elle rencontrait un garçon.

— Hum, je crois que j'ai tout compris. Je ne voudrais pas être dans cette salle en ce moment. Nous allons allez dans ton bureau, nous allons mieux voir quand ils vont en ressortirent tu veux.

— Oui, viens. Ça va être amusant de voir les garçons sortirent de là. Elle va les mitrailler.

— Tu peux en être sûre, elle a du caractère tout comme sa mère.

Zoé fusillait du regard ses quatre frères.

— Qui de vous quatre a eu la brillante idée de sortir en boîte et exactement celle où j'étais?

— Écoute Zoé, ce n'était qu'une coïncidence.

— Michaël c'est donc toi.

— Non, c'est Emmanuël.

— Mais comme Michaël dit, ce n'était qu'une coïncidence.

— Pas toi Emmanuël. Comment as-tu appris que j'étais pour être là.

— Voyons Zoé, si cela avait été le cas, je n'aurais pas amené ma femme.

— Fais-en à croire à d'autre tu veux Ogan.

— Alors Emmanuël, qui t'as dit? Jamais je ne croirai que tu as un observateur dans tous les bars.

— Ah! très bien, j'ai rencontré Wendy qui m'a dit que vous sortiez en boîte.

— Bien drôle

À 19h00 Nicholas passa prendre Zoé comme prévu à son bureau. Elle attendait déjà dehors. Elle se sentait bien avec lui, il avait eu le don de la faire se sentir en sécurité depuis le début. Lâcher son dossier actuel n'était pas pour lui déplaire, elle avait besoin de ces pauses pour reprendre avec des idées plus claires. Ils discutèrent et buvaient du vin en attendant leur repas.

— Tu as l'air plus détendue maintenant que tu as bu du vin Zoé… hum, mais tu vas peut-être un peu trop vite non.

— Hein! Je t'avais dit que j'avais besoin de me détendre, alors là je suis détendue et je ne conduis pas alors j'en profite. Mais oui c'est assez et je le sentais aussi. C'est ce qui arrive quand on est trop fatiguée.

— Tu fais bien, il faut apprendre à se détendre quelquefois. Tu travailles sur quoi en ce moment?

— Secret professionnel. Je suis avocate, si je devais parler de mes dossiers je n'irais pas loin dans ma carrière.

— Oui je comprends, mais je veux dire en gros… pas de détails croustillants.

— Je travaille sur un gros cas de stupéfiant. Mais c'est juste plus que je croyais ce dossier.

— Pourquoi?

— Ah! y'a des petits secrets que j'essaie de découvrir, c'est tout. Je suis une battante et tant que je n'aurai pas la satisfaction qu'il n'y a vraiment pas autre chose de caché dans cette cause, je ne lâcherai pas.

— Tu crois que tu vas la gagner cette cause.

— Oh !oui! j'en suis sûre et j'avance très bien. C'est juste que plus tu touches au but, plus les indices se font rares… ils sont mieux cachés.

— Ah! je vois! Tu y travailles tous tes week-ends.

— Pas toujours, juste cette cause…la curiosité, je n'arrête pas tant que je ne trouve pas.

— Je crois que nous devrions y aller. Tu veux venir prendre un verre chez moi ou si tu préfères on peut aller chez toi. Il se pencha pour lui chuchoter à l'oreille ''tu me plais beaucoup, tu sais''.

— Toi aussi. On va aller chez moi d'accord.

Zoé aimait mieux aller chez-elle comme cela elle n'aurait pas à sortir en pleine nuit pour retourner chez-elle ou partir le matin de chez lui sans avoir aucun effet personnel. Hé! Nicholas, je pensais tout à coup, comment savais-tu où je travaillais...je ne te l'ai pas dit et pourtant tu m'as trouvé?

— Ah!...hum...j'ai réalisé aussi que j'avais oublié de te demander, alors j'ai regardé dans internet et j'ai trouvé une Zoé qui était avocate. Alors tu ne m'avais pas dit ton nom de famille ''Mlle Mezzo'', mais tu m'avais dit être avocate, alors cela a été très facile.

— Un homme ingénieux en plus.

— Eh oui!

— Tu veux un verre de vin.

— Oui avec plaisir.

— Tu peux ouvrir la bouteille et nous servir je vais à la salle de bain.

— Sans problème.

Zoé alla se rafraichir. Elle se sentait bien avec lui alors elle avait décidé qu'un deuxième soir serait bon pour lui. Elle avait l'intention de toucher ce soir comme Wendy disait. Elle avait assez regardé.

Finalement ils firent l'amour jusqu'aux petites heures du matin. Zoé laissa tombé le travail pour ce dimanche. Elle devait passer l'après-midi avec sa mère et ensuite toute la famille se rejoignait chez ses parents pour souper en famille. Dure à croire qu'on travaillait tous au même endroit, mais nous n'avions pas de temps pour parler, alors les soupers de famille restaient quand même très animés. Elle avait hâte aussi de revoir ses neveux et nièces. Jouer à la tante Zoé faisait bien son bonheur.

Tous étaient présents. Ses quatre frères, sa belle soeur Amélia et sa nièce adorable Annabella ainsi que son petit frère Carlo.

— Zoé, je suis surpris que tu sois là. Je ne te vois pratiquement qu'au bureau, tu n'en sors plus. Quelle cause t'accapare tant?

— Je travaille sur un cas pour la couronne en ce moment. Y'a quelque chose qui ne cloche pas rond dans ce dossier et c'est en train de me rendre folle.

— Woooow! Tu dois faire attention princesse. Tu as besoin d'aide, je pourrais te donner un peu de temps si tu veux.

— Non, j'aime bien tout voir moi-même, tu sais…ma curiosité.

— Oui, mais quand même.

— Changement de sujet, le gars que j'ai rencontré au bar. Ça fait deux rencontres que nous avons.

— Il avait l'air bien. Nicholas, c'est ça.

— Oui, Nicholas Brown. Il travaille à son compte en comptabilité.

— Et quand allons-nous le rencontrer…officiellement?

— Probablement après quelque rendez-vous. Pour l'instant je le garde pour moi. Et toi, tu n'as pas rencontré personne encore. Ça fait longtemps Zack depuis ta rupture avec Dina.

— Ne me parle pas d'elle tu veux. Non je n'ai rencontré personne et je suis bien seul pour l'instant.

Le lundi matin Zoé avait des gens à rencontrer, un en particulier qui voulait la rencontrer en secret, il avait peur, ça se voyait dans sa voix. Elle devait le rencontrer en dehors de la ville dans un petit casse-croûte à 6h00. Pour être là à temps elle devait se lever à 4h00.

— Quel enfer! J'espère que ce qu'il a à me dire vaudra la peine. Ouf la douche, ça presse avant que je retombe dans le lit.

Elle alla le rencontrer, il était en retard. Mais finalement un homme venait à elle.

— Bonjour, vous êtes Maître Mezzo.
— Oui et vous êtes.
— Pas de nom pour l'instant. Vous pouvez m'appeler Jo si vous voulez. On verra plus tard.
— O.K. qu'avez-vous pour moi
— Le gars qui a été arrêté, il était un petit revendeur jusqu'à ce que Richie tombe sur lui. Richie lui a passé de l'argent, beaucoup d'argent. Mais c'est sa manière d'obliger les gens à faire ce qu'il veut. Après qu'il accepte, Richie choisit bien ses victimes, il sait qu'ils ne pourront pas lui remettre l'argent. Alors il met des termes très courts pour s'en assurer et ensuite ils leur font faire tout ce qu'il veut en menaçant les proches.
— Et pour ce qui est de mon gars si on ne veut pas prononcer de nom.
— Votre gars, il a emprunté pour acheter beaucoup de drogue pour pouvoir démarrer à son compte, l'imbécile je ne sais pas ce qu'il a pensé. Là Richie n'est pas trop content de vos fouilles. En plus qu'il paye son propre avocat pour le défendre. Il doit vraiment avoir quelque chose de sale à lui faire faire.
— Ils savent que je fais des recherches approfondies?
— Oh !oui! Je dois y aller, mais faites attention à vous, ça ne vaut pas la peine pour un raté.
— Merci pour toute l'information que vous venez de me donner. Ça m'aide à comprendre beaucoup de choses. Mais vous ne voulez toujours pas me donner votre nom?
— Non et je vous ai même convoqué par lettre, ce n'est pas pour rien. J'avais peur que votre téléphone soit sur écoute. Richie a le bras long. Attention à vous. Au revoir.

— Au revoir.

Zoé ne pouvait pas croire que son téléphone pouvait être sur écoute. Elle appréciait les informations qu'il lui avait données, mais de là à avoir peur pour sa vie. Et puis il fallait bien que quelqu'un les enlève de la rue ces criminels. Elle retourna au bureau et ne se sentait pas bien maintenant à chaque fois qu'elle avait à utiliser son téléphone. Elle alla fermer la porte de son bureau et décida de se satisfaire et vérifia s'il y avait quelque chose dans son téléphone. Zack cogna à la porte et entra quand il vit qu'elle était seule.

— Salut soeurette, suffit que tu ne sortes pas beaucoup de ce fichu bureau, j'ai décidé de venir te chercher pour dîner avec nous, Amélia, Ogan et moi.
— Non je n'ai pas le temps, j'ai eu d'autres informations ce matin et je veux faire les vérifications le plus vites possible.
— Mais qu'est-ce que tu fais là à quatre pattes sous ton bureau?
— Rien. Mon téléphone griche un peu, alors je regardais s'il y avait quelque chose que je pouvais faire. J'ai brassé les fils un peu pour voir si cela se placera.
— Hum! Bon très bien, mais si tu changes d'idée vient nous rejoindre à 1h00 au pub au coin de la rue.
— OK bon dîner.

Nicholas téléphona dans la matinée pour lui aussi l'inviter à dîner si elle avait le temps. Elle voulait vraiment le revoir alors elle décida d'aller.

— Très bien, viens me rejoindre à mon bureau à 12h45 et si tu n'y vois pas d'inconvénient, nous allons aller juste au pub au coin de la rue et deux de mes frères ainsi que ma belle-soeur y seront aussi.

— Bon très bien, je suis partant.

— Zack, j'ai changé d'idée et je vais me joindre à vous pour dîner et aussi … je vais être avec Nicholas.

— Ah! Nous allons enfin le rencontrer officieusement. Mais je suis un peu fâché contre toi. Je suis ton frère préféré et tu m'avais dit non à moi et là tu dis oui à lui.

— Oui, mais ne boude pas au moins tu vas le rencontrer.

— Super.

À 12h45 ils sortirent tous et Nicholas attendait déjà dehors. Zoé fit les présentations et le dîner allait bon train même si ses deux frères mitraillaient Nicholas de questions.

— Bon! nous devons retourner au bureau.

— Zoé est-ce que tu peux rester un moment j'aimerais qu'on parle de quelque chose.

— Oui certainement.

— Zoé chérie, la cause sur laquelle tu travailles…tu devrais la laisser tomber. Cela peut t'apporter des problèmes, tu sais.

— Nicholas, ne parlons pas de mes causes. Je ne lâche jamais avant d'avoir gagné et quand je ne gagne pas, c'est parce que je me suis retrouvé avec un mauvais client.

— Zoé tu….

— Non Nicholas, ne fait pas cela. Tu couperas les ponts entre nous.

— Ah! Très bien, je me demandais si tu étais occupée pour le week-end, je pensais qu'on pourrait aller j'ai un ami qui a un jet et il le mettrait à ma disposition pour le week-end et nous pourrions aller à Las Vegas.

— Oh là là! c'est très tentant. Je vais voir ce que je peux faire et comment je vais avancer aujourd'hui dans les recherches que je suis en train de faire et je pourrais te le faire savoir ce soir?

— Parfait, essai fort. On pourrait s'amuser.

— Oui, je te rappelle ce soir. Je dois vraiment retourner au bureau, tu viens?

— Oui.

Il insista pour payer l'addition. Zoé qui était très indépendante et n'avait pas l'habitude de ça, cela l'agaça. Elle était pour lui en parler.

Elle retomba dans les recherches qu'elle effectuait maintenant sur Richie. Ce gars semblait assez puissant. Il appartenait à la lignée de la mafia. Il n'y avait pas rien sur lui, il n'avait jamais été arrêté, aucune infraction de la route, rien.

— Blanc comme neige le salaud. Mais le petit Richie lui en a gros sur les bras le salaud.

Le téléphone la sortit de ses pensées.

— Maître Zoé Mezzo bonjour.

— C'est plutôt bonsoir chérie.

— Ho! Nicholas, désolé il est déjà 22h00.

— Oui et je crois qu'à cause de cela, tu dois absolument venir ce week-end. Tu vas te tuer à l'ouvrage. C'est terrible.

— Oui tu as bien raison. D'accord, quand partons-nous?

— Demain je passerai te chercher à une heure raisonnable, c'est-à-dire 16h00.

Comme prévu, Nicholas vint la chercher et ils se rendirent à l'aéroport où le jet privé les attendait.

— Wow! c'est la première fois que je prends un jet privé.

— Alors, profites-en, ce n'est pas quelque chose non plus qui arrive chaque jour. Viens, le champagne nous attend.

— Du champagne. Hum! Et à qui appartient ce jet exactement?

— C'est à un ami d'un ami. Mais j'ai payé pour le louer pour l'allez-retour une somme ridicule.

— Tu as payé!

— Oui, mais ne pense pas à cela, j'ai les moyens.

— D'après ce que je peux voir, les affaires vont bien de ton côté.

— Oui et j'en suis fier, j'ai travaillé très dure pour y arriver. Hé! J'ai demandé à ce qu'on ne vienne pas nous déranger à l'arrière et j'ai fermé la porte à l'avant. Que dirais-tu de me démontrer comment tu vas m'aimer ce week-end.

Ils firent l'amour dans le jet, c'était sauvage comme s'ils ne s'étaient pas vus depuis une éternité. Zoé devenait de plus en plus droguée par lui. Il lui faisait faire des choses qu'elle n'aurait jamais pensé faire de sa vie. Tout était surpris avec Nicholas.

Pendant ce temps-là, Richie bouillait. Il commençait à en avoir assez de la petite Maître Zoé Mezzo.

— Si je ne me retenais pas, je ferais exploser le jet.

— Voyons mon fils, de la tuer te donnera juste plus de problèmes à régler.

— Ah! je sais, mais j'en ai assez d'elle, elle m'exaspère. Et si je lui faisais mal un peu, je la relâcherais ensuite avec de bons avertissements, qu'en dis-tu papa?

— Fait attention mon fils, ne la tues surtout pas. Mon frère serait en rogne et personne ne veut le faire fâcher.

— Promis, je vais m'occuper de son play-boy aussi qui semble être tombé sous le charme avec cette pétasse. Princesse oui! Ce n'est pas une princesse, c'est une vraie liasse de la pire espèce.

— Tu savais que j'ai essayé d'engager ses parents quand ils étaient jeunes, c'était à leurs débuts.

— Non, mais t'aurais peut-être dû les tuer s'ils ne voulaient pas être tes avocats, car aujourd'hui j'aurais moins de problèmes et ils n'auraient pas fait cinq mouchards et en plus quatre d'entre eux avocats.

— Tu ne penses qu'à tuer les gens, mais tu dois te calmer Richie. C'est en restant le plus tranquille possible et tout en faisant tes affaires dans le calme que tu y arriveras. Arrête d'essayer de toujours manipuler les gens et fait l'emploi des bons hommes de main à la place, car de la manière que je vois les choses aller mon gars, tu auras besoin de tes hommes de main pour te protéger bientôt. Tout le monde ne parle que de ça. Ta petite astuce est trop connue maintenant. Tu vas causer des problèmes à la famille.

— Elle marche quand même. Et quand j'ai quelque chose à leur faire faire, personne ne les soupçonne parce qu'ils n'ont jamais fait le genre de choses que je leur demande.

— Arrête ça mon garçon, écoute l'expérience.

— Merci papa pour tes conseils, je vais y penser, mais pour l'instant je dois régler ce problème.

Le week-end se passa bien, ils ne sortirent pas beaucoup de leur chambre. Ils firent l'amour à en perdre le souffle. Zoé était aux anges. Nicholas était si doux et si attentif avec elle et en extra, il était beau comme un dieu.

— Zoé chérie, comment c'est passé ton week-end? J'ai entendu dans les branches que tu t'étais faites un nouvel ami?

— Oui maman et oui je vais l'apporter au prochain souper de famille que tu vas nous faire.

— Papa et moi avons très hâte de le rencontrer.

— Il est merveilleux maman.

— Oh là là! ma fille serait-elle vraiment en amour? Tes yeux sont devenus très brillants chérie.

— Oui, je crois bien.

— Alors je me dois de faire un souper de famille ce dimanche.

— J'y ai bien pensé.

Zoé invita Nicholas et celui-ci resta surpris.

— Tu ne dis rien

— Oui, oui sans problème.

Nicholas qui ne voulait pas faire ce sale travail était en plus, tombé en amour avec la personne à qui il doit faire peur.

— Très bien je t'envoie l'adresse par texto et tu pourras m'y retrouver vers 17h00.

— Bien j'y serais.

Zoé avait à peine raccroché que trois de ses frères entrèrent dans son bureau en trompant. Michael, Emmanuel et Zack.

— Mais qu'est-ce que tu fais Zoé?

— Quoi Michael, où est le problème et qu'est-ce que vous faites tous dans mon bureau, j'ai du travail.

— Justement princesse, ton travail du moment, c'est la seule chose dont nos contacts nous parlent.

— On ne parle que de toi. Que tu n'as pas froid aux yeux de t'attaquer à la mafia.

— Tu ne peux pas faire ça seule et pas dans ce cabinet, nous tenons à la vie et non à la mort ici.

— Bon c'est bien, je vois que j'ai des frères qui n'ont pas de couilles.

— Zoé, ce n'est pas une question de courage et de couilles comme tu dis, mais bien une question de vie ou de mort. Tu dois laisser aller cette cause. Demande un remplacement ou trouve une autre solution, mais fait quelque chose avant que les parents apprennent ça.

— Oui, si vous en avez tous entendu parler, ils vont bien l'apprendre eux aussi. Ah! merde!

— Tu t'investis beaucoup trop dans certaines causes Zoé. Mais celle-là c'est trop.

— Je ne veux tellement pas que les parents apprennent cela. Mais je ne veux pas lâcher la cause non plus. Je suis très près du but.

— Est-ce que tu crois sincèrement que si, je dis bien si, tu envoies Richie en prison, que tout va être fini? Tu ne t'attaques pas à une personne, mais au clan. Tu dois comprendre cela.

— Bon c'est bien j'ai compris. Que dois-je faire maintenant?

— Premièrement, l'anniversaire de mariage des parents est ce week-end, je crois que l'idée qu'ils ne l'apprennent pas au moins avant que tu sois sortie du pétrin dans lequel tu t'es mise est une très bonne idée.

— Je crois qu'on devrait les envoyer en voyage pour un mois…en Italie naturellement. Papa pourra aller revoir sa famille et il en sera enchanté.

— Bon très bien alors suffit que c'est ma cause et mes problèmes, je vais leur payer le voyage. Je vais demander à Amélia de s'en occuper cet après-midi et maman m'a déjà dit qu'elle nous recevrait dimanche pour souper, car elle veut faire la connaissance de Nicholas.

— Je crois qu'on devrait tous payer avec toi pour le voyage, car c'est quand même leur anniversaire de mariage et nous allons devoir trouver autre chose.

— Oui et on sait très bien que les hommes ont certaines difficultés à trouver des cadeaux aux parents.

— C'est ça. Zack, toi tu vas parler à Ogan pour le voyage. Et pour ce qui est des parents, c'est vrai qu'ils ne travaillent plus beaucoup avec leurs contacts, mais nous ne devons prendre aucune chance. Alors Zoé, prends les billets le plus tôt possible.

— Oui je les prendrais pour lundi matin.

— C'est bien. Nous allons laisser les parents partirent et ensuite nous allons nous installer dans la salle de réunion lundi matin et étudier ton dossier avec toi et nous verrons de là comment tu pourras procéder.

— Merci les gars.

— Bon, allez libérer votre agenda pour lundi matin.

— Hé! Zoé! ne soit pas fâché tu sais la vie nous apporte des surprises. On se la dessine d'une façon et, mais on doit la vivre d'une autre. Quelques fois il faut savoir accepter et passer l'éponge.

Zoé passa le restant de la semaine à essayer de s'éloigner de son bureau pour se forcer à passer à autre chose. Le vendredi soir Nicholas l'invita chez lui, il voulait lui faire le souper. Il passa la chercher au bureau à 17h00 et il l'apporta en dehors de la ville, le trajet était long.

— Mais où diable habites-tu?

— J'aime la tranquillité.

— Et tu sembles nerveux, tu as des problèmes.

— Non. Nous allons nous arrêter ici un moment. Petit besoin urgent.

— O.K.

Nicholas passa de l'autre côté de la voiture et arrêta prendre quelque chose dans le coffre arrière de la voiture pour ensuite ouvrir la portière du côté de Zoé. Il l'endormit avec de l'éther. Il la conduisit dans une maison dans les bois appartenant à une connaissance de Richie. C'est à ses ordres que Nicholas se retrouvait menacé et obligé de faire tout ce cinéma, mais là il était nerveux, ça allait trop loin pour lui. En plus qu'il aimait bien Zoé, m'aime qu'il en était maintenant amoureux. Il décida qu'il livrerait Zoé et qu'ensuite il devait partir, disparaître. C'était bien le temps d'enfin trouver une femme avec qui il aurait aimé partager le reste de sa vie. Il frappa quelques coups forts sur son volant, il était si enragé d'être forcé à lui faire cela. Il aurait voulu se sauver avec elle, la protéger, mais son père mourrait.

La famille Mezzo semblait trop forte et Richie lui, semblait trop fou furieux. Il était vraiment pris entre les deux. Comment son père avait-il pu se mettre dans une merde pareille? En plus il savait très bien que Richie pouvait passer à l'action et tuer son père comme il l'avait dit. Lui qui n'avait jamais touché à la drogue, qui avait toujours travaillé pour payer ses études et maintenant qu'il avait un bon emploi, son père avait joué avec le feu et c'est lui qui payait pour ses erreurs.

Après la mort de sa mère, le père de Nicholas s'était mis à boire et il avait tout perdu petit à petit. Il s'était mis au jeu aussi, alors pour ne pas montrer à Nicholas la vraie réalité de ce qu'il avait fait de sa vie, au lieu de perdre la maison et tous ses biens, il avait emprunté à Richie.

Il décida d'arrêter dans une halte routière et de téléphoner Richie.

— Salut Richie, c'est Nicholas.
— Tu as la pétasse.
— Oui, j'ai Zoé et je l'ai endormie. La livraison se fera dans quelques minutes. Mais je voulais te parler d'autre chose.

— Je t'écoute

— Je voulais savoir si j'avais fini de payer la dette de mon père. Je voudrais maintenant partir avec lui et je veux m'assurer que tout est en ordre pour que nous puissions recommencer notre vie ailleurs et ne devoir rien à personne.

— J'avais prévu que tu resterais avec Jim pour faire parler la fille et que vous feriez la rotation pour la surveiller. Tu dois faire cela avant et ensuite je te donne ton ticket. Et n'oublie pas de détruire son cellulaire et tout autre article électronique qu'elle peut avoir en sa possession.

Nicholas se ferma les yeux, il ne voulait tellement ne pas la voir souffrir. Que faire contre la mafia? Il avait été voir le père de Richie, il n'était pas comme son fils. Il était respectueux, même en étant le maître de la mafia dans la région. Mais le père de Richie avait dit qu'il n'interférerait pas dans les affaires de son fils. Juste avec Richie comme maître, Nicholas était maintenant certain que Zoé n'avait pas beaucoup de chance, il était fou ce jeune. Il devait choisir entre son père ou Zoé, quel choix déchirant?

— Merde, merde, merde!

Nicholas arriva à l'endroit prévu. Il vit Jim sortir du chalet. Son père lui avait parlé d'eux un peu et il lui avait dit que Jim était le pire des salauds, il avait la gâchette trop facile et qu'il n'avait certainement pas de coeur.

— La voilà, où dois-je la déposer.

— Entre-la dans le chalet et je vais l'attacher solidement, car on m'a dit qu'elle était féroce et entêtée.

— Elle est très gentille, alors fait lui attention, je suis sûre qu'elle va coopérer.

Nicholas la déposa sur le fauteuil dans le salon. Elle commençait déjà à se réveiller. Il n'avait pas mis beaucoup d'éther sur le chiffon, il ne voulait tellement pas lui faire de mal.

— Hé!! Nicholas, qu'est-ce qui m'est arrivée?

— Rien Zoé, je suis désolé, tellement désolé si tu savais…je n'avais pas de choix et je ne t'oublierai jamais Zoé.

— Pas de choix pourquoi, mais où sommes-nous.

— Fermez vos gueules tous les deux. Et toi, ridicule, tu enlèves une femme et tu t'expliques.

— Quoi! Tu m'as enlevé.

— Écoute je vais te l'expliquer plus tard.

— Nous venons de passer un week-end merveilleux…et tu m'as enlevé!

— Si…''il y a un plus tard'', ça ma poupée ça va dépendre de toi. Tu es ici parce qu'on veut te faire comprendre que tu dois lâcher de mettre ton nez dans les affaires de Richie.

— Richie!

— Richie Bianco ma jolie. Tu dois laisser tomber la cause de Marco White. Tu n'y touches plus, c'est compris.

Jim leva la main pour frapper Zoé, mais Nicholas l'arrêta.

— Hé!! C'est quoi ton problème à toi? Je dois m'assurer qu'elle a bien compris le message et si tu veux, je peux aussi te faire un message à toi.

— Jim montra son arme à Nicholas.

— Non, non c'est beau. Mais pourquoi utiliser la violence si elle t'assure qu'elle va coopérer.

— Sors d'ici et va t'assurer que personne n'approche.

Nicholas sortit, car il savait très bien qu'il ne pourrait pas voir personne faire du mal à Zoé et en même temps, il y avait son père.

Il frappa le mur de la maison si fort et il laissa une larme couler. Il se reprit et s'éloigna pour ne pas entendre. Son cellulaire sonna.

— Oui.

— Nicholas c'est Richie, je voulais juste te dire que j'arrive avec ton père au chalet et je voulais m'assurer que tu te tenais tranquille. N'oublie-pas, tu as maintenant un engagement envers moi.

— Ah! merde! Comme si je pouvais l'oublier oui.

Au moment où il raccrocha, il entendit un cri étouffé qui venait du chalet. L'enfoiré avait fini par frapper Zoé. Il priait intérieurement pour que Zoé coopère avec eux pour que rien ne lui arrive.

Entre-temps les parents de Zoé qui étaient partis en Italie reçurent la visite du cousin de Frédérick.

— Frédérick, c'est très très urgent descent au restaurant avec Johannie, je vous attends et faites vite.

— Johannie, mon cousin celui qu'on appelle Sergio. Il est en bas, il nous attend au restaurant. Il dit que c'est très très urgent et il doit nous voir. Allons-y.

— Bonjour Frédérick…Johannie.

— Qu'as-tu de si urgent pour moi?

— C'est plutôt pour vous. Tu sais la famille Bianco opère ici, mais aussi au Canada.

— Oui, ils sont même à Vancouver.

— Oui. Hé! bien, ils ont votre fille en otage, je l'ai appris il y a une heure. J'ai fait le plus vite possible pour t'aviser.

— Quoi! Attends un peu. C'est bien ceux qui travaillent pour Lorenzo Bianco que tu me parles là.

— Oui, exactement. On dit que c'est Richie, son neveu qui l'aurait fait enlever, car elle travaille sur une cause qui lui touche et que ta fille serait… un peu trop mise le nez dedans.

— Merde c'est bien Zoé ça. Trouve-moi le numéro de Lorenzo. Nous Johannie, on appelle les enfants tout de suite. Ils vont avoir des comptes à nous rendre.

Sergio s'affaira à trouver le numéro de Lorenzo tandis que Johannie composait le numéro du bureau. La réceptionniste répondit immédiatement. Johannie lui demanda de réunir sa famille au complet dans les plus brefs délais qu'elle et Frédérick voulaient leur parler tous en même temps.

— Johannie, ils sont déjà tous en réunion ensemble dans la salle, je vais vous transférer immédiatement.

— Merci.

— Pourriez-vous prendre l'appel s.v.p., c'est vos parents qui veulent vous parler immédiatement?

— Ah! non! ils savent. On est dans la merde de ne pas les avoir appelés nous-mêmes.

Amélia était avec eux, elle mit l'appareil en fonction.

— Bonjour Johannie et Frédérick.

Frédérick et Johannie avaient aussi mis leur appareil en mode-conférence. Frédérick prit la parole.

— Mais qu'est-ce que vous avez pensé Bon Dieu! Ne pas nous avoir avisés à la minute que vous vous êtes aperçus que Zoé avait été enlevée.

— Désolé papa, mais nous avons cru pouvoir arranger les choses plus vite que cela.

— Moi je vais les arranger les choses. Et beaucoup plus vite que vous tous.

— Comment avez-vous su pour Zoé papa?

— Richie Bianco, Bianco c'est un nom italien non. Sa descendance est ici, dans ma ville natale même.

— Vous êtes avocat et pas plus brillant que cela.

Ogan regarda ses frères en leur faisant des signes de couteau passé devant la gorge. Aucun d'entre eux n'avait vu ou entendu leur père fâché.

— Frédérick s.v.p. calme-toi. Les enfants, savez-vous où est Zoé en ce moment?

— Non maman, nous savons que c'est Richie qui l'a fait enlever, mais nous cherchons toujours. Nous croyons qu'ils ont détruit son cellulaire, car elle n'est pas retraçable de ce côté-là.

— Bon, nous allons faire des téléphones ici en Italie pour pouvoir arranger les choses et vous téléphoner à nouveau dans quelques minutes je l'espère. Michaël, c'est toi que nous allons joindre, alors attend l'appel.

— Papa comment comptes-tu pouvoir arranger cela de l'Italie.

— Je suis allé à l'école avec Lorenzo. C'était même mon meilleur ami…jusqu'à ce qu'il décide de son chemin et moi du mien. Nous ne pouvions plus nous fréquenter, mais nous nous sommes toujours respectés. Je suis assuré qu'il n'a rien à voir là-dedans. C'est son neveu qui est un fou et tous, je dis bien tous les avocats ici et à Vancouver doivent le savoir.

— Papa nous on le savait, mais probablement pas Zoé. Alors nous attendons votre appel.

Sergio avait dû faire plusieurs téléphones pour arriver à ce qu'un des hommes de Lorenzo était pour lui faire le message de téléphoner Frédérick de toute urgence à l'hôtel. Trente minutes plus tard, on avisa

— Frédérick un appel de la part de Lorenzo.

— Bonjour, Frédérick à l'appareil.

— Bonjour mon ami. Y'a bien longtemps que nous nous sommes parlé. J'ai pu comprendre qu'il y avait urgence et je viens d'apprendre pourquoi. Je suis vraiment désolé pour ce que cet imbécile a fait. Tu connais la fille qu'il a enlevée?

— Oui, c'est ma fille, ma princesse, tu comprends. Ton neveu Richie Bianco a enlevé ma fille Zoé. Fais quelque chose s'il vous plaît., s'il touche un cheveu de ma fille, je ne sais pas ce que je vais lui faire.

— Ah! la vache! C'est ta fille. Le travail est déjà commencé. Cet enfant de malheur n'écoute rien. Je fais un appel et je te rappelle à l'hôtel.

— Merci.

Ils attendaient avec impatience. Les minutes étaient longues et Johannie regrettait d'être si loin de ses enfants. Le voyage de retour serait long et pénible après une telle histoire. Elle se mit à pleurer à chaudes larmes.

— Frédérick, pourvu qu'il ne lui ait pas déjà fait du mal.

— Non ne t'en fait pas trop. Lorenzo va arranger les choses très vite et s'il a touché à Zoé, Lorenzo le fera payer pour ce qu'il a fait. C'est lui qui les fait vivre à Vancouver alors c'est lui qui mène la barque.

— Est-ce que tu te rappelles que Zoé nous a demandé si nous avions déjà vu une personne se faire arrêter avec plusieurs mille dollars de drogue et s'en sortir avec seulement possession et vente?

— Oui je me rappelle. Ce devrait être cette cause et nous, nous aurions dû tout de suite y penser.

On l'avertit qu'un appel lui était transféré.

— Frédérick, je suis vraiment désolé. Je voulais t'assurer que ta fille était déjà sur le chemin du retour pour chez elle.

— Ah! merci Lorenzo. Je vais aviser Zoé de ne plus travailler sur cette cause et j'aimerais bien que ce Richie vienne me voir la prochaine fois s'il a un problème avec une cause que l'ont plaident.

— Tu n'auras plus de problème avec Richie. Je le fais revenir ici et il va devoir travailler étroitement avec moi pour que je le surveille. Il est trop gâté cet enfant.

— Merci encore.

Johannie et Frédérick téléphonèrent à Michaël.

— Bonjour papa, ont voulaient vous dire que nous avons réussi à rejoindre Richie, nous sommes en négociation avec lui. Nous le rencontrons cet après-midi à 13h00.

— Ah! les enfants allez vite chez Zoé, car elle est en chemin pour chez-elle. On m'a aussi assuré que Richie reviendrait travailler ici, directement avec son oncle qui va le tenir en laisse.

— Déjà! avec qui as-tu parlé pour faire cela si vite?

— Je vous explique à mon retour. Qui est demain.

— Vous écourtez votre voyage.

Johannie prit la parole très fâchée.

— Tu nous poses vraiment cette question stupide. Apportez Zoé à la maison et nous voulons qu'elle ne soit pas seule une minute jusqu'à ce que nous soyons arrivées.

— Oui maman. Amélia pourrait rester avec elle.

— Très bien pour Amélia, mais aussi l'un de vous en permanence.

Après que Richie eu prit l'appel sur son cellulaire, il était enragé. Il jurait en Italien. La seule qui comprenait ce qu'il disait était Zoé. Il la traitait de tous les noms possibles en Italien.

— Détachez-la et ramenez-la chez elle.
— Il la regarda dans les yeux et lui dit.
— Me lo pagherai, anche se hai del sangue italiano.

Nicholas ne comprenait pas, mais il fit signe à son père d'aller à la voiture et détacha Zoé.

— Viens. Je te ramène chez toi.

Zoé ne répondait pas. Nicholas la prit par le coude pour l'amener à l'auto, mais elle se dégagea avec violence. Elle prit place à l'arrière de l'auto et demanda au père de Nicholas de s'asseoir à l'avant qu'elle devait s'étendre à l'arrière. Elle ne voulait tout simplement pas s'asseoir à côté de Nicholas. Nicholas s'en voulait, elle avait reçu plusieurs coups au visage et elle avait un oeil qui devenait noir.

— Je ne sais pas ce qui s'est passé, mais Richie n'avait pas l'air content. Il parlait en Italien c'est ça?
— Oui, il a dit ''tu me le paieras, même si tu as du sang italien''. Mon père est Italien. Il a dû arranger les choses si mes frères l'on avertit.
— Zoé…je dois t'expliquer pour ce qui est arrivé.
— Ferme-toi enfoiré.
— Zoé, ce n'est pas la faute de Nicholas, c'est la mienne. C'est pour payer ma dette qu'il a dû travailler pour Richie. Lui rendre un petit service.
— Vous osez appeler cela un petit service. En plus il a osé m'utiliser sexuellement avant de m'enlever.

La famille Mezzo : L'intégral

— Non, désolé je me suis mal exprimé. C'est Richie qui avait utilisé ce terme pour payer ma dette.

— Zoé, je voudrais que tu me pardonnes. Tu ne me reverras plus, mon père et moi nous partons vivre ailleurs pour refaire notre vie.

— Tant mieux.

Il débarqua Zoé chez-elle et vît qu'elle avait un comité d'accueil qui l'attendait. Ses frères étaient tous là. Il repartit aussi vite après l'avoir débarqué pour ne pas avoir à répondre à ses frères.

— Zoé, Amélia a fait une valise pour toi et nous allons tous chez les parents jusqu'à ce qu'ils arrivent.

— Pauvre toi, ils ne t'ont pas manqué. Je crois que tu vas avoir un oeil au beurre noir.

— Comment êtes-vous entrés chez moi?

— Tu te rappelles tu m'as donné une clé quand tu as emménagé.

— Ah! Zack! mais oui je me rappelle. Mais je voudrais aller chez moi et prendre un bon bain chaud. Aussi rester seul, j'ai besoin de repos.

— Non, les parents étaient particulièrement très, très fâchés parce que nous ne les avions pas avertis, alors il est recommandé de suivre à la lettre ce qu'ils nous ont demandé. Je n'ai jamais entendu maman et papa si fâchés contre nous.

— Ho! Ça ne regarde pas bien pour moi ça.

— Aucune idée soeurette.

— Ogan, je t'ai déjà dit que je ne suis pas ta soeurette, mais ton aîné.

— Oui, mais j'aime bien t'appeler comme ça. Viens dans mon auto et Amélia va s'asseoir avec toi à l'arrière. Zack aussi embarque avec nous.

— J'aimerais bien que Zack s'assoie avec moi à l'arrière.

Zack et Zoé étaient jumeaux et Zoé avait besoin de lui en ce moment. Elle trouva un certain réconfort en appuyant sa tête sur son épaule.

— Tu sais que tu m'as fait très peur. Je ne sais pas ce que je ferais s'il fallait que je te perde. Est-ce que tu savais que le client était relié à Richie?

— Oui, je l'avais découvert il n'y a pas si longtemps. C'est ma faute, j'ai essayé de trouver des choses sur Richie.

— T'aurais pas dû faire ça. Surtout sans m'en parler.

— Désolé.

— Je ne comprends pas que c'est Nicholas qui t'a ramené.

— Il travaillait pour Richie pour payer une dette de son père. Il m'a dit que maintenant que cela était fait, ils vont partir lui et son père pour refaire leur vie ailleurs.

— Tu sais ce que j'ai fait pour tuer le temps.

— Non

— J'ai téléphoné à un de mes amis. Il est détective. Je l'ai engagé pour te protéger jusqu'à ce que nous sachions que Richie est bien reparti en Italie.

— Il doit repartir en Italie.

— Oui. Papa va nous expliquer.

— Je ne veux pas de détective sur mes talons, je n'en ai pas besoin.

— Regarde ce qui t'est arrivé. Tu n'as pas de choix, sinon c'est moi qui vais toujours être en ta compagnie.

— J'aimerais mieux cela.

— Impossible. Nous allons le rencontrer quand tu retourneras chez toi.

— Tu ne me laisses pas de choix.

— Non et je ne crois pas que nos parents vont t'en laisser non plus.

Quand ils arrivèrent chez Johannie et Frédérick, il y avait une voiture de stationnée. Ils étaient tous septiques. Michaël débarqua de sa voiture pour aller à la rencontre de l'homme qui en sortait.

— Puis-je vous aider?
— Je suis médecin. Mme Mezzo m'a téléphoné pour que je passe de toute urgence pour évaluer l'état de Zoé Mezzo.
— Ah! Je vais bien, vous pouvez repartir.
— Non, non. Venez, nous allons entrer et vous pourrez l'examiner dans sa chambre.

Ils entrèrent dans la maison, s'installèrent au salon tandis qu'Amélia s'offrit pour faire du thé.

— Et bien moi, ce n'est pas de thé ma chérie que j'ai besoin. Je vais plutôt me diriger vers le bar de mon père.

Tous ses frères le suivirent, décrétant qu'ils devaient en boire avant que leur père entre à la maison. Amélia fit un thé pour elle et Zoé. Michaël présenta le médecin.

— Non c'est pas vrai. J'ai reçu quelques tapes au visage, mais c'est tout.
— Écoute Zoé, les parents sont en rogne comme on ne les a jamais vus. Même moi, je n'ai pas hâte de les voir arriver. Je suis le plus vieux, alors qui croyez-vous qui sera le plus blâmé….Moi. Alors, ne discute pas et fait ce que les parents ont demandé.
— Très bien, suivez-moi, nous allons allez dans une des chambres d'ami.
— Tu veux que j'aille avec toi Zoé.
— Non Zack, je préfèrerais qu'Amélia vienne avec moi.

Zoé était effectivement pour avoir un oeil au beurre noir. Ses poignets et ses chevilles étaient lacérés par les cordes qui l'avaient tenu attaché. Il n'y avait aucun dommage qui n'était pour paraître dans quelques jours. Le médecin redescendit et demanda à pouvoir téléphoner à Johannie et Frédérick à leur demande. Michael décida de faire une téléconférence pour que tous puissent entendre.

— Bonjour.
— Bonjour maman, je vais très bien. Je suis chez toi.
— Ah! merci mon dieu! Qu'as-tu fait pour arriver à ça mon enfant.
— Hum, je crois que j'ai fait une erreur.

Zoé grimaçait en disant cela, car elle savait très bien que cela avait été une grosse erreur. Le médecin fit son compte rendu devant tous les regards attentifs. Ensuite ils retournèrent au salon pour discuter des manières de pouvoir se protéger l'un entre l'autre. Ils voulaient s'assurer qu'une chose pareille ne puisse pas se reproduire dans leur famille. À l'arrivée de Johannie et Frédérick, Zoé raconta en détail ce qui lui était arrivé. Michaël détailla les actions entre eux qu'ils étaient pour prendre pour pouvoir se protéger contre de tels actes. Chaque fois qu'ils auraient une cause de drogue, acte de violence ou meurtre, ils seraient dans l'obligation de l'apporter en réunion de famille.

— Bon, au moins vous avez pris de bonnes résolutions. Et toi Zack, tu voulais ajouter quelque chose à cela.
— Oui, moi j'ai engagé un détective, c'est un de mes amis. Il va veiller sur Zoé jusqu'à ce que nous soyons certains que Richie est parti et que personne d'autre dans son groupe n'a été engagé pour faire payer Zoé après le départ de Richie.

Zoé fulminait dans son coin, elle lançait des éclairs à Zack, étant ses jumeaux il était le mieux placé pour le savoir, même sans la regarder.

— Zack j'avais bien mentionné que je ne voulais pas avoir quelqu'un qui surveille mes allées et venues constamment.

— Zoé, ta maison est grande, tu lui laisseras une chambre. Je crois qu'il sera préférable que ce détective privé habite chez toi pendant toute la période de risque. Tu en as assez pris pour l'instant. Tu ne crois pas?

— Oui papa, mais….

— Pas de maïs Zoé. Tu dois payer l'erreur que tu as faite. Ta mère et moi te voulons en vie et rien d'autre.

— Rien ne sera de trop pour cela.

— Très bien.

— Zack, quand va-t-il commencer?

— Il est prêt. Aussitôt que Zoé veut retourner chez elle.

— Il ne faut pas attendre. Avise-le qu'il peut commencer ce soir même. Ici aussi il y a assez de chambres pour le loger et je veux qu'il ne lâche pas Zoé d'une semelle.

— Alors, il va commencer ce soir.

Zack osa lancer un regard vers Zoé. Silencieusement il lui disait…désolé.

Emmanuël fit un signe à Zack qui signifiait qu'il était un homme mort, Zoé était pour lui faire la peau.

— Alors, si je dois avoir ce chien de garde à mon derrière, je vais retourner chez moi ce soir.

— Demain Zoé, il est déjà trop tard et j'aimerais soigner ton oeil pour ce soir.

— Maman, mes frères m'ont déjà obligé à mettre de la glace, un steak, un concombre…

— Un concombre!

— Ça, c'était l'idée d'Ogan.

Johannie faisait signe que non avec sa tête et elle riait de bon coeur.

— Ogan, tu me surprendras toujours.

— Non, mais on voit ça dans les films.

— Pour des massages Ogan, pas pour un oeil au beurre noir.

Amélia riait.

— Je lui ai dit Johannie et il n'a rien voulu m'écouter.

Toute la famille riait joyeusement. Ogan aimait voir la femme de sa vie et sa mère rirent et comploter ensemble. Pas vraiment pour se payer sa tête, mais cela réchauffait l'atmosphère glaciale qui régnait depuis l'enlèvement de Zoé.

Une heure plus tard, on sonna à la porte. Zack alla répondre, il savait que c'était probablement Ted.

— Bonsoir Ted, content de te revoir.

— Moi aussi Zack, ça fait si longtemps.

— Laisse ta valise là et viens au salon, je vais te présenter à ma famille.

— Bien.

—

Ils passèrent au salon où les présentations étaient faites. Frédérick posa beaucoup de questions à Ted pour s'assurer lui-même de la sécurité de sa fille. Zack lui montra sa chambre.

— C'est la chambre d'un adolescent que tu me donnes là.

— Défendu de rire. C'était ma chambre à moi. Si je te donne celle-ci au lieu de celle d'invités, c'est quelle est à côté de celle de Zoé. Prends-en soin comme la prunelle de tes yeux, car elle est ma jumelle et s'il lui arrivait quelque chose, je crois que j'en mourrais.

— Ne t'inquiète pas. Du montant que tu me paies, je ne la lâcherai pas d'une semelle.

— Oui, mais n'oublie pas ce que je t'ai dit. Elle est très, très rusée.

— Très belle aussi.

— Non, non, pas touche. Aucune distraction comprise.

— Oui, cesse de t'inquiéter.

Zoé se refusait de parler à Ted, elle l'ignorait totalement. Elle qui avait toujours été si solitaire, avoir ce chien de garde sur les talons était pour être un vrai enfer. Combien de jours se demandait-elle. Le lendemain ils allèrent chez elle. Elle ne lui montra même pas la chambre où il devait s'installer. Il décida qu'il prendrait celle en face de la sienne. Il y déposa sa valise et fît le tour de la maison en dedans et en dehors. Il avait engagé trois équipes de deux hommes qui se relayaient pour surveiller l'extérieur de la maison et ce vingt-quatre heures par jour. Il leur donna ses ordres et entra de nouveau dans la maison pour essayer de discuter avec Zoé.

— Zoé, je sais que tu n'étais pas d'accord avec cela, mais je ne fais que mon travail. Est-ce que c'est bien avec toi si j'ai pris la chambre d'en face de la tienne?

— Fais ce que tu veux, mais ne me dérange pas.

— Tu sais, les journées vont être très longues et pénibles si nous ne nous parlons pas.

— Pas pour moi, je vais juste être très encombrée de ta présence.

— Ouf! Féroce avec ça. Comme tu le veux.

Déjà deux mois avaient passé et Zoé refusait toujours d'adresser la parole à Ted. Soudainement elle ne le voyait nulle part dans la maison et aucun remplaçant cette fois-ci. Elle en refit le tour… rien.

— Enfin, il est parti. Ah! je vais prendre une douche et relaxer seule dans ma maison.

Elle alla mettre de la musique à tue-tête et chanta sous la douche. Son moment préféré. Elle avait bien manqué cette période de relaxation. Elle sortit de la salle de bain enveloppée dans son drap de bain et fit face à Ted. Elle eut si peur que son drap de bain qu'elle était en train de fixer tomba à ses pieds. Elle le ramassa à la vitesse de l'éclair. Tout comme ses yeux lançaient à Ted, des éclairs qui en disaient long. Ted se retourna, mais tous ses sens s'étaient déjà allumés. Elle était si belle, une beauté pareille ne devrait pas exister, c'était un péché.

— Désolé Zoé, je…je…je ne voulais pas te faire peur.
— Que fais-tu là, j'avais barré la porte que je te ferais remarquer, tu n'avais pas barré quand tu es parti et tu dis me protéger.
— J'étais derrière la porte, je parlais à mes hommes.
— Merde. Et je n'ai pas eu peur, j'ai seulement été surprise.
— Désolé.
— Comment es-tu entré?
— J'ai la clé.
— Je ne me rappelle pas t'avoir donné la clé.
— C'est Zack qui me la donner, car tu refusais de me parler. Alors je ne croyais pas que tu me donnerais la clé et il était indispensable que je l'aie.
— L'enfoiré, il va me le payer.

Zoé était si fâchée, elle réalisa qu'elle discutait toujours avec lui, mais qu'elle était encore dans son drap de bain. Elle alla s'habiller et téléphona à Zack pour lui rapporter sa clé. Celui-ci n'en fit rien. Il décida d'attendre qu'elle se soit calmée pour lui faire comprendre que c'était nécessaire que Ted ait la clé.

Zoé n'était pas encore retournée au travail, c'est son père qui s'était occupé de parler au juge pour se dissocier du dossier relié à Richie. Pour ses autres dossiers, sa famille s'en occupait.

Elle décida que si elle partait en voyage, cela lui ferait du bien. Elle voulait être seule. Depuis qu'elle avait échappé son drap de bain devant Ted, le regard qu'il avait eu l'avait enflammé. Elle commençait à avoir des idées, elle devait se défouler un peu, sortir de chez elle. Elle se refusait à sortir avec Ted à ses côtés et de coucher avec le copain de son frère encore pire. Comment pouvait-elle trouver quelqu'un pour se défouler sexuellement si elle l'avait toujours avec elle…impossible. Elle ne trouverait personne pour faire l'amour avec lui dans les environs.

Elle pensait souvent à Nicholas. Elle l'aimait bien, c'était désolant qu'il ait été mêlé à ça. Il n'était pas méchant, il avait fait cela pour son père. Peut-être que si elle le joignait, elle pourrait partir en voyage avec lui. Quelle idée, impossible, sa famille ne comprendrait pas! Elle décida de continuer ses recherches pour retrouver son oncle Miki pour passer le temps. Elle trouva des informations pertinentes et fît quelques appels. Tous ceux qu'elle avait joints par téléphone l'avaient connu, lui parlait de lui en bien. Il semblait un homme très bon, toujours présent pour aider son prochain. Elle l'aimait déjà sans le connaître.

Elle décida qu'il était vraiment temps de sortir de chez elle et qu'elle était pour aller enquêter sur place. Elle réserva son voyage pour le dernier endroit où il avait vécu…l'Afrique du Sud. Il était temps d'aviser ses parents de son voyage. Elle alla les voir au bureau, car elle partait dans deux jours et avait beaucoup de préparation à faire.

— Bonjour Papa, maman est là aussi.
— Bonjour chérie, tu reviens au travail ou tu nous visites. Maman est dans la cuisine.
— Très bien j'aimerais vous parler à tous les deux.
— Bonjour Ted.
— Bonjour M. Mezzo, je vais aller voir Zack. Tu peux me faire savoir quand tu seras prête à partir Zoé.
— Oui.
— Salut Zack.
— Hé!! vous êtes ici. Zoé a-t-elle décidé de revenir au travail?
— Aucune idée, elle ne me parle toujours pas.

Il avait le sourire aux lèvres en disant cela. Il savait qu'elle avait une envie folle de lui parler, mais elle était très têtue comme Zack l'avait dit.

— C'est bien Zoé ça, mais elle est une charmante personne, tu sais. Je crois que toute cette histoire là rendue mécontente, car elle est très perfectionniste. Je crois qu'elle ne nous en veut pas vraiment, pas autant qu'à elle-même.
— Oui, c'est aussi l'impression que j'ai. Elle est quand même respectueuse dans ses silences.
— Je devrais peut-être me cacher d'elle. Elle était si fâchée que je t'ai donné la clé de sa maison. Elle est toujours fâchée contre moi.

Zoé avisa ses parents de ses plans pour partir en voyage. Qu'elle avait déjà réservé son billet d'avion et qu'elle partait pour l'Afrique du Sud! Elle ne mentionna à personne la raison de son choix et de ses recherches entrepris pour trouver son oncle Miki. Elle se retrouva déjà devant la porte du bureau de Zack. Elle regarda son jumeau et ne comprenait pas ce qui lui arrivait, mais les larmes perlaient sur ses joues. Zack se leva pour la prendre dans ses bras et la serrer fort.

— Je suis désolé pour tout ce qui t'arrive Zoé. Tu sais, tu es la plus précieuse pour moi, je t'aime.
— Moi aussi Zack. Je voulais te dire que je pars en voyage pour l'Afrique du Sud.

Ted se leva d'un bond.

— En Afrique du Sud!

Les voyages n'étaient pas compris dans son contrat. Il regarda Zack, mais Zoé lui replaça les idées sans attendre.

— Toi tu ne viens pas.
— Zoé, papa…
— Non

Ted reçut un appel. Il sortit du bureau pour le prendre en privé. C'était Frédérick qui l'avisait qu'il partait en voyage avec Zoé et que la clause de ne pas la lâcher d'une semelle tenait toujours. Il retourna dans le bureau de Zack où Zoé y était toujours. Il les regarda tour à tour. Il savait, elle allait exploser.

— Votre père est sur le point de me réserver un billet pour l'Afrique du Sud.
— Non, il ne me fait pas ça. Quand va-t-il me ficher la paix?
— Il m'a dit qu'il annulait ton billet et en réservait un avec moi et pareille pour l'hôtel.

— Mais Richie est parti en Italie depuis un mois maintenant. Je n'en peux plus de me faire coller au derrière.

Zack partit d'un fou rire et se sauva.

— Oui, va-t'en, tu vas me le payer.
— Désolé Zoé, mais c'est mon travail. Les vedettes vivent comme cela toute leur vie.
— Suis-je une vedette moi? Non.
— Pour moi oui. Une très belle vedette.

Zoé se dirigea pour la porte sans parler à personne à l'exception de son père.

— Merci papa, tu es trop gentil.

Zack partit derrière eux et se rendit chez Zoé.

— Que fais-tu ici?
— Pourquoi l'Afrique du Sud Zoé dis-moi, ne joue pas encore à un jeu qui peut te coûter. Que vas-tu faire en Afrique du Sud? N'essaie plus de me berner.
— Ah! Tu m'exaspères. Viens t'asseoir je vais t'en parler.
— Viens Ted, suffit que tu vas avec elle, tu dois être au courant.
— Il n'a strictement rien à voir là-dedans.
— Ted, tu veux nous laisser seuls une minute.
— Oui, je vais aller dehors avec mes hommes.
— Zoé, premièrement, arrête de le maltraiter, il est un homme et fait son travail. En plus, c'est mon ami. Deuxièmement, tu as tendance à oublier que je ressens beaucoup de choses que tu vis. Je ne sais pas pourquoi, c'est sûrement parce que tu es ma jumelle, mais c'est comme ça.

Elle alla se nicher dans les bras de son frère. Il mit sa tête sur son épaule.

— Je comprends, moi aussi c'est pareil.

— Écoute Zoé, tu persistes à ne pas être gentille avec Ted, mais n'oublie pas qu'il est mon meilleur ami.

— Pas le mien.

— Zoé, arrête ça avec moi. Je le sais que dans le fond de toi-même, tu l'aimes bien.

— C'est vrai qu'il est respectueux. Mais c'est très dur d'avoir constamment un étranger, dans ta maison, tu sais.

— Oui, mais si tu le considérais comme un coloc au lieu d'un détective ou un ami. Ça pourrait t'aider probablement.

— Tu sais ce qui m'est arrivé l'autre jour.

— Non

— Je croyais qu'il était parti. Je ne le trouvais nulle part dans la maison. Alors j'ai barré ma porte, j'ai mis en marche ma musique et je suis allée chanter dans la douche.

— Ah! tu fais encore ça. Dieu merci que tu vis seule. Pauvre Ted.

— Je n'avais pas l'intention de faire cela devant Ted justement. Mais à cause de toi, d'avoir donné ma clé sans me le dire, je me croyais en sécurité, je veux dire seule.

— Je ne sais plus quoi dire, mais ce n'est pas si grave s'il t'a entendu chanter. Nous y avons bien survécu nous.

— Ce n'est pas ça imbécile. J'ai fait un face à face avec lui et cela m'a fait sursauter, car je ne m'attendais pas à rencontres personne. Le problème c'est que j'étais en train de rajuster mon drap de bain…

— Wow, arrête. Je ne veux pas savoir le reste. Je t'aime, je ressens beaucoup de choses, mais pas ça, alors ferme là.

Zack se bloqua les deux oreilles avec les mains. Zoé prit ses deux mains dans les siennes et l'obligea à écouter.

— C'est bien toi qui lui as donné ma clé sans mon consentement. Alors, écoute le reste.

— Zoé, tu es une diablesse.

— Je continue…alors j'ai perdu mon drap de bain… tout ça par ta faute.

— Discussion terminée. Je vais chercher Ted pour que tu nous dises pourquoi tu vas en Afrique du Sud.

Il alla retrouver Ted dehors, il avait besoin d'air. Mais aussitôt qu'il le rejoignit, il n'arrivait pas à le regarder sans penser à l'histoire que Zoé venait de lui dire. Elle avait fait exprès, il en était sûre. Mais est-ce que c'était vrai ou voulait-elle seulement lui faire payer son erreur.

— Bon Ted, tu peux venir nous avons fini de discuter. Zoé va maintenant nous informer sur son voyage.

— Bien, elle t'en a parlé.

— Non, elle m'a parlé d'autre chose. Un peu plus cocasse…que je me serais passé de savoir. C'était à propos de toi et elle.

— Oh!

— Oh quoi?

— L'histoire de la clé que tu m'as donnée.

— Je crois que c'est un peu plus que cela. En plus je voulais me bloquer les oreilles pour ne pas entendre la fin, mais elle m'y a obligé. Est-ce qu'il s'est passé autre chose Ted?

— Non. Quand c'est arrivé, je me suis retourné très vite…mais j'ai vu…un ange avec un corps de déesse. Ça m'a valu une bonne douche très froide.

— Ah! ferme-la! et n'utilise jamais ma soeur pour une histoire d'un soir, ou pour lui briser le coeur ou pour n'importe quoi! Entrons.

— Zack attend. Tu me blesses là, tu crois que je ne suis pas assez bon pour ta soeur ou quoi. Tu peux m'expliquer pourquoi et en passant, je crois que Zoé n'est pas beaucoup le style d'une histoire d'un soir et moi non plus d'ailleurs.

— Non, ce n'est pas ça. Désolé, mais je sais que tu ne restes jamais plus de quelques mois avec tes conquêtes et je ne veux pas sentir que Zoé est blessée. Si jamais tu vois que cela peut aller en ce sens, parle-moi avant.

— Zack, tu as vingt-sept ans. Tu demandes à la famille toi pour pouvoir faire l'amour avec une femme que tu aimes bien.

— Non. Mais Zoé est ma jumelle. Je ressens et j'ai toujours ressenti le besoin de la protéger.

— Dans la vie Zack, même avec ceux qu'on aime, on doit apprendre à les laisser aller de leurs propres ailes.

— Entrons!

— Alors Zoé, pourquoi vas-tu en Afrique du Sud?

— Tu sais quand nous étions tous dans la chambre de maternité après l'accouchement d'Amélia. Papa a eu une drôle de réaction, comme un malaise que j'ai vu passé en lui quand Ogan a mentionné le nom du bébé, Carlo. Maman aussi l'a vu, ils se sont regardés et papa a fait un signe à maman, comme pour dire qu'il allait bien ou de ne pas parler. Alors j'ai demandé à maman plus tard qu'est-ce qui s'était passé.

— Il n'était pas bien.

— Non, c'était plus une peine. Maman m'a expliqué que quand il habitait encore chez ses parents, papa avait deux autres frères que nous n'avons jamais entendu parler ou vus. L'un d'eux s'appelait Carlo et l'autre Miki.

— Quoi! pourquoi n'avons-nous jamais rien su?

— Pour commencer, Miki est un diminutif de Michaël. Un soir, les deux étaient sortis. Carlo était parti travailler et Miki était sorti avec ses amis. Il y eut un accident et la voiture de Miki a frappé celle de Carlo. Carlo est mort, Miki est resté pour assister à l'enterrement et ensuite il est parti et personne ne l'a jamais revu.

Ted blanchissait à vu d'oeil. Mais ni Zoé ni Zack ne s'en rendirent compte tellement ils étaient épris par l'histoire de Zoé.

— Wow, quelle histoire, c'est terrible?

— Oui. Maman me disait que ce n'était pas la faute de Miki, car c'est Carlo qui a percuté sa voiture et la température était terrible ce soir-là.

— J'imagine très bien que tu as fait des recherches et que tu as déjà ta petite idée.

— Ce que je sais, c'est qu'il se déplace souvent. Il reste au maximum deux ans au même endroit. Ensuite il change de ville, de province ou de pays. La dernière trace que j'ai de lui, c'est en Afrique du Sud. J'y vais, car maman disait que papa l'avait recherché pendant des années sans jamais trouver aucune trace de lui.

— Si jamais tu nous le ramenais, papa serait tellement content.

— Oui, cela lui ferait le plus grands des plaisirs. Il me pardonnerait peut-être et je pourrais me débarrasser…

— Zoé, nous avons discuté de cela.

— Oui désolé. Tu veux un thé.

— Oui.

— Et toi Ted.

— Si cela ne te dérange pas Zoé, je prendrais plutôt un Grand Marnier.

— Finalement ils optèrent tous pour un Grand Marnier.

— Zack

— Oui Zoé

— Pourquoi ne viendrais-tu pas avec nous?

— Moi en Afrique…hum pas sûre. Je vais y penser.

Zack pensait qu'il aimerait bien être du voyage, mais il sentait que quelque chose se développait entre sa soeur et son meilleur ami et que s'il était du voyage avec eux, que cela empêcherait peut-être la connexion entre eux. Il ne le dit pas à Ted, mais il aurait bien aimé que la connexion passe entre eux.

— Ah! Zoé! je vais vous laissez y aller Ted et toi. Mais je ne dis pas que je n'irai pas vous rejoindre. J'aimerais que tu me téléphones ou me texte ce que tu trouves et si possible assez souvent.
— Très bien.
— Je dois vous laisser. Je suis sûre que vous avez beaucoup de préparations à faire si vous partez dans deux jours.
— Bon, moi je vais prendre une douche et ensuite nous pourrions peut-être nous asseoir pour vérifier ce que nous avons à faire Ted.
— Bonne idée. Je vais aussi aller prendre une douche et nous nous retrouvons ici dans trente minutes.
— Parfait.

Ils partirent chacun dans leur salle de bain respective pour prendre leur douche après avoir dit au revoir à Zack. Zoé entra dans la douche avant Ted qui avait un appel à faire pour vérifier avec ses hommes que le changement de chiffre était fait.

Ted alla prendre sa douche, mais ce qu'il ne savait pas, c'est qu'il avait coupé l'eau chaude pour Zoé.

— Non, ce n'est pas vrai…merde oh, oh c'est froid.

Elle sortit de sa douche avec les cheveux toujours savonnés. Elle était enragée de s'être fait couper l'eau chaude par Ted. Elle s'enroula dans son drap de bain et alla frapper à la porte de la salle de bain de Ted. Il ne répondait pas, il n'entendait pas…monsieur chantait aussi dans sa douche. Elle décida d'essayer la poignée. La porte s'entrouvre. Elle resta de marbre. Pourtant elle avait déjà vu un homme nu, mais lui, il l'enflamma. Elle avait peut-être sauté sur l'occasion, elle savait qu'il lui plaisait.

Il se retourna et la vit, bouche bée. Il ne pouvait décoller ses yeux des siens. Après un moment, il se dégagea de la douche pour prendre une serviette. Mais ses yeux étaient toujours rivés au sien.

Zoé comprenait l'erreur qu'elle venait de faire, mais elle ne voulait plus partir. Elle le voulait, elle.

Ils ne dirent pas un mot, leurs corps parlaient pour eux. Ted s'avança, lui prit la nuque et l'embrassa tendrement. Après un moment, il fit un pas en arrière et la regarda, comme pour avoir son approbation.

— Que fais-tu là?
— C'est à toi que je devrais demander cela.
— Non je veux dire, que fais-tu dans ma salle de bain?
— Tu m'as coupé l'eau chaude, je n'ai pas eu de choix, regarde ma tête. J'étais fâchée et je suis venue t'engueuler. Je suis remplie de savon.
— Hum, je vais devoir arranger ça.
— Oui, que vas-tu faire?
— Je crois que je vais devoir t'amener dans ma douche et que je vais te rincer moi-même pour me faire pardonner.
— Oui, je crois.

Ils entrèrent dans la douche et firent l'amour passionnément. Ils découvraient leur corps encore et encore jusqu'au lever du soleil.

— Je vais descendre nous chercher du jus d'orange et des croissants.

— Ted, qu'avons-nous fait?

— L'amour…comme je ne l'avais jamais fait avec aucune autre femme.

— Moi aussi…j'ai aimé.

— Tu sais Zoé, ça fait longtemps que j'en ressentais le besoin, mais je n'osais pas faire les premiers pas, car je travaille pour toi.

— Non, tu travailles pour mon frère.

— Ah! ton frère ne m'a jamais payé. Il m'a engagé, mais c'est ton père qui a tenu à me payer ainsi que tous mes frais.

— N'en dis pas plus. Va chercher les déjeuners.

— Oui. Tu sais, maintenant je vais me sentir mal à l'aise de me faire payer pour te faire l'amour.

Zoé mit sa tête dans l'oreillé et se mit à rire comme une enfant. Elle se sentait très fatiguée ce matin, mais très heureuse. Cela faisait longtemps, trop longtemps qu'elle ne s'était pas sentie si bien.

Deux jours plus tard, ils partirent pour l'Afrique du Sud. Ils n'avaient pas arrêté de faire l'amour entre les préparations du voyage.

Le premier message texte qu'elle laissa à Zack quand elle était dans l'avion fût ''enfoiré, tu savais que j'étais pour lui tombé dans les bras…je crois que je suis en amour… c'est de ta faute tout ça''. Il lui renvoya une réponse immédiate ''je t'aime soeurette. Bon voyage à vous deux''.

Ils arrivèrent à Cape town en Afrique du Sud où ils rencontrèrent beaucoup de gens qui avaient connu son oncle Miki. Tous s'accordèrent à dire que cet homme avait le coeur sur la main. Il était très généreux et bon.

Johanne Landers

De Cape town en Afrique du Sud, d'après les renseignements qu'ils avaient reçus, ils se rendirent à Melbourne en Australie pour ensuite se rentrent à Sydney en Australie. Ils avaient plus de problèmes à trouver des gens pour les renseigner dans le quartier où avait habité son oncle et où il avait travaillé. Le gérant du dernier emploi qu'il avait fait disait qu'il avait un bon ami qui venait à l'occasion le voir au travail et qu'ils prenaient toujours des repas ensemble au restaurant d'en face. La serveuse du restaurant se rappelait bien de son oncle, mais qu'il ne venait plus, car il était déménagé. Elle ne savait pas où dans quelle ville et que l'autre homme qui l'accompagnait n'était pas passé depuis environ deux semaines.

Zoé lui laissa sa carte avec son numéro de cellulaire pour qu'elle puisse lui téléphoner si elle voyait l'ami de son oncle revenir au restaurant.

— Nous allons devoir attendre.
— Oui, mais combien de temps? Et s'il ne repassait jamais au restaurant.
— Tu es déçue. Il fallait bien s'attendre à cela à un moment où un autre. Je crois que tu as mis beaucoup de temps, d'effort et de coeur dans ce projet que nous devrions attendre un peu. Cela en vaut peut-être la peine.
— Oui, tu as raison. Nous avons tout pour nous amuser et visiter ici, alors profitons-en et le temps passera plus vite.
— Bien d'accord, on commence par la chambre d'hôtel.
— Toi, tu es insatiable.

Pendant les deux semaines qui suivirent, ils passèrent au restaurant pour s'assurer que la serveuse ne les oublie pas.

— Bonjour, toujours rien pour moi.

— Oui, justement j'étais sur le point de vous appeler. Il vient d'entrer, c'est lui qui est assis près de la fenêtre.

— Oh! merci.

Zoé était tellement contente. Elle espérait qu'il pourrait l'aider et que ce n'était pas pour être la fin.

— Viens, nous allons aller le voir.

— Ted, rassure-moi et dis-moi que ce ne sera pas la fin. Qu'il va pouvoir nous aider!

— Mais oui mon bébé, ne t'en fais pas. Il a forcément quelques informations pour nous puisqu'il était son meilleur ami. Qui sait, il communique peut-être encore.

— Bonjour monsieur, pouvons-nous nous asseoir avec vous? J'aimerais vous poser quelques questions concernant mon oncle, Miki Mezzo.

— Miki, mais oui ma chère. Comme puis-je vous aidez?

Il leur apprit que Miki travaillait en face, mais qu'il était reparti pour une expédition sur les îles Fidji pour l'aide humanitaire. Aussi, que cela lui était arrivé souvent de partir pour aider les autres!

Ils partirent donc pour les îles Fidji, pour l'aéroport de Savusavu plus exactement et ils avaient réservé à Koro Sun Resort.

— Tu te rends compte qu'il y a trois cent vingt-deux îles appartenant aux îles Fidji.

— Ouf, on peut tourner en rond longtemps.

— Hum, au moins si ce sont de petits villages, cela sera plus facile.

169

— Tu te rends compte qu'il n'y a pas de place à l'hôtel que nous devrons réserver…une cabane.

— J'ai bien hâte de voir ce qu'ils appellent une cabane.

— C'était le paradis sur terre.

— Quel paradis? Je crois que je voudrais rester ici quelques jours, le paysage ici est si enchanteur.

— Bien d'accord avec toi. Moi qui n'étais jamais sorti du Canada, tu m'en as fait voir de toute les couleurs.

— Viens, nous allons allez au renseignement.

Ils avaient énormément de problèmes à se faire comprendre. Ils décidèrent de retourner à l'aéroport pour savoir s'il y avait une personne qu'ils pourraient engager pour pouvoir traduire la langue parlée, car Zoé cherchait à retrouver son oncle et elle n'avançait à rien de cette façon.

— Quel est le nom de votre oncle madame?

— Mike ou Michaël Mezzo.

— Madame, il travaille ici à l'aéroport.

— Ah! Quelle chance!

Zoé n'en croyait pas ses oreilles…enfin elle était pour voir son oncle. Elle était bouche bée. Ted prit la relève.

— Où exactement pourrions-nous le trouver?

— Monsieur, pas ici aujourd'hui.

— Demain.

— Non, après. Deux jours madame.

— Après demain.

— Oui madame.

— OK nous reviendrons après demain.

— Tu te rends compte, il travaille ici. Je ne sais même pas ce que je vais lui dire. Comment vais-je le convaincre de venir chez mes parents pour faire la surprise à mon père?

— Tu trouveras ma chérie. Retournons à l'hôtel… hum à la cabane plutôt.

— Oui, mais je l'appelle le paradis maintenant.

Zoé ne put fermer l'oeil de la nuit. Elle était trop excitée à l'idée de voir son oncle qu'elle n'avait jamais connu. Deux jours, soudainement très longs. Ils en profitèrent pour faire le tour de l'île en bateau qu'on leur avait offert. Ensuite pour le tuer le temps, il ne restait plus que faire l'amour, se prélasser sur la plage et se baigner. Deux jours plus tard, ils se rendirent à l'aéroport pour essayer de voir oncle Miki.

— Bonjour, nous voudrions voir Miki ou Michaël Mezzo.

Tout à coup elle n'écoutait plus ce que l'homme lui disait…elle le voyait. Il ressemblait tellement à son père, les mêmes traits, les mêmes yeux d'un noir éclatant. C'était bien lui, elle en était certaine. Il s'avança vers elle.

— Bonjour, est-ce que je peux vous aider avec quelque chose?

— Oui, vous êtes bien Miki Mezzo?

Miki resta surpris, car personne d'autre que sa famille n'utilisait son surnom. Comment savait-elle cela?

— Hum, oui. À qui ai-je l'honneur.

Zoé s'avança plus près de lui et lui serra la main et se présenta.

— Je m'appelle Zoé et voici mon ami Ted.

— Bonjour.

— Pourrions-nous trouver un endroit tranquille pour parler?

— Oui, venez.

— Bon nous allons nous asseoir ici.

— Je vous ai dit que je m'appelais Zoé, et bien c'est Zoé Mezzo. Je suis la fille de Frédérick.

Miki se racla la gorge, ses yeux commençaient à piquer. Il toussota avant de pouvoir parler.

— Mon frère va bien j'espère.

— Oui, mes parents vont très bien et tout le monde va bien. Mais j'ai découvert il n'y a pas longtemps votre existence et j'ai décidé de me mettre à votre recherche sans que mes parents soient au courant.

— Je vois. Pourquoi vouliez-vous me retrouver si tous vont bien?

— Ça n'a aucun rapport avec la santé ou le bien-être. Maman m'a expliqué les conséquences de votre départ et la peine que mon père en a eue. Elle dit qu'il pense à vous souvent et que ses plus grands voeux sont de vous revoir un jour.

— Désolé, mais je dois retourner au travail. Mais je ne peux pas retourner dans cette famille après ce que je leur ai fait. Johannie a dû vous expliquer cela.

— Oui, mais vous leur avez fait beaucoup de peine, car au lieu de perdre un frère, il en a perdu deux.

Ted l'écoutait parler. Ces pensées partirent pour sa famille. Soudainement, après tant d'années, il voulait les revoir.

— Non désolé.

— Mais vous ne pouvez pas faire cela.

— Si je peux…vous êtes très belle, vous ressemblez beaucoup à votre mère.

— Merci

Miki partit reprendre son poste. Il ne croyait jamais que sa nièce viendrait jusque dans les îles Fidji pour le relancer. Il avait toujours suivi sa famille de loin. Il avait vu des photos de la famille de Frédérick. Il en était si fier. Certainement qu'il donnerait très cher pour revoir son frère et retourner enfin en Italie, mais avec la honte au coeur qui ne s'était jamais éteinte avec le temps.

Zoé et Ted retournèrent à la cabane. Ils allèrent s'étendre sur la plage. Zoé était dans ses pensées. Ted la prit dans ses bras pour la consoler. Il ne savait quoi lui dire pour la consoler de sa défaite. Elle décida de téléphoner à Zack.

— Zack, je l'ai retrouvé.
— Quoi, tu l'as retrouvé!
— Oui il travaille à l'aéroport de à Savusavu dans les îles Fidji. Il est douanier.
— Quand revenez-vous avec lui?
— Il est là le problème, il ne veut pas revenir. Il dit qu'il ne peut pas retourner dans cette famille après ce qu'il leur a fait.
— Bon, veux-tu que j'aille t'aider à le convaincre? T'as fini par me convaincre moi que c'était une très bonne idée.
— Oui, viens. Quand penses-tu pouvoir partir?
— N'importe quand.
— Alors, fais tes réservations et rappelle-moi. Oh! j'oubliais. Tu dois prendre ton billet d'avion pour l'aéroport de Suvasuva et ta cabane au Koro Sun Resort.

Ted riait derrière elle.

— Cabanes! Zoé, tu n'es pas drôle. Y'a des hôtels partout, nous sommes en 2014 je te rappelle. Alors ta petite farce ne fonctionne pas.

Zoé riait comme une folle. Elle lui affirmait que cela était vrai. Après avoir raccroché, Zack fit quelques recherches sur l'internet. Il fit ses réservations, cela semblait être de très belles cabanes. Il partait le soir même pour un vol de nuit. Il alla aviser ses parents de son départ.

— Je vais retrouver Zoé et Ted. Ils viennent de me convaincre. Zoé veut tellement que j'aille les rejoindre. Elle dit que c'est le paradis là-bas et que je dois absolument les rejoindre. J'espère que ce n'est pas un problème pour vous.
— Non voyons, pourquoi cela serait un problème. Profites-en mon fils.
— Merci. Bon je file, je dois parler à Emmanuël et Michaël pour mes dossiers et Ogan pour autre chose.

Zack alla trouver ses trois frères pour leur demander de venir dans la salle de conférences qu'il avait à leur parler immédiatement et que les parents ne devaient pas être à la réunion, car c'était à propos d'eux.
Tous se rendirent dans la salle de conférence et Zack prit la parole pour leur annoncer la bonne nouvelle.

— Zoé a retrouvé le frère de papa. Oncle Miki.
— De quoi parles-tu?
— Ah! Je croyais que c'était juste moi qui n'étais pas au courant, mais oui, de quoi parles-tu?
— Je croyais que vous étiez au courant. Zoé ne vous a pas mise au courant avant son départ dans ce cas-là.
— Nonnnnnnn

— O.K. papa a un frère que nous ne connaissions pas.

Zack donna une version abrégée de l'histoire et promit de leur écrire un courriel dans l'avion. Il n'avait pas le temps de tout raconter pour l'instant et qu'il voulait se dépêcher pour ne pas que les parents sachent de quoi ils parlaient.

— Ce serait trop long pour l'instant et devinez quoi?
— Quoi d'autre?
— Je dois distribuer mes trois dossiers sur lesquels je travaille en ce moment.
— Moi je me sauve et je suis très content de ne pas être avocat.
— Très drôle toi, tu es certain Zack que je ne devrais pas venir avec toi.
— Non Michaël…tu prends mes dossiers?
— Oui O.K.

Zack partit du bureau pour préparer ses bagages et prit l'avion pour se rendre à l'aéroport de Suvasuva. Zoé et Ted l'attendaient à l'aéroport à son arrivée. Le vol avait été très long.

— Zack, enfin.
— Bonjour vous deux. Avez-vous avancé?
— Non il est têtu, mais tu vas le voir, car il est là, ici.
— Ici, mais oui tu m'as dit qu'il était douanier. Tu crois qu'il va vouloir me rencontrer s'il est si réticent à revenir dans sa famille.
— Il n'a pas le choix, il travaille alors, tu as le droit d'aller… lui poser une question.
— Zoé, tu es très drôle toi. Où est-il?
— Regarde bien droit devant toi.
— Ah! mon Dieu! le portrait tout craché de papa.

— Oui.

— Qu'est-ce que je lui dis…je ne sais pas.

— Présente-toi, on verra pour la suite.

— O.K. vous venez avec moi.

— Oui, mais je crois qu'il commence à me trouver enquiquineuse.

— Bien pour ça, il a raison. Allez, venez avec moi.

Ils se dirigèrent tous les trois vers Miki. Il les repéra et fît de gros yeux à Zoé.

— Tu ne lâcheras donc jamais hein?

— Pour ça je peux vous répondre. Non, elle ne lâche jamais.

— Oncle Miki, j'aimerais vous présenter mon frère Zack.

— Bonjour Oncle Miki, c'est vraiment un très grand plaisir de vous rencontrer.

— Hum, moi aussi je suis très content de te rencontrer Zack. Tu es comme une apparition pour moi tellement tu ressembles aussi à ta mère toi.

— Attendez de voir Michaël, lui il est le portrait de papa.

— Michaël! Il a donné mon nom à un de ses enfants.

— Oui, c'est l'aîné. J'avais oublié de vous le dire, mais il y a aussi Emmanuël, ensuite c'est nous les jumeaux et Ogan le cadet.

— Mais non le moindre.

— Alors Zoé, si je comprends bien, si je ne vais pas voir ton père, tu es capable de me l'amener ici.

— Définitivement.

— Les enfants, je suis désolé, mais je dois travailler là et laissez-moi quelques jours pour réfléchir à tout ça.

— C'est bien, bonne journée.

Ils retournèrent dans leurs cabanes et Zack alla s'enregistrer.

— Des cabanes oui!

— C'est comme cela qu'ils les appellent.

— Le paradis oui. Je vais m'installer.

Zack alla les retrouver par la suite.

— Zack tu veux venir visiter l'île.

— Pourquoi pas? Tu viens Zoé.

— Non je vous laisse aller et je reste ici pour prendre du soleil.

Trois jours plus tard, Miki vint à la cabane pour voir les enfants. Zoé l'accueillit avec un grand sourire. Miki lui fît un câlin et l'embrassa sur le front.

— Ah! toi! Tu es la plus persévérante que je connaisse. Je pourrais juger que tu ne me lâcheras plus hein?

Zack et Ted partirent d'un rire fou.

— Vous ne pouvez pas si bien dire.

— Oncle Miki, il faut comprendre que je ne peux laisser mon père dans le mensonge. Maintenant que je vous ai retrouvé et que je sais où vous êtes…si vous ne venez pas à mon père, il viendra à vous.

— C'est bien ce que j'ai pensé. Maintenant que je suis à découvert. Mais comment faire face à ma famille après tant d'années.

— Ils vous aiment tous, j'en suis sûre. Quand on aime, on ne doit pas regarder le temps perdu, mais bien le temps que nous pouvons profiter ensemble.

— Poète en plus Zoé.

Zack et Ted partirent de nouveau à rire. Zoé les fusillait du regard.

— Vous vous ressemblez tous comme vous deux chez vous.

— Non, nous sommes jumeaux, mais mes trois autres frères nous ressemblent un peu, ils ont plus le côté italien.

— Cinq enfants mon petit frère. Qui aurait cru. Parlez-moi d'eux un peu.

— Quand pouvez-vous partir Oncle Miki, on pourrait vous les faire rencontrer au lieu de parler d'eux. J'ai tellement hâte de vous partager avec mon père.

— Disons deux jours pour pouvoir m'organiser. Je dois trouver un entrepôt pour faire apporter mes choses près de chez vous et ensuite on verra où je m'installerai. Une chose est sûre maintenant que tu es venue me chercher ma belle Zoé…je vais m'installer, y'a trop longtemps que je cours à travers le monde…je retourne chez moi, mais avant je crois que je vais profiter de mon petit frère et sa famille.

— Bien vu. Vous pouvez envoyer vos choses chez mes parents pour, disons une semaine après notre arrivée.

Ted dû prendre congé et se rendre à la salle de bain d'urgence. Il avait les larmes aux yeux en entendant l'oncle Miki dire ces paroles. Il se reprit et retourna près de Zoé.

— Deux jours! Hé! bien, j'aurai au moins profité d'une semaine dans cet endroit de rêve. Je vais devoir revenir. C'est comme cela que je rêve de vivre, me réveiller devant la mer.

— Je te comprends, c'est vraiment merveilleux ici et les gens sont si gentils. Zoé, je n'ai pas grand-chose à faire envoyer, mais avec les années j'ai quand même amassé quelques beaux souvenirs.

— Sans problème, mes parents ont beaucoup de place pour vous recevoir et vous pourrez y habiter le temps que vous voudrez.

Tous se préparèrent pour le départ. Ted et Zoé avaient à discuter. Qu'adviendrait-il d'eux à leur retour à la maison?

— Zoé.
— Oui chéri.
— Nous devons discuter de nous et de notre retour dans ta famille.
— Que veux-tu dire? Nous sommes ensemble et nous restons ensemble. Je ne comprends pas. Tu prenais ce qu'il y a entre nous pour un amour de vacances ou quoi!
— Non, ce n'est pas du tout ce que j'ai voulu dire. Tes parents seront-ils d'accord…
— Mes parents! Mes parents n'ont rien à voir dans notre relation.
— Bien, alors comment allons-nous leur dire?
— Mais voyons Ted, ce n'est pas un problème. Pourquoi tant de peur ou d'angoisse dans ta voix?
— Zoé, tu es leur seule fille, tu es avocate et moi détective privée…ce n'est peut-être pas ce qu'ils avaient prévu pour leur fille.
— Ah! ah! comme si mes parents choisiraient mes amants… non, mais là, je suis responsable de moi-même et de mes actes à mon âge.

Ted était le meilleur ami de Zack depuis longtemps, mais Ted ne connaissait pas assez ses parents pour savoir la réaction qu'ils pouvaient avoir sur leur relation. Une chose était sûre, c'est que Ted avait rencontré et discuté avec Frédérick et il le trouvait très autoritaire.

— Zack, tu crois que ton père va approuver ma relation avec Zoé.

— Ted, tu ne connais pas bien mon père. Malheureusement tu l'as plus vu comme un père qui a eu très peur pour sa fille, mais nous l'aimons beaucoup parce qu'il est un père merveilleux. La seule chose qui compte pour mes parents et aussi pour nous tous je dirais, c'est que Zoé soit heureuse. Mon père t'adore déjà, sinon tu ne serais pas ici avec sa princesse.

— Je crois qu'elle est heureuse avec moi.

— Je suis sûre moi.

— Alors tu crois que si je demandais la main de Zoé à ton père…il accepterait.

— Oui. Mais attention, c'est bien de Zoé que tu parles là. Je crois que tu devrais lui en parler avant pour ne pas lui faire une surprise devant nous tous. Elle pourrait mal réagir et refuser juste parce que tu as eu le dessus. Un conseil, ne la surprends pas trop.

— O.K. je voulais lui faire la surprise…je vais lui en parler d'abord.

— Je ne te dis pas de ne pas lui faire de surprise, juste de lui faire ta demande en privé et ensuite tu pourras faire comme tu disais.

— Bonne idée, je vais lui parler de ce pas.

— Hein! Tu as déjà la bague.

— Hum, cela fait un mois que je l'ai trouvé dans une bijouterie, quand je l'ai vu, j'ai su qu'elle était pour elle.

— Tu ne m'avais pas dit ça. Je croyais être ton meilleur ami.

— Oui, mais Zoé est ta soeur et je ne voulais pas te parler de cela au téléphone quand même.

— Et bien bonne chance Ted.

— Pourquoi tu dis ça comme ça?

— Ted, tu en as vu des choses que tu m'as racontées. Tu n'as jamais eu peur à ce que je sache. Qu'est-ce qui t'arrive? C'est une demande en mariage qui te fait peur. Je crois que tu devrais prendre un verre avec moi et te calmer mon vieux.

— Oui, mais c'est quand même Zoé, et Zoé est Zoé!

— Hum, oui c'est vrai. Alors, bois ton verre et…bonne chance.

— Ah! c'est malin, tu m'aides beaucoup là. Bon je vais lui parler. Tu n'aurais pas une bonne bouteille de vin avec toi par hasard.

— Tu sais très bien qu'un Italien a toujours une bouteille de bon vin. Je te la donne, mais tu vas m'en devoir une, car c'est ma dernière…alors je vais devoir souffrir par votre faute.

Ted vida son verre d'un trait et partit retrouver Zoé dans la cabane d'à côté.

— Salut chérie, t'as pu te reposer?

— Non, j'ai fait des bagages. Toi t'as pu t'amuser avec mon frère?

— Non, pas du tout. Mais je lui ai quand même soutiré une bonne bouteille de vin.

Ils s'installèrent sur la plage avec leur vin et regardèrent le coucher du soleil, qui était à couper le souffle. Ted était content, tout lui semblait parfait. Ils étaient installés sur des chaises longues. Ted se leva juste avant que le soleil disparaisse, il sortit la boîte contenant la bague de sa poche et se mit à genoux à côté de Zoé.

— Zoé, voudrais-tu devenir ma femme, pour l'éternité? Je t'aime chérie et je suis assuré de ne plus pouvoir me passer de toi pour le reste de ma vie.

— Zoé se leva d'un bon et Zack se leva précipitamment ne comprenant pas où il avait fait une erreur. Tout lui semblait si parfait.

— Non, mais qu'est-ce qui te prend Ted? Ce n'est pas le temps avec mon oncle Miki qui va revenir à la maison, je ne veux pour rien au monde gâcher ce moment si précieux pour mes parents.

Zack connaissait bien sa soeur jumelle. Il passait devant leur cabane quand il vit Ted faire sa demande. Il ne savait plus s'il devait partir ou venir en aide à Ted. Une chose était sûre, il devait se passer de ce fou rire avant d'aller à eux. Pour Zoé et Ted, rien ne semblait drôle, mais pour lui qui connaissait très bien les réactions exagérées de sa jumelle, c'était très drôle.

— Bonsoir vous deux. Oh! ne me dites pas que j'ai manqué le coucher de soleil.
— Zack, qu'est-ce que tu veux, ce n'est pas le temps?
— Quoi, je n'ai plus le droit de marcher là où bon me semble maintenant. Zoé, qu'est-ce qu'il y a, tu sembles dans tous tes états.
— Oui, Ted vient de me demander de l'épouser et ce n'est pas le temps. Il y aura les retrouvailles et je ne veux rien gâcher.
— Zoé chérie, rien ne presse, on peut attendre. Nous n'avons pas à leur dire tout de suite.
— Soeurette, toi qui es une si grande avocate et tu as peur de t'engager, à moins que tu ne sois pas sûre de tes sentiments.

Zoé lança des éclaires noires à Zack. Il avait vraiment envie de repartir d'un fou rire. Mais Zoé et lui étaient si liés qu'en la présence l'un de l'autre, ils avaient ce don de faire de la télépathie entre eux. Zoé le regarda droit dans les yeux et Ted les observait.

Il toucha à Zoé avant de lui parler de peur qu'elle explose.

— Hé! mais qu'est-ce que vous me faites là tous les deux. J'ai soudainement l'impression que c'est à une sorcière que je viens de demander la main.

Zoé et Zack partirent à rire. Il y avait très, très longtemps qu'ils n'avaient pas fait cela. Leurs parents leur avaient même interdit formellement de faire cela.

— Ted, ce n'est rien. Des choses de jumeaux c'est tout.
— N'empêche que c'est probablement une sorcière.
— Très malin quand tu veux toi.
— Alors, crois-tu que nous pourrions nous promettre l'un à l'autre sur cette plage sans que cela ne devienne un scandale ou un secret d'État à long terme.
— Ted, je n'ai jamais ressenti l'amour que j'ai pour toi avec aucun autre homme. Je t'aime Ted…et…oui je veux bien être ta femme, mais nous allons devoir discuter d'une chose avant.

Elle regarda Zack et ajouta.

— En privé et quand nous serons de retour à la maison.
— Je t'aime Zoé, comme Zack dit si bien…tu m'as ensorcelé et j'en suis très fier.
— Je vous laisse, je continue ma marche.
— Tu crois que je pourrais porter la bague jusque chez moi demain quand même, elle est tellement belle.
— Oui, avec plaisir future madame Ward.
— Non, madame Mezzo Ward.
— Oh! avant que j'oublie… mon vrai nom est Edward Ward…oui, je sais. C'est pourquoi ton frère et quelques copains m'ont trouvé un autre prénom une journée. Il faut croire qu'ils étaient fatigués d'en rire. Depuis ce temps, personne ne m'appelle plus Edward, mais bien Ted.

— Alors moi, à partir d'aujourd'hui, je vais te dire comment je t'appelle quand je pense à toi…Teddy bear.

— Zoé, s'il te plaît ne dit pas cela à ton frère… à personne en fait.

Zoé et Ted riaient de bon coeur même si Ted avait sérieusement peur que sa future femme le trahisse à son jumeau.

Zoé s'était assise avec son oncle dans l'avion pour le voyage. Il avait tellement d'histoire à lui raconter.

— Oncle Miki

— C'est tellement bon d'entendre cela ''oncle Miki''. Je n'y croyais plus.

— Vous ne vouliez pas qu'on vous retrouve, j'ai raison.

— Zoé ma chérie, c'était bien ça les premières années, mais plus le temps avançait, plus je croyais difficile le fait de revoir ma famille. Plus les années passent et plus tu crois leur avoir fait encore plus de mal.

— Ne vous inquiétez pas oncle Miki, mon père ne vous jugera jamais.

— Hum, il est pourtant avocat.

— Ah! Ah, nous le sommes tous. Vous avez vraiment un sérieux problème.

— Très drôle.

Arrivée à Vancouver, Zack hébergea son oncle le temps qu'ils organisent une rencontre chez leurs parents. Deux jours plus tard, tous les enfants avaient mis la main à la pâte et tout était arrangé pour la grande rencontre.

— Les enfants, nous passons à table.

Tous se dirigèrent vers la cuisine à l'exception de Zack qui devait faire signe à son oncle qui attendait dans sa voiture.

— Miki lui chuchotta.
— Ce n'est pas une maison ça mon garçon, c'est un château. Va, je vais attendre le signal.
— Je vais vous dire un secret avant d'aller m'asseoir. Je sais que c'est un château, mais ne le dite pas à mon père…c'est ma mère qui a tout l'argent.

Miki partit à rire sans le vouloir. Zack partit pour la cuisine en toussant.

— Y'a quelqu'un à la porte Zack.
— Non c'est moi qui étais en train de m'étouffer…apparemment personne ne venait me sauver. Vous auriez dû penser à faire un docteur dans cette famille.

Zoé avait invité Ted, ce qui n'était plus vraiment une surprise à part que pour ses parents. Elle était assise à côté de Frédérick pour pouvoir discuter avec lui. Pendant que le repas leur était servi, elle lança la discussion.

— Papa, aujourd'hui je suis arrivée à un de mes buts les plus importants de ma vie.
— Oui, tu parles de ton voyage.
— En partie ou plus tôt c'était le but de mon voyage.
— Et toi quand tu t'y mets? Ne me dit pas que tu partiras vivre au soleil hein?
— Non papa, jamais je ne partirai loin de vous. J'ai plutôt apportai le soleil dans ta vie et dans la tienne.
— Zoé, vous êtes tous mes rayons de...tu es enceinte ma princesse.

— Ne me fait pas étouffé tu veux. Non je ne suis pas enceinte papa. Le voyage que je viens de faire, je l'ai fait pour toi. Pour que tu retrouves une partie de ton bonheur perdu.

Johannie ne mangeait plus, elle était bouche bée. Elle n'avait pas dit à Frédérick que Zoé connaissait l'existence et l'histoire de ses frères. Fédérick regarda Johannie avec un air de questionnement, mais Johannie était ébahie, elle regardait l'entrée de la salle à manger, les enfants chacun leur tour pour pouvoir déceler quelque chose...rien. Mais elle savait que ce qui était pour suivre était pour être un joyeux évènement.

Les enfants débutèrent à taper dans leurs mains. Frédérick et Johannie les regardaient d'un air surpris. C'est là qu'il vit son frère dans l'entrée de la salle à manger. Leurs larmes coulèrent de joie, ils se firent une accolade qui n'en finissait plus. Maintenant les larmes de tous coulaient.

Frédérick, Miki et Johannie partirent tous au salon. Les enfants suivirent tous avec leurs assiettes et écoutèrent leurs parents parler avec oncle Miki.

— Zoé, je dois te remercier de m'avoir ramené mon frère. Vous devez tout me dire.
— Michaël prit la parole.
— Tu te rends compte papa que nous étions tous très affectés par son enlèvement et que nous avons cru qu'elle partait parce qu'elle était si bouleversée que nous n'en avons pas dormi des nuits jusqu'à ce que Zack nous informe avant de partir à leur rencontre.

Tous partirent à rire.

— C'est Zoé qui est venue me chercher et crois-moi Freddy, ta fille est quelque chose. Elle ne m'a pas lâché d'une semelle. Chaque fois que je me retournais…elle était là comme une apparition. Je lui disais ''non je ne veux plus leur faire du mal, leur faire de peine, je me sens trop coupable de ne pas y avoir retourné plutôt maintenant…''. Alors je me suis dit, elle va se fatiguer et repartir bientôt. C'est là qu'elle a appelé son frère Zack en renfort. J'ai bien compris que j'étais fini, elle ne me lâcherait pas.

— Je suis le père le plus heureux qui soit de sa fille. Zoé n'est pas très redoutée pour rien au tribunal.

— Je te crois sur parole Freddy.

— Quand comptes-tu retourner en Italie?

— Je ne sais pas, mais j'ai bien l'intention de profiter de ta famille avant de repartir d'ici.

— Je vais devoir t'engager au cabinet. C'est là que tu les verras à l'oeuvre.

— Ah! non! c'est fini le travail pour moi.

La soirée se déroula à merveille. Les enfants partirent, Frédérick, Johannie et Miki parlèrent une partie de la nuit.

— Johannie, tu sais qu'après que Miki soit parti, il a continué à envoyer l'argent à ma mère pour payer toutes nos études. J'ai calculé un jour à combien revenait ma part. Elle revenait à vingt-neuf mille dollars.

— Wow! Quel acte de bravoure!

— Je le faisais déjà avant mon départ, alors je me devais de continuer à aider ma mère.

— Oui, mais c'est toi qu'on aurait voulu au lieu de l'argent. Aujourd'hui Miki, je veux aussi faire quelque chose pour toi. J'aimerais te donner de l'argent, car c'est grâce à toi que j'ai pu devenir avocat.

— Je suis parfaitement d'accord avec ça.

187

— Merci chérie.

Miki pensait à ce que Zack lui avait dit que c'était sa mère qui avait tout l'argent. Il sourit.

— Qu'est-ce qui te fait sourire Miki?
— Ah! Ah, c'est à cause de ce que Zack m'a dit, mais il a aussi ajouter que je ne devais rien dire.
— Très drôle. Ne manigance pas avec nos enfants, ils vont t'embarquer dans toutes sortes de problèmes cocasses.
— Oui je te crois après les avoir vus ensemble. Ils ont tellement une belle complicité entre eux.
— Qu'est-ce qu'il t'a dit?
— Hum, impossible de lui faire ça, il a dit que je lui plaisais comme oncle.
— Je perds toujours contre eux.

Ils rirent de la situation et de l'expression qu'avait Frédérick.

— Écoute mon frère, tu ne me dois rien. Je l'ai fait pour toi et pour les autres. Je ne veux pas être remboursé pour quoi que ce soit. Déjà que tu m'héberges.
— Moi je crois que cet acte de bienveillance que tu as eu envers ta famille était merveilleux et que suffise ma famille était très…très riche, nous voulons te donner un million de dollars pour que tu puisses enfin profiter de ta vie, que je suis sûre, tu as toujours mérité et que tu t'es trop puni.
— Non, non…
— Miki, si ma femme dit quelque chose, il ne faut pas la contredire.
— Je ne…

— Miki, ce sera fait demain dans la matinée. Ce sera ton argent bien mérité, alors nous voulons te voir en profiter. Discussion terminée.

— Bon, buvons un verre maintenant et préparons notre voyage pour l'Italie.

— Je ne peux pas discuter avec vous deux hein? Zack m'avait bien dit que tu étais riche Johannie, mais il ne m'avait pas donné de détail. Je vois maintenant de qui Zoé retient dans cette famille.

Frédérick et Johannie répondirent ensemble que non. Frédérick se tourna et embrassa sa femme.

— Vois-tu, c'est parce que nos enfants ne connaissent pas notre capital, et je ne suis pas riche…Frédérick et moi sommes riches.

Quelques jours plus tard, Ted et Zoé firent l'amour et ensuite, Zoé pensait qu'il était temps qu'ils parlent.

— Ted.
— Oui bébé.
— Pour ce que tu m'as demandé aux îles Fidji, tu sais…
— De m'épouser.
— Oui
— Tu…tu ne veux plus.
— Non ce n'est pas ça chéri, je t'aime et je sais que j'aimerais passer toutes mes journées avec toi. Mais avant je sentais que tu n'arrivais pas à te donner à moi complètement. Maintenant que nous sommes de retour de voyage c'est pire…tu voudrais m'en parler.
— De quoi parles-tu, je t'aime et je veux t'épouser et comme toi passer toutes nos journées ensemble.
— Ted, s'il te plaît. Je le sens, si nous nous aimons et nous engageons, nous devons laisser tomber les barrières entre nous.

189

Silence se fit. Elle caressa le haut de son torse et laissa sa tête sur son épaule.

— Ça…ça fait très longtemps. Ceci ne m'avait pas affecté depuis plusieurs années, mais avec ce qui s'est passé avec ton oncle. C'est comme si tout s'était réveillé en moi.

— J'ai pu sentir que cela était une blessure dans ton coeur qui n'allait pas, mais quoi Ted. J'ai besoin de savoir avant de me prononcer sur notre union. Non pas pour te juger, mais bien pour te comprendre.

Il ne disait rien, il avait peine à sortir un mot.

— Il se peut que même si tu en parles, tu ne puisses jamais l'oublier. J'ai vraiment besoin de savoir tout à son sujet Ted. Je t'aime chéri, mais je ne pourrai jamais te donner une réponse sans cela. Je t'aime plus que personne au monde Ted s'il te plaît. Je veux vraiment faire ma vie avec toi, mais si tu ne me fais pas confiance, ce sera un très mauvais signe pour moi.

— Si tu veux vraiment faire ta vie avec moi, pourquoi ne pas dire oui Zoé. C'est de l'histoire ancienne tout ça.

— Parce que je ne peux pas vivre avec cette barrière entre nous. Tu dois comprendre cela.

Il l'embrassa sur la tête. En la serra plus fort dans ses bras.

— Ça fait si longtemps…dix ans exactement. Je l'aimais beaucoup…comme un fou. J'avais dix-neuf ans et c'était avec la première femme que je faisais l'acte. Elle, elle avait vingt-trois ans. Nous sommes sortis ensemble environ six mois et pour moi la perdre aurait été la fin du monde.

— Hum, hum.

— Elle est tombée enceinte et elle m'a révélé qu'elle ne savait pas qui était le père. J'ai cru mourir.

— Wow, tu ne le savais pas du tout.

— Non. Mon coeur s'est brisé…très fort. Je ne sais pas si c'était de la perdre ou qu'elle m'avait trompé. J'étais tellement stupide que je me refusais à la laisser aller et il y avait l'enfant. Si j'en étais le père, je voulais prendre mes responsabilités. Je n'osais pas et ne voulais pas savoir vraiment qui était le père, j'étais pour en prendre la responsabilité d'une façon ou d'une autre.

Zoé le serra dans ses bras.

— Je te comprends chéri, continu.

— Nous habitions chez nos parents encore. Elle disait ne pas vouloir que j'arrête mes études. Elle disait que ses parents avaient accepté de prendre soin du bébé et qu'elle pourrait continuer ses études aussi.

— Elle avait de bons parents.

Ted ne répondit pas à cela. Il continua.

— J'étais tellement pris par toute cette histoire que je ne voyais pas que mon frère semblait aussi avoir des problèmes. Après m'avoir dit qu'elle était enceinte, elle m'a demandé d'en parler en personne, car elle ne voulait pas que ses parents sachent l'identité du père avant d'avoir le bébé pour pouvoir définir qui était le père de l'enfant. Je lui ai demandé si elle partirait si c'était l'autre le père. Elle m'a répondu que non. Je voulais prendre soin d'eux même si ce n'était pas moi le père, mais elle m'a dit que si c'était l'autre le père, qu'elle ne pouvait pas me faire cela. J'étais déprimé, je priais pour que cet enfant soit à moi. Elle ne voulait pas me dire qui était l'autre homme non plus. Alors je n'ai pas insisté jusqu'à la naissance de l'enfant de peur de ne plus la voir.

Elle ne voulait pas que ses parents me voient avant la naissance non plus alors on se voyait trois fois par semaine.

— C'est horrible Ted et tellement blessant.

— Oui. Ce n'est pas une expérience que je ne souhaite ça à personne.

— Non. Où est-elle maintenant?

Ted s'éclaira la gorge, ses yeux lui piquaient. Il resserra son étreinte sur Zoé.

— Elle s'est suicidée le soir même qu'elle a eu l'enfant.

— Oh !mon Dieu! De plus en plus horrible. Pauvre chéri, quelle terrible épreuve! Quand je t'ai demandé de me parler de ce que je sentais, je ne croyais jamais entendre une histoire si horrible.

— Je sais. Elle n'avait pas voulu que j'assiste à l'accouchement. Elle m'a appelé dans la soirée pour que je passe voir le bébé.

— Le bébé…est ce qu'il vit toujours?

— Oui.

— Est-ce qu'il est de toi?

— Je ne le sais toujours pas.

— Tu n'as jamais voulu savoir, lui donner ton nom, l'avoir avec toi si c'était le tien?

— Ah! merde! c'est beaucoup plus compliqué que cela.

— Que veux-tu dire?

— Quand je suis allé à son enterrement, mon frère y était aussi. J'ai cru qu'il avait deviné, mais j'ai vite compris en le regardant que c'était lui l'autre gars. Je suis retourné chez moi, j'ai pris un sac avec moi et je suis parti pour ne jamais revenir.

— Et tes parents? Tu crois que ton frère savait lui?

— Non je crois qu'il a été aussi surpris que moi. Je ne lui ai jamais reparlé. Par contre, je parle à ma mère une fois par mois sur l'internet.

Zoé le regarda dans les yeux.

— Je comprends maintenant pourquoi tu es resté si surpris quand j'ai parlé de retrouver mon oncle.
— Oui, je ne voudrais pas que Nathan me cherche un jour comme cela.
— Nathan!
— C'est le garçon qu'elle a mis au monde. Mon frère habite toujours chez mes parents avec lui.
— Tu lui parles à Nathan sur internet aussi?
— Oui, ma mère s'arrange toujours pour qu'il soit là. Ah! les mamans, elles sont persistantes…la mienne pour sûre.

Il embrassa Zoé tendrement. Il voulait des enfants avec elle, il voulait tout d'elle.

— Ted, si nous nous marions…je voudrais bien qu'ils soient tous là. Tu crois que nous pourrions commencer à travailler sur cela. C'est toi qui as dit que tu ne voulais pas faire comme mon oncle, que c'était une erreur.

Il cacha sa tête dans son cou.

— Oui, mais je ne sais pas comment faire Zoé, je ne sais pas.
— Je t'aiderai Ted, je ne te laisserai jamais tombé. Je pourrais rencontrer ta mère sur l'internet pour commencer, ce sera un début et nous verrons de là.
— Oui, elle serait contente. Elle me dit toujours qu'il n'y a pas seulement que le travail dans la vie, qu'il ne faut pas laisser l'amour de côté.

— Quand lui reparles-tu?

— Dans trente minutes environ.

— Hein!

Elle le regarda, tout affoler.

— Oh là là! Je dois me préparer.

Ted riait.

— Tu n'as pas besoin de rien de spécial, ils sont simples, tu sais.

— Oui, mais je ne vais quand même pas être nue, une petite tenue simple, disons.

— Et si je te faisais l'amour avant, ils n'en sauraient rien non plus.

— Elle revint vers lui, ils firent l'amour à nouveau.

— Tu sais Ted, si tu m'épouses, je veux tous les savoir, car je ferai partie de cette famille aussi. Pour ce qui t'est arrivé, j'ai l'impression que tu as vraiment aimé cette femme, mais ton mal semble avoir changé par le mal que toute cette histoire t'a fait au coeur et maintenant ton désir de les revoirs, mais de ne pas savoir comment faire et tous les inquiétudes que cela peut donner.

— Oui, je crois que tu as raison bébé. Je suis si soulagé de te l'avoir dit. Je crois que j'ai déjà un progrès de fait.

— Oui, je t'aime chéri. Ne t'inquiète pas, je serai près de toi à chaque étape. On y arrivera.

— J'ai quand même peur que ce soit très difficile.

— Ça le sera, mais après l'avoir fait, tu te sentiras comme maintenant…un peu plus soulagé.

— Oui. Tu sais, je crois, que ma mère sait parce qu'au début quand j'ai communiqué avec elle, elle m'a dit que Patrick n'avait pas voulu faire le test. Il disait que cet enfant avait besoin d'un père et d'un foyer. Les parents de Nellie ne voulaient pas le prendre. Allez, il est temps.

— Je vais dans la douche très vite et te rejoins. Cela te donnera le temps d'avoir un peu de temps avec ta mère avant que tu me la présentes.

— O.K. bébé.

Ted s'installa pour ouvrir le programme et entrer dans son espace privé. Il était en retard de quinze minutes, mais sa mère devrait être là. Il allait essayer.

Il laissa sonner longtemps, car sa mère ne devait pas être près de l'ordinateur. Il était pour raccrocher quand il vit son frère dans l'écran. Il en resta figé. Que lui dire après temps d'années?

— Bonjour frérot.

— Bonjour Patrick, ça va?

— Oui, maman est partie à un rendez-vous, mais elle n'en n'a pas pour longtemps. Elle devrait être de retour dans quelques minutes.

— Ah! Très bien. Écoute Patrick je…je...Ah! je suis si désolé merde. J'ai vraiment fait un gâchis de tout ça.

— Ne soit pas désolé Edward, elle nous a berné tous les deux. Si tu te poses la question tout comme moi…oui j'étais bien cet autre homme si elle t'a dit la même chose qu'à moi.

— Oui, exactement, je crois. Mais cela m'a fait très mal. J'ai détruit votre vie et la mienne aussi à cause de cela.

— Non Edward. Il faut arrêter de vivre comme cela. Nous devons mettre cela derrière nous. Maman voudrait tellement que tu reviennes Edourad.

Zoé sortait de la salle de bain et l'entend dire Edward. Sa famille l'appelait toujours Edward. Elle regarda Ted et riait. Il lui fit signe d'approcher, il lui prit la main et l'assoie sur ses genoux.

Elle croyait voir le père de Ted, mais fût surprise de voir que c'était son frère. Il lui ressemblait beaucoup.

— Patrick, je voudrais te présenter Zoé. Nous allons nous marier.

Zoé le regarda avec de gros yeux. Elle n'aurait pas cru qu'il annonce cela à l'ordinateur. C'était plus fort que lui. Il était si mal à l'aise qu'il ne savait plus vraiment ce qu'il disait. Il fit une petite grimace à Zoé.

— Content de vous rencontrer. J'ai très hâte de te voir en personne.

— Oui, moi aussi. Je crois que vous étiez en discussion, je vais vous laisser.

Ted tenait la main de Zoé plus fort encore. Il ne voulait pas qu'elle s'éloigne. Elle le regarda dans les yeux et lui fît un sourire.

— Bien, je vais rester chéri.

Au même moment, Patrick disparut de l'écran poussé par Nathan qui arrivait en trombe. La chaise sur laquelle Patrick était assis alla s'écraser sur la bibliothèque. Il revint à l'écran en assoyant Nathan sur ses genoux lui aussi. Nathan riait de lui.

— Edward, tu ne nous as pas appelés à l'heure et je devais aller avec grand-mère.

— Petit garnement, tu vas devoir faire mon tour de vaisselle pour ce que tu m'as fait.

— Oh !non! Je suis désolé Patrick.

Il l'appelait Patrick, est-ce parce que son frère avait fait les tests.

— Oui je sais j'étais en retard. Nathan, je te présente Zoé.

— Bonjour Zoé, vous êtes belle.

— Il est terrible avec les femmes. Maman dit qu'un jour il va m'en trouver une.

Ils rirent tous.

— Merci c'est gentil Nathan, mais tu très beau aussi.

— Merci je sais, grand-mère me le dit toujours.

Sa mère arriva à l'écran suivi par son père.

— Edward, je vais laisser la place aux parents, mais n'oublie pas…nous t'attendons.

Zoé ne se faisait vraiment pas à son nom. Elle serra les lèvres pour ne pas rire. Ted la vit et la pinça. Il était heureux, un autre pas de fait.

— Outch!

— Merci, nous irons très bientôt.

— Mon chéri, ai-je bien compris…tu viendras.

Elle pleurait et Zoé était émue aussi. Ted la serra fort par la taille.

— Maman, papa, je voudrais vous présenter Zoé.

— Zoé c'est un plaisir pour nous de vous rencontrer. Nous avons tellement hâte de vous voir.

— Merci, moi aussi j'ai hâte et je vous promets que nous allons faire vite.

Ted lui sourit. Il était prêt à partir tout de suite. Nathan se remit dans l'écran entre ses grands-parents.

— Je vais enfin te voir en personne. C'est génial.

Ted serra Zoé à nouveau. Il semblait ne plus pouvoir parler. Elle décida de répondre à Nathan.

— Oui Nathan, nous irons très très bientôt.
— C'est ma fête demain vous savez, ce serait encore plus génial si vous pouviez y être.

Ted avait les larmes aux yeux et ses parents aussi. Zoé décida de prendre la parole pour détendre l'atmosphère.

— Alors Nathan, je te fais la promesse d'y être avec Ted.

Ils dirent tous Ted en même temps surpris. Maintenant Ted avait la figure cachée dans le cou de Zoé et il riait. Zoé lui donna une tape dans le dos.

— Méchant garçon, j'ai l'air de quoi là?
— Désolé Zoé. Ah! maman, c'est qu'à l'école mes amis riaient de mon nom, ils trouvaient que c'était un vieux nom, alors après avoir ri comme des fous de mon nom pendant plusieurs mois, ils ont décidé de me trouver un autre nom. Ils m'ont surnommé Ted, c'est pourquoi Zoé m'appelle Ted.
— Hé bien! si ont doit t'appeler Ted pour que tu reviennes, ont t'appelleras Ted.

Ils se dirent au revoir avec beaucoup de promesses à venir.

— Tu as bien promis que nous serions là demain toi?
— Oui, Ah! Ah! Ah! et je ne sais même pas où tu habites, mais Nathan était si mignon.

— J'habite près d'ici, mais mes parents sont à l'autre bout du Canada. Ils sont à Ottawa.

— Hé! ma mère est née au Québec, à Montréal. Je crois qu'on ferait mieux d'appeler l'aéroport immédiatement. Ce n'est pas à la porte.

— Très drôle toi. Merci d'être resté avec moi. Appelle l'aéroport et moi je réserve l'hôtel.

— O.K. chef.

— Moi qui croyais te refaire l'amour. Nous devons plutôt aller faire les magasins. Je lui ai envoyé un cadeau, mais je n'ai même pas demandé s'il était arrivé. Je ne sais même plus quoi lui acheter.

— Tu lui as demandé ce qu'il voulait?

— Oui, je lui ai envoyé un ensemble de Lego. Un des articles qu'il demandait.

— Quoi d'autre qu'il demandait?

— Un chien, dur à envoyer par courrier.

— Alors on pourrait lui acheter un chien.

— Hein!

— Tu dis qu'il veut un chien, où est le problème. Tes parents eux est-ce qu'ils veulent qu'il ait un chien?

— Je crois, je ne sais pas.

— Alors on achète le chien.

— Merci Zoé, je t'aime mon amour. Merci d'être restée près de moi.Tu vas m'attirer des problèmes toi.

— Je vais toujours être là maintenant. Quel aéroport nous allons?

— Ottawa.

— Tu sais que tu vas me devoir une nuit d'amour complète pour faire tout ça pour toi.

Ted la regarda et lui sourit.

Ils prirent les réservations, allèrent trouver un chiot pour Nathan. Zoé décida de lui acheter tous les articles dont le chiot pouvait avoir besoin. Ils firent leur valise et firent l'amour comme promis…toute la nuit.

Ted avait toujours la bague de Zoé, il l'avait apporté. Dans l'avion il demanda une boisson pour Zoé et lui. Tout en buvant, il sortit la bague et lui demanda si enfin elle voudrait la porter et devenir sa femme.

— Ah oui! Avec cette histoire j'avais oublié le but de vouloir savoir…oui je t'aime chéri. C'est parce que pour moi, j'étais déjà à toi.

Ils s'embrassèrent et s'endormirent dans les bras l'un de l'autre.

Les retrouvailles se passèrent dans l'émotion, mais Ted était content. L'accolade des retrouvailles émut Zoé.

— Ah! mon garçon, enfin! Merci Zoé, de nous l'avoir apporté.

Ted avait son père, sa mère à son cou quand Patrick mit la main dans le dos de Nathan pour le faire approcher de Ted. Ils étaient tous à s'embrasser. Ted se leva la tête pour chercher Zoé.

— Viens, viens ici toi.

Il la prit dans ses bras et tous lui firent une accolade et l'embrassaient.

— Merci encore ma chérie, je te dois tout de m'être rapporté mon fils.

— Non, c'est lui Mme Ward, il voulait venir depuis longtemps, mais ne savait plus comment il devait le faire et s'il devait le faire.

— C'est bien mon garçon, ne nous refais jamais ça tu veux?

— Promit papa.

— Venez nous avons une fête qui nous attend.

— Ted, tu viens avec moi chercher les cadeaux.

— Laisse Zoé, je vais aller avec lui. Entre.

— Bien merci

— Ah non! t'as pas fait ça.

— Oh oui! C'est un problème, tu crois.

— Pas si Nathan s'en occupe, mais s'il ne s'en occupe pas…je te le retourne.

Ils rirent.

— Dans ce cas je serai très clair en lui donnant.

Après la soirée, Ted et Zoé entrèrent à l'hôtel. Ted souriait, son sourire n'avait pas disparu depuis qu'il les avait pris dans ses bras. Ils avaient aussi annoncé leurs fiançailles.

— Ted, je crois que Patrick et toi n'avez pas vraiment eu beaucoup de temps pour parler entre vous et si tu laisses aller le temps, ce sera plus difficile pour vous deux. Je crois que tu devrais l'appeler et aller prendre une bière avec lui et parler, pour pouvoir comprendre les actes que tous deux avez fait après ce drame.

— Vous serez vraiment soulagé seulement après que cela sera fait.

— Je sais pourquoi Zack disait que tu es la meilleure avocate de Vancouver et que c'était parce que tu étais trop têtue…c'est vrai, je suis d'accord avec lui.

— Têtue moi? Jamais.

— Ah! bébé. S'il ne veut pas. J'ai peur qu'il joue le jeu juste parce que mes parents voulaient que je revienne.

— Tu vois, les questions elles sont là sans réponse. Cela peut encore vous détruire. Appelle-le, ce sera encore un pas difficile, mais celui-là je ne peux pas être là. C'est vraiment entre vous deux Ted. S'il ne veut pas, alors tu comprendras.

— Bien, ouf!

Il appela Patrick et le rencontra dans le bar de l'hôtel où ils étaient Zoé et lui. Ted ne rentra qu'au petit matin.

— Hé! ça va mon chéri?
— Oui, prends-moi dans tes bras.
— Hum, tu es vraiment un Teddy Bear.
— Petite princesse, tu veux savoir?
— Oui, je suis impatiente. Dit moi.
— Elle lui avait fait le même coup qu'à moi. Aussi nous avons décidé de donner un père à Nathan et d'aller pour les tests. Il va faire le nécessaire aujourd'hui…il est temps pour cet enfant.

Le résultat des tests était que Patrick était le père de Nathan. Ted se sentit si soulagé. Il aimait Nathan comme un fils quand même. Cela restera toujours pour lui.

— Patrick, tu vas lui dire?
— Non, il l'a toujours pensé.
— Bien, cela ne dérangera pas sa conscience. La nôtre en a eu son lot.

Ils repartirent une semaine plus tard en promettant de revenir souvent.

Ted et Zoé annoncèrent qu'ils avaient décidé de se marier sur les plages des îles Fidji. Tous y assistèrent, ainsi que la famille de Ted et oncle Miki. Ted en profita pour changer son nom légalement, il profita de son avocate gratuite.

Johanne Landers

Zack Mezzo le beau charmeur chevauche avec l'amour

Zack a beaucoup de femmes dans sa collection, elles tombent à ses genoux juste à les regarder. Mais un jour il en a assez d'être le sex-symbol de toutes ces belles dames. Conclusion, il était beau de la tête aux pieds en passant par les yeux, le charme naturel, les fesses et sans oublier son pénis donc certaines pouvaient se venter d'avoir eu le plaisir d'admirer de près. Il avait entendu toutes les beaux compliments à son sujet qui lui étaient répétés en grande partie par sa jumelle Zoé, et ce, du lycée à encore aujourd'hui. Les femmes le voulaient toutes, mais toujours pour les mêmes raisons…l'argent, le plaisir sexuel et si possible, une chance de se faire entretenir. Un jour, il décide qu'il veut partir loin de cette image de sex-symbol. Il veut aimer et être aimé pour lui-même et non pour le sexe et sa beauté. Les femmes qu'il a rencontrées jusqu'ici ne veulent pas d'enfant, la plupart ne veulent même pas en entendre parler et Zack lui en voulait. La décision de partir pour la campagne, loin de cette ville, lui pèse depuis si longtemps.

La famille Mezzo : L'intégral

Julien doit comparaître en cour ce matin pour conduite en état d'ivresse. Zack a été nommé comme son avocat d'office. Ils s'étaient rencontrés la veille. Zack a réussi à le faire libérer sous caution.

Julien retourna chez lui où il habitait avec sa grand-mère.

— Julien, promets-moi que tu verras à te faire soigner avant qu'il t'arrive un accident ou tu pourrais tuer quelqu'un, tu dois y penser.
— Oui grand-mère je te le promets.
— Tu as été chanceux encore cette fois-ci, mais un jour tu n'auras plus cette chance.
— Je sais. L'avocat qui m'a défendu était très compétent.
— Oui, mais il reste que tu ne l'auras peut-être pas la prochaine fois. Comment se prénom t-il?
— Maître Mezzo.
— Mezzo, Mezzo. Ce nom me dit quelque chose, mais je n'arrive pas à me rappeler.

Julien était pour revoir Zack à coup sûr ou un autre avocat, car il était toujours à avoir des démêlés avec la justice.

Zack décida de parler avec Zoé de son projet. Il avait besoin d'en parler, il avait besoin de partir. Où, quand, il ne le savait pas?

— Salut Zoé, t'as une minute pour moi?

— Toujours mon meilleur. Mais tu me fais peur, tu as l'air trop sérieux là.

— Oui, j'ai quelque chose qui me tracasse beaucoup ces derniers temps. C'est délicat.

— T'as besoin d'argent?

— Non c'est bien pire que cela.

— Zack, dis-moi que tu n'es pas malade. Je vais en mourir.

— Non je ne suis pas malade. Ah! Zoé, je ne sais plus où mettre la tête.

— Hé! viens, assoyons-nous ici pour discuter. Je vais barrer ma porte et nous ne nous laisserons pas déranger.

— Oui, t'as quelque chose de fort à boire.

— Du Grand-marnier ça te va?

— Oui, double s'il te plaît.

— Dis-moi Zack.

— Tu te souviens Avril quand nous étions à l'école de droit à la fin de nos études.

— Oui, tu as fini dans son lit, je me souviens très bien.

— Oui…et bien ce n'était pas mon intention, mais j'avais un peu trop bu pour fêter mon diplôme. Et…ce n'est pas ce que je pense Zack.

— Je ne sais pas à quoi tu penses. Je l'ai mise enceinte. Elle voulait que je l'épouse, mais il n'en était pas question. Alors je l'entretiens elle et…..Mes deux filles.

— Ah des jumelles! Oh Zack! mais si elles sont à toi pourquoi nous les avoir cachées, surtout à moi?

— Écoute, avoir des enfants avec une femme que tu n'aimes pas du tout, du tout et que tu ne veux surtout pas marier. Ce n'est pas vraiment l'image de notre famille. Je suis fier de cette famille et ne voulais pas détruire cette image et je me trouvais assez salaud.

— Zack, nous sommes en 2014 et non en 1800. L'image on s'en fou. Est-ce que tu les vois?

— Oui, je passe une soirée avec elles une fois par semaine. Elles sont si mignonnes.

— Oh! Zack je veux les voir. Elles sont mes nièces.

— Je vais t'écrire une adresse et viens me rejoindre ce soir. Avril partira et moi je reste chez elle toute la soirée avec les filles. C'est plus facile avec toutes les choses qu'elles aient besoin, couches, biberons et tout ça.

— Zack, quel âge elles ont!

— Dans trois semaines elles fêteront leur premier anniversaire.

— Zack, tu dois le dire à nos parents.

— Viens ce soir et nous en discuterons plus en détail. On ira prendre un verre après.

— Très bien, j'y serai.

Zoé retrouva Zack chez Avril. Quand Zoé vit Avril, elle comprit mieux pourquoi Zack lui avait parlé et était si bouleversé. Avril était avec sa mère, elle semblait très malade, sa mère la poussait dans un fauteuil roulant et on pouvait voir qu'Avril n'en avait pas pour longtemps et que ce n'était certainement pas elle qui s'occupait de ses filles.

— Zack…Avril!

— Oui, il est là le problème. Nous allons nous occuper des filles et nous en discuterons après tu veux.

— Oui…je veux les voir.

— Je vais plus que te les présenter. Tu vas m'aider à leur donner un bain ce soir. Prépare-toi, car elles aiment bien m'arroser.

Zoé profita au maximum de ses nièces, des jumelles identiques. Elles étaient si mignonnes. La mère d'Avril revient après que les filles étaient couchées. Elle discuta avec Zack dans la cuisine. Ensuite Zack et Zoé décidèrent d'aller chez Zack pour discuter de la situation.

— Avril semble très malade.

— Oui, elle l'est. Je ne l'aime pas d'amour, mais c'est quand même pénible de la voir comme cela.

— Elle va mourir sous peu. Sa mère vient de m'annoncer qu'elle est entrée à l'hôpital et que probablement qu'elle n'en ressortira pas.

— Mon parvre Zack, je suis tellement désolé pour toi.

— Moi, c'est pour les filles que je suis désolé. Perdre leur mère si jeune.

— Oui, qu'est-ce qu'elle a exactement?

— Cancer.

— Qu'est-ce que tu vas faire?

— Sincèrement, depuis la naissance des filles qu'Avril a développé son cancer et sa mère vient de me dire qu'elle ne veut pas continuer à prendre soin des filles. Que cela lui rappellera trop sa propre fille et que si elles ne les avaient pas eux, qu'elle n'aurait peut-être pas le cancer aujourd'hui.

— Zack, on ne peut pas dire une chose pareille, c'est une hypothèse ridicule.

— Elle ne veut plus les revoir. Elle dit que si je ne les prends pas, elle les donnera en adoption.

— Non Zack non. Tu es leur père, tu te dois de les prendre. Quelle horreur! Comment peut-elle dire une chose pareille?

Zack se mit la figure dans ses deux mains. Il ne savait plus quoi faire. Une chose était sûre. Pas question de laisser tomber son rêve. Il voulait vivre à la campagne.

Zack ne pleure pas s'il te plaît. Je vais t'aider. Si tu veux, Ted et moi pourrions les prendre une fin de semaine sur deux pour t'aider à gérer. Je suis certaine que quand les parents sauront ils t'aideront aussi. Ils peuvent même peut-être vous prendre dans la maison avec eux.

— Je me vois oui, retourner chez mes parents et en plus avec les deux plus belles créatures.

— Tu l'as dit. Deux belles créatures dont tu ne peux pas te défaire. Sinon, je vais les adopter.

— Quoi, non je veux les garder. Juste à y penser, j'en ai des frissons. Je ne peux pas imaginer les donner en adoption, impossible Zoé.

— Bien, c'est ce que je voulais entendre.

— Quand dois-tu les prendre?

— Hum, imagine que sa mère voulait que je les amène avec moi ce soir, car elle veut consacrer son temps pour Avril. Je la comprends. Je lui ai dit que je viendrais chercher les filles et tous leurs meubles et autres. Dieu sait qu'elles en ont des autres choses. Je leur ai tous donné ce dont j'ai pu Zoé, tout.

— Maintenant il leur faut un père à temps plein. Ne t'inquiète pas Zack. Tout ira bien.

— J'ai autre chose à te dire.

— Ne me dis pas que tu as un autre enfant parce que je t'étrangle.

— Non, non. Ç'a été ma seule folie.

— Ah! c'est mieux. Quoi donc Zack, dis-moi….Tu viens de m'immuniser alors ça ne peut pas être pire.

— Depuis un bon bout de temps maintenant, j'ai un rêve et c'est aller vivre à la campagne. Je crois que ce serait bien d'élever mes filles à la campagne, tu ne trouves pas.

— Oui, mais ça va te faire beaucoup de voyagement, alors comment comptes-tu faire pour les filles.

— J'aimerais ouvrir un cabinet à la maison. Ce sera idéal aussi pour mes filles, je pourrais travailler aux heures que je veux.

— Plutôt aux heures que tu pourras.

— Très drôle, c'est ce que je voulais dire.

— Oui, mais nous ne serons pas près de toi pour pouvoir t'aider.

— Je sais, je compte aller à environ une heure du Centre ville de Vancouver. Je vais engager une nounou ce qui m'aidera beaucoup.

— Ça semble faisable. Mais je vais te manquer. Pourquoi ne gardes-tu pas un pied d'encrage au cabinet et venir une fois par semaine. Tu pourrais quand même utiliser tout le matériel et tout ça. Cela te coûtera moins cher pour démarrer ton cabinet.

— Bonne idée, si nos parents acceptent.

— Zack, nos parents ont toujours tout fait pour nous. Tu sais très bien qu'il n'y aura pas de problème de se côté voyons.

— Je sais, mais je ne suis pas content de moi-même, avoir fait une chose pareille.

— Ça peut arriver à tout le monde, regarde Ogan et Amélia.

— Oui, mais au moins lui il l'aime et c'est réciproque.

— Oui, mais ce qui est fait est fait, tu dois gérer maintenant.

— Est-ce que tu peux m'aider demain à prendre soin d'elles du temps que je déménage leurs choses ici.

— Oui, mais Zack. Pourquoi déménager les choses ici avant de parler à maman et papa. Je suis sûre qu'il serait préférable que tu ailles chez eux avec les filles jusqu'à ce que tu te trouves un endroit et que tu t'installes avec elles.

— Il est très tard. Je ne suis pas pour les déranger ce soir.

— Je crois qu'ils vont s'en remettre.

— On les appelle.

— Tu es fou, on va les voir. Je n'oserais pas dire ça au téléphone.

— Ça y ait, tu viens de m'enlever le peu de confiance que j'avais.

— Allez viens.

— Zoé, il est préférable que nous ne parlions pas d'un déménagement à la campagne ce soir. Je vais assez leur briser le coeur et les décevoir pour l'instant.

— Zack, ne pense pas comme cela. Regarde comment bien ils ont pris la nouvelle pour Ogan, pourquoi cela irait mal pour toi?

— Parce que Ogan est le cadet et que papa et maman adoraient déjà Amélia.

Ils arrivèrent chez leurs parents. Ils avaient encore tous une clé pour entrer. Zoé alla réveiller ses parents, ils leur expliquaient la situation. Frédérick et Johannie étaient des plus surpris, mais aussi les grands-parents les plus heureux. Ils étaient pour garder les filles le lendemain pour que tous puissent se mettre au déménagement.

— Je t'avais bien dit.

— J'ai bien hâte de voir leur réaction quand ils les entendront crier les deux ensembles. Je crois que je vais même devoir m'acheter des bouchons pour les oreilles.

Zack était mieux maintenant qu'il s'était enlevé ce poids, ce grand secret.

Le déménagement s'effectua en vitesse. Tous étaient surpris de voir Zack avec des jumelles.

— Té d'la merde, t'aurais quand même pu nous le dire.

Zack avait une de ses filles sur lui. Il la regarda et s'adressa à elle.

— Ça Zakarianne, c'est le pas très gentil oncle Michaël et il doit surveiller son langage devant des enfants.

— Zakarianne!

— Oui, disons que je n'ai pas eu à choisir les noms O.K., tu pourras l'appeler Anne si tu veux.

— Et l'autre, pas Suzianne hein.

— Non, mon autre amour est Zoyanne et oui je sais. Elle en avait des idées leur mère.

— Quels beaux noms.

— Merci Michaël. Si tu restes gentil avec leur père et que tu surveilles ton langage, je te permets de les prendre.

Zack engagea une infirmière qualifiée d'une agence pour prendre soin des filles le jour durant son travail et les parents de Zack décidèrent qu'il serait bien de prendre une étudiante en éducation juvénile à domicile. Elle irait à l'école le jour et elle s'occuperait des jumelles le soir, ainsi que la nuit si nécessaire. La situation était idéale, à l'exception qu'il se sentait à la case départ en étant retourné vivre chez ses parents. Il mit son condo à vendre et débuta sa quête pour un endroit à la campagne.

Un an plus tard, il était toujours chez ses parents. Entre son emploi et ses filles, il n'avait plus de temps à lui. Mais il était heureux et ne regrettait pas une seconde d'avoir pris ses filles avec lui.

Une journée, il devait aller rencontrer un client qui était malade et avait demandé à le voir et de se déplacer jusque chez lui. Ce n'était pas dans ses habitudes à lui de faire cela, mais bon une fois n'est pas coutume.

La ferme où habitait M. John était à White Rock, sur les lignes entre le Canada et les États-Unis. Il y passa la journée à discuter, mais il ne pourrait pas être celui qui le défendrait, car cette cause ne tombait pas dans son domaine. Il lui fallait prendre une autre firme d'avocat. M. John ne lui avait pas bien expliqué son problème et Zack réalisa à lui parler que sa maladie le mettait quelquefois confus.

Il décida de longer la route côtière pour le retour à la maison. Il savait qu'il n'avait pas à s'inquiéter pour les filles et cela lui ferait du bien. Il aimait tellement être sur le bord de la mer. Après quelques kilomètres il vit un terrain à vendre qui donnait sur le bord de la mer. Il s'arrêta pour prendre les informations en note et décida qu'il téléphonerait quand les filles seraient endormies ce soir. La noirceur tombait déjà. À quoi bon téléphoner maintenant?

Zack était arrivé trop épuisé. Il décida de téléphoner le lendemain, mais quelques jours passèrent sans qu'il n'ai téléphoné pour avoir des informations sur le terrain.

— Zack, tu te rappelles quand tu m'as parlé de tes filles pour la première fois.

— Oui, ça fait déjà un an.

— Oui, déjà un an comme tu dis. Tu n'as toujours pas réalisé ton rêve. As-tu changé d'idée?

— Non, c'est juste que je n'ai plus beaucoup de temps pour moi. Mais tu sais, l'autre jour j'ai vu un terrain à vendre sur la rive, je n'ai toujours pas téléphoné… Je devrais le faire, j'en ai tellement envie. Mais je me demande si cela plaira aux filles.

— C'est beau de t'entendre dire cela ''si cela plait aux filles''.

— Ne te moque pas Zoé c'est très important pour moi maintenant.

— Oui, c'est ce que j'ai senti dans cette phrase. Tu dois l'essayer. Tu n'as rien à perdre.

— Non, probablement juste ma chemise à acheter ce terrain et faire construire une maison pour mes poupées.

— Comme si ta mère n'était pas millionnaire. Nous sommes tous des enfants très responsables et s'il nous arrivait de faire une erreur quelconque et nous tomberions pauvre….Maman nous aiderait.

— Je suis déjà celui qui est arrivé, du jour au lendemain à la maison avec deux belles fillettes d'un an je te rappelle. Je n'ai vraiment pas envie d'être celui qui fait toutes les erreurs dans la famille.

— Bon. Si tu le dis, mais je crois que tu devrais te renseigner et Ted, toi et moi devions aller voir ça. Nous pourrions aussi amener les filles. Ça leur fera prendre de l'air de la campagne.

Zack pensa à ce que sa soeur lui avait dit. C'est vrai qu'il n'avait rien à perdre. Il devait foncer dans la vie pour ses filles. S'il avait pensé un jour être père à temps plein, du jour au lendemain, il aurait bien ri de celui qui aurait osé y penser. Il vivait maintenant juste pour ses filles. C'était un cadeau du Bon Dieu.

— Bonjour Zack.

— Bonjour Amélia, tu es matinale pour être dans mon bureau ce matin. Tu viens au café dans la cuisine?

— Oui, je veux bien t'accompagner. Mais tu dois faire vite, tes parents font une réunion d'urgence dans la salle de réunion dans dix minutes.

— Hein! Qu'est-ce qu'il y Amélia!

— Zack, n'essaye pas savoir, je ne parlerai pas. Allez au café et en réunion.

— Aaaaaaaaaaaa

— Bon matin les enfants.

— Trop de bonne heure papa.

— Arrête Ogan, c'est important.

— Brrrrrrrrrrrr

— Plus un mot de vous, votre mère et moi avons à vous parler.

Soudainement Zack devint très pâle.

— Ah non! s'il vous plaît, ne me dites pas qu'ils vont annoncer leur retraite pour s'occuper de mes filles. Je ne pourrais jamais leur briser le coeur en leur disant que je veux partir et m'installer à la campagne.

Zoé le regardait, elle avait bien deviné ses pensées et son inconfort.

— Maman, papa, vous n'allez quand même pas nous annoncer que vous prenez votre retraite à 8h00 le matin.

— Non. Ce n'est pas ça Zoé.

Zoé vit que Zack avait pu reprendre une respiration normale. Elle savait que c'était ce à quoi il avait pensé. Il lui fit signe, seulement avec un regard ces deux-là se comprenaient. Michaël les observait.

— Que manigancez-vous vous deux?

Zack et Zoé partirent à rire, car cela faisait très longtemps qu'ils n'avaient utilisé cette force de dialogue par le regard. Ils étaient deux beaux complices.

— Pas de tes affaires le grand.

— Écoutez les enfants. Nous allons faire vite pour vous libérer à votre caféine. Nous avons pensé qu'il serait grand temps de faire une réunion familiale pour établir et regarder à nos testaments. Pour exemple Zack, tu n'as rien d'établi pour les filles.

— Je sais, je dis toujours que je vais le faire et ce n'est toujours pas fait. Mais je sais aussi que vous êtes une très bonne famille et qu'on s'aime tous. Alors de là ma faiblesse, je crois.

— Oui je sais. Mais nous allons préparer quelque chose votre mère et moi et allons vous donnez toute l'information à savoir où et quelle date sera tenue cette réunion.

— On ne fait pas cela ici. Ce n'est pas long.

— Ce sera long et c'est un travail important.

— Ah! pouvons-nous retourner à notre… caféine.

— Oui Zack. Je te croyais réveillé quand tu partais de la maison.

— Non, je crois que je ne dors pas bien. J'ai toujours cette peur que les filles se réveillent et que personne ne les entende.

Ils sortirent tous en riant de Zack. Un an plus tard et il ne dormait toujours pas bien.

— Pauvre garçon, imagine quand elles auront quinze ans.

— Maman, ne me dis pas ça, c'est déjà assez difficile.

— Elles crient fort chéri, il ne faut pas avoir peur.

— Ah! bonne journée maman… Tu ne comprends pas.

Frédérick et Johannie se regardèrent d'un drôle d'air.

— Johannie, je crois que nous avons un garçon en ménopause avec un commentaire pareil. Ah! Ah ! Ah !

Zoé vint discuter avec Zack pour le pousser à téléphoner pour son terrain avant que la scène de ce matin soit la bonne et que Zack sente qu'il ne peut plus parvenir à son rêve. Il prit rendez-vous pour le samedi suivant pour 10h00 le matin, comme cela ils auraient tous le temps de profiter de l'air pur de la mer.

Ted, Zoé, Zack et les deux filles partirent pour l'aventure d'une journée. Zack espérait secrètement que son rêve se réalise. Après avoir visité le terrain. Zack avait mentionné qu'il viendrait probablement visiter avec un ingénieur et qu'il prendrait sa décision ensuite. Ils se rendirent au centre-ville.

— Ouf, ce n'est pas le centre-ville de Vancouver mon ami.
— Non je sais Ted, mais j'ai toujours rêvé à cette tranquillité au bord de la mer.
— Tu sais que je te vois avec tes filles depuis un an et que je me dis encore que mon ami Zack est disparu, c'est toi en mieux maintenant. Y'était quand même temps que tu te cases.
— Tu trouves que je suis casé hein. Avec deux filles qui me cassent les tympans quand je dis non.
— Ted chuchota à l'oreille de Zack.
— Tu crois que c'est différent avec une tigresse comme Zoé.

Ils riaient, Zoé les regardant d'un air mesquin. Elle avait bien deviné qu'ils la taquinaient à l'air qu'ils avaient de la regarder.

— Tiens oncle Ted, si tu te rendais utile au lieu de parler de moi.
— Non, je n'aurai jamais fait ça chérie.
— Il l'embrassa en prenant Zakarianne.
— Zoé, comment fais-tu pour toujours les reconnaitre? Je n'y arrive pas.
— Une affaire de jumeaux identiques. Laisse tomber.

Zack riait. Les filles avaient des rubans différents dans les cheveux et c'est la façon de faire la différence du jour.

— Chut toi.
— Tigresse hein.
— Ne me fais pas dire des conneries devant les filles.
— Surtout pas, elles répètent tout.

Ils passèrent la journée à visiter les boutiques touristiques, le magasin général et les quelques rues du centre-ville. Ils allèrent ensuite s'installer à la plage publique et jouer avec les filles.

Zoyanne tomba sur une huitre et se coupa la cuisse. Elle pleurait, criait et saignait beaucoup. Zack était plus pâle qu'une feuille de papier. Il avait pris Zoyanne dans ses bras et il criait plus fort qu'elle.

— Un docteur, y'a-t-il un docteur ici? Appelez une ambulance.
— Zack, calme-toi. Nous allons lui mettre une compresse et l'apporter nous-mêmes à la clinique, je l'ai vu quand nous ….
— Je suis médecin, la seule de la région vraiment. Je peux la voir.
— Ah! oui docteur vite elle saigne beaucoup.
— Ça va aller, ne vous inquiétez pas. Je crois que vous deviez vous asseoir.
— M'asseoir, m'asseoir!

Ted avait pris Zakarianne dans ses bras qui elle aussi pleurait de voir sa jumelle pleurer. Ted mit la main sur l'épaule de Zack et lui dit qu'il serait plus que préférable qu'il s'assoit et se ferme, car il était pour empirer les pleurs des filles. Zack s'assit sur le banc à côté de Zoyanne tandis que le médecin l'examinait. Ted avait amené Zakarianne plus loin pour qu'elle n'entende plus sa jumelle pleurer et il finit par pouvoir la calmer.

— Vous pouvez l'apporter à la clinique et je vais désinfecter cette plaie et peut-être lui faire quelques points de suture. Nous allons pouvoir savoir seulement après avoir bien nettoyé.

— J'étais venue à la plage à pied, je peux embarquer avec vous.

— Oui, venez.

Le médecin regarda Zoé avec un air d'espérance.

— Vous conduisez, j'espère.

— Ah! Ah! certainement si on veut survivre à la première épreuve de mon frère en tant que père.

— Je vais m'asseoir à l'arrière avec Zoyanne. Mais où sont Ted et Zakarianne.

— Ils sont partis marcher. Je vais lui téléphoner de la clinique. Il surveillera les choses le temps qu'on revient les chercher.

— Tu devrais peut-être rester avec eux. Ted…

— Non, assois-toi et ferme-la.

— C'est gentil ça, merci Zoé. Je ne veux pas deux accidents la même journée.

— J'ai dit, ferme-la.

Maggie riait de les voir s'engueuler et de voir comment Zack réagissait au premier bobo d'une de ses filles. Zakarianne s'était calmée.

— Zakarianne et Zoyanne, deux très beaux prénoms. Et elles sont très belles vos filles monsieur.

— Merci, appelez-moi Zack.

— Zack, moi c'est Maggie.

— Vous êtes de passage Zack.

— Je suis venu voir un terrain qui est à vendre au bord de la mer.

— Et qu'en pensez-vous?

— Je ne sais pas encore, mais c'est un rêve pour moi d'avoir un terrain sur le bord de la mer. Aussi d'élever mes filles à l'air pur, j'aimerais mieux que la ville.

— Oui, c'est certainement un bon choix.

Zoé les écoutait discuter tous les deux le temps de se rendre à la clinique et d'installer Zoyanne sur une table pour l'examiner. Soudainement en une fraction de seconde, elle savait que son jumeau n'avait d'yeux que pour Maggie. Elle était avec eux, mais c'était comme si elle n'était pas là. Zoé regarda Zack dans les yeux.

— Zack!

— Zoé.

— Je vais sortir pour téléphoner Ted.

Zack savait qu'elle savait. Cette femme l'avait fasciné en un clin d'oeil.

— Ted, tu ne croiras pas ce que je vais te dire.

— Où tu es. Zoyanne va, bien j'espère.

— Oui très bien. Elle va peut-être avoir quelques points de suture tout au plus. Ted, Zack lui est tombé dans l'oeil.

— De qui?

— Le médecin.

— Zoé, voyons elle vient de nous apparaître il y a trente minutes, ce n'est pas un peu vite pour dire ça.

— Non, je te le dis. Il va acheter ce terrain et il est amoureux de cette fille, elle s'appelle Maggie.

— À la blancheur que ton frère avait, j'ai plus l'impression qu'il ne voudra plus jamais amener les filles sur une plage.

— Ah! nous arrivons bientôt, je les vois sortir et Zoyanne sourit. C'est bon signe. Et pour ce que je t'ai dit, on va bien voir. Je parie avec toi que le terrain va être acheté et la construction va commencer la semaine prochaine. Je crois même qu'il va superviser les constructions de sa maison de très près. Il va même peut-être oser prendre un marteau et devoir aller voir le médecin pour panser ses petits bobos.

— Zoé, elle est peut-être avec quelqu'un, tu ne sais pas.

— Ça avait l'air aussi intense de son côté. Mais je vais quand même essayer de m'informer. Nous allons bien la ramener à la plage. Je te laisse, je les rejoins.

— Zoyanne va bien.

— Oui, ça va aller.

— Et papa va bien aussi?

— Très drôle. Bien j'ai réagi un peu fort, mais ç'a été plus fort que moi.

— Maggie, on vous ramène à la plage?

— Oui, j'aimerais bien j'y ai laissé toutes mes choses.

— Maggie, je me demandais s'il y avait des avocats dans le coin.

— Non malheureusement, les gens doivent aller à Vancouver. Pourquoi, vous avez besoin d'un avocat?

Zoé et Zack se mirent à rire.

— Nous, nous sommes d'une famille d'avocats, mais si j'achète le terrain donc je vous parlais, j'aimerais ouvrir un cabinet à la maison avec les filles ce sera pratique.

— Oui certainement, mais ce n'est pas comme s'il y avait beaucoup de travail pour un avocat à temps plein dans le coin.

— Je garderai ma place en ville et j'irai une journée par semaine.

Zoé regardait Zack dans le rétroviseur. Il ne la voyait pas du tout.

— Ça y est, ça recommence. Ils m'ignorent complètement tous les deux. Je me sens de trop dans cette voiture et en même temps je suis si contente pour mon frère. De pouvoir vivre ce moment avec lui. Je me demande s'il réalise qu'il est déjà dingue de cette fille. Je dois faire ma petite recherche avant que nous arrivions à la plage.

— Maggie, vous vous plaisez ici avec votre famille?

— Je n'ai pas de famille ici, ils vivent de l'autre côté de Vancouver, mais je me plais beaucoup ici. Et moi aussi Zack je travaille une journée par semaine à Vancouver pour pouvoir faire mes cas d'hôpitaux.

— Comment trouvez-vous le voyagement avec votre famille?

— Hum, je suis seule. Ma famille vit toute de l'autre côté de Vancouver.

— Croyez-vous que je pourrais trouver une nounou pour les filles ici?

— Il y a bien une jeune fille qui gardait deux enfants à temps plein, mais le couple est reparti vivre à Vancouver et la jeune fille est restée ici.

— Zack tu devrais donner ton numéro à Maggie et si cela ne vous dérange Maggie, vous pourriez vous informer et téléphoner Zack si la jeune fille en question souhaite rencontrer Zack avec les filles.

— Oui sans problème.

Sur la route du retour, Zack n'était plus avec eux…il était resté avec cette fille en pensée.

— Zack, tu n'entends rien. Youhou!

— Ah! oui quoi.

— Té dans la lune, ou plutôt en Maggie.

— Ah! Zoé, ne dit de sottises devant les filles.

— Elles ont deux ans Zack, elles ne comprennent pas la signification. C'est plutôt toi qui ne veux pas m'en parler.

— Tu sais Zack qu'elle dit déjà que tu es amoureux de cette belle Maggie et que tu vas acheter le terrain…ainsi que commencer la construction la semaine prochaine. Comme si c'était faisable et que tu avais déjà tous les plans de la maison.

— Ted, sais-tu disais tout à l'heure que Zoé était une tigresse.

— Les gars, je vous ferais remarquer que je suis dans la voiture.

— Eh bien non, c'est une sorcière. Quelquefois j'ai envie de l'étriper tellement elle lit en moi. Hum, j'ai déjà téléphoné pour l'achat du terrain, pour les avocats sans problème, j'en connais une qui va devoir se libérer très vite pour moi et mes plans sont partis il y a une heure chez l'entrepreneur.

— Ah! Je te l'avais bien dit Ted.

— Oui, mais Zoé quand même, je ne suis pas assez bête pour faire tout ça parce que Maggie a été très gentille avec Zoyanne.

— D'autre qu'à moi Zack.

Tout se passait comme Zoé l'avait prédit. Le chantier commençait quatre jours après la visite du site. Par contre Zack appréhendait sa soirée. Il était pour apprendre à ses parents qu'il partait avec les filles pour vivre à la campagne et qu'en plus il ne viendrait pas travailler au cabinet d'avocat familial chaque jour qu'il s'ouvrirait un cabinet à la maison. Zoé l'avait déjà devancé sans qu'il le sache, elle avait parlé avec sa mère parce que Zack avait très peur de faire une erreur et que son cabinet ne fonctionnerait pas à la campagne. Sa mère avait rassuré Zoé. Tout s'était bien passé pour Zack, pour lui ses parents ne semblaient pas trop déçus et l'encourageait à vivre son rêve.

— Merci à vous deux. Vous avez été d'une aide incomparable.

— Zack, nous sommes tes parents et les grands-parents de deux jolies petites filles. Pour nous c'est merveilleux de pouvoir te voir épanoui à nouveau.

— Je suis très heureux c'est vrai. J'ai bien hâte de vous montrer cela.

— Zack ton père et moi avons pensé que tu devrais prendre ce chèque pour t'aider à réaliser ce rêve en toute quiétude.

— Ah! non je ne peux pas, vous m'avez déjà tellement aidé en nous prenant ici les filles et moi. Ça va bien aller j'en suis sûre.

— Zack, tu prends cet argent un point c'est tout. Prends-le pour les filles.

— Zack se résigna en voyant Frédérick si catégorique.

— Merci papa, merci maman. Je ne vous serai jamais assez reconnaissant.

Zack n'avait pas osé regarder le montant du chèque devant eux. Arrivé à sa chambre, il déposa le chèque sur sa table de chevet et alla voir les filles. Son téléphone portable se mit à sonner. Il décida de ne pas répondre et de border les filles lui-même ce soir. Quand il retourna à sa chambre, il vérifia son portable. C'était un message de Maggie. Elle disait que la jeune fille qui se nommait Barbara voulait bien le rencontrer. Elle travaillait présentement dans une garderie, mais qu'elle préférait de beaucoup en foyer privé. Elle lui laissa le numéro de Barbara pour qu'il communique avec elle pour prendre rendez-vous.

— Merde! j'ai manqué son appel. J'aurais dû répondre. Maintenant je n'ai pas son numéro. Moi qui voulais l'inviter pour un café. La seule chose à laquelle je pense nuits et jours est Maggie et je manque son appel. Je ne peux plus me sortir cette femme de la tête, pourtant je le devrais, car qui veut d'un homme avec deux si jeunes enfants.

Il était séparé entre ses filles, son travail et la construction de sa maison. Avec le chèque volumineux que ses parents lui avaient donné, sa maison et son terrain étaient payés. Il n'avait qu'à subvenir aux besoins de ses deux filles. Il se devait de ne penser qu'à elles. Sa vie sociale pouvait bien attendre quelques années.

— Zack, il y a un M. Julian Roberts pour vous voir, mais je ne le vois pas à l'agenda.
— Fait-le entrer c'est bon.
— M. Roberts, vous pouvez vous rendre dans le bureau de Maître Zack Mezzo. La deuxième porte à votre gauche.
— Merci.

Zack le fit asseoir poliment.

— Hein! je voulais vous dire que ma grand-mère s'est rappelé ce que votre nom de famille lui disait. Elle ne se rappelait pas au début et hier elle m'a tout débité ça.
— Julien vous allez devoir m'en dire plus que cela si c'est pour vous défendre.
— Ce n'est pas ce que tu penses Mezzo.
— Oh! y'a un problème là. Ne me parlez pas sur ce ton Julien.
— Tu sais ce que ça lui disait le nom Mezzo à ma mère?
— Non, dites-moi.
— Hé bien! les parents de ta mère ont tué les miens et il a été prouvé que ton grand-père était en état d'ivresse. T'imagines! Un juge.
— Qu'est-ce que tu dis Julien, viens au but. Je sais que mes grands-parents sont décédés dans un accident de voiture.
— Oui, hé bien ils étaient quand même ceux qui ont causé l'accident et tués mes parents.

— Bon, nous allons dire que tes parents et mes grands-parents sont décédés dans cet accident.

— Ma grand-mère m'a prise sous son aile, mais elle aurait voulu faire un procès à ta mère. L'argent n'y était pas…tu vois.

— Non je ne vois pas. Qu'est-ce que tu veux?

— De l'argent, qu'est-ce que tu crois? J'avais trois ans et je n'ai pas connaître mes parents à cause de cela. Aussi en vivant avec ma grand-mère, je n'ai pas pu faire d'études convenables. Je veux un dépannage…tu vois là. Sinon je fais un carnage avec cela.

Julien se leva et se dirigea vers la porte. Il se retourna et ajouta.

— Un beau million dans une semaine. Je vais revenir le chercher ici, dans ton bureau et n'essaie pas de me jouer, sinon ce sera le scandale.

— Ordure, tu crois pouvoir nous faire chanter avec un accident qui est arrivé il y a environ quarante ans. Mais tu rêves Julien.

— Je vais te téléphoner dans une semaine, si tu me dis que tu n'as pas l'argent. La bombe explosera dans tous les médias.

Zack était estomaqué. Il sortit de son bureau pour aller voir sa mère, mais Julien revenait vers lui. Il lui chuchota à l'oreille.

— Attention à Zakarianne et Zoyanne.

— Espèce d'enfoiré, ne touche jamais un cheveu de mes filles sinon c'est vraiment à mon autre moi que tu auras à faire. Je vais t'étrangler.

Frédérick et Michaël entendirent Zack et ils sortirent de leur bureau pour rejoindre Zack. Frédérick demanda à Julien de sortir du cabinet.

— Qu'est-ce qui t'a pris Zack de perdre ton calme comme cela. Je ne t'ai jamais vu comme cela.

— Oui, hé bien je ne serai pas le seul à être dans tous ces états quand je vous aurai dit ce que cette espèce d'ordure prépare contre nous. Réunion de famille au complet immédiatement.

— C'est sérieux mon fils.

— Oui papa, il n'y a pas plus sérieux. Je passe un coup de fil et vous rejoins.

Zack appela pour voir si les filles allaient bien. Tout allait bien, mais son inquiétude était là maintenant à le tourmenter constamment.

— Écoutez-moi bien. Julien Roberts, un client que j'ai eu pour ivresse au volant est revenu me voir avec une histoire à propos de nos grands-parents, tes parents maman, aurait été trouvé coupable de l'accident dans lequel ils ont trouvé la mort, ainsi que les parents de Julien.

— On ne m'a jamais dit que mes parents ont été trouvés coupables. De toute façon, qu'est-ce qu'on aurait pu faire? On ne peut pas les accuser s'ils sont morts.

— C'est bien mon avis maman, mais Julien dit qu'il va porter cette histoire dans les médias parce que grand-papa était un juge et qu'il a été prouvé qu'il était en état d'ivresse.

— Mais pourquoi je n'ai pas été mise au courant de tout cela à la mort de mes parents?

— Johannie, je crois que le mieux serait d'avoir une copie du rapport de police et nous jugerons à partir de là.

— Non papa, il me donne une semaine pour lui donner un million de dollars…que je n'ai pas et…et…..Ah merde! il est revenu sur ses pas et m'a chuchoté à l'oreille le nom de mes deux filles papa.

— Quoi! J'appelle immédiatement Ted pour qu'il les protège.

227

— Zoé. Le problème est qu'il a menacé toute la famille. Je ne suis pas le seul à avoir des enfants à protéger.

— Nous allons le faire arrêter immédiatement.

— Papa, le problème c'est que si tu le fais arrêter, il va ouvrir sa grande gueule pareille et nous aurons un scandale assuré.

— Je crois qu'il serait sage pour la protection de la famille le temps que nous règlerons ce problème, ce serait de tous retourner chez-vous maman et papa pour pouvoir protéger les enfants sans que les médias ne soient pas informés.

— Je suis parfaitement d'accord avec Michaël. Nous pourrons protéger nos enfants nous-mêmes.

— Très bien, tous ceux qui n'ont pas à rester ici pour le travail, tous à la maison. Allez chercher les enfants. Nous allons reparler de tout cela à la maison. Papa et moi allons passer au poste de police pour pouvoir avoir ce rapport dans les brefs délais.

— Amélia va avec Zack et je vais chercher les enfants et vous rejoindre.

Zoé sortit de la salle de réunion et elle téléphona immédiatement à Ted son époux qui était détective privé devra sûrement pouvoir faire quelque chose.

— Ted mon chéri tu dois nous aider. Zack et ses filles ont été menacés par un fou, je t'expliquerai plus tard, mais je voudrais que tu puisses aller protéger les filles. Nous allons tous à la maison de nos parents nous aussi, mais je préfère que tu sois là.

— Sans problème Zoé, j'y serai dans dix minutes, je suis tout près.

— Merci, je vais te rejoindre.

— Je viens de recevoir un texte, c'est de Julien.

— Merde, il ne perd pas de temps celui-là. Qu'est-ce qu'il dit?

— Qu'il a changé ses plans, car il croit que je vais le doubler! Aussi que maintenant il possède des informations concernant les avoirs de maman et qu'il demande deux millions….Un pour Zakarianne et un pour Zoyanne.

Zack tomba sur la chaise, il avait les larmes aux yeux. Zoé était déjà à téléphoner à la maison pour demander à la nounou des filles de voir si elles allaient bien, de les garder à vue en tout temps et que Ted devait être là d'une minute à l'autre.

— Les filles vont bien Zack, ta nounou vient de me le confirmer à l'instant.
— Vite les enfants, à la maison immédiatement.

Ted arriva et personne ne lui répondait à la porte. Il fit le tour de la maison et entra par la porte-fenêtre où il vit la nounou en train de préparer les filles et Julien se tenait à côté d'elle avec une arme sur sa tête.

Ted n'eut aucun problème à le désarmer et l'étendre sur le plancher. La nounou Kalli, composa vite les urgences. Elle prit les filles et les amena au salon. Elle était soulagée de voir la famille entrer.

— Kalli comment allez-vous? Ted est à la cuisine monsieur, il a arrêté le gars. Il voulait prendre les filles, il avait une arme…j'ai eu si peur.
— Désolé pour cela Kalli, tout va bien aller maintenant.

Zoé et les autres s'étaient déjà précipités dans la cuisine.

— Hé Zack! je vais t'avoir quand même.
— Ta gueule Julien.

— Est-ce que cet imbécile oublie que nous sommes tous avocats? Nous allons lui coller tout ce que nous pouvons sur le dos pour nous assurer qu'il ne ressorte pas du trou pour longtemps, très longtemps.

Zack s'approcha et lui mit son pied bien placé dans les côtes. Ses frères l'arrêtèrent.

— Hé Zack, wow ne gâche pas tout. Je voudrais le frapper à mort moi aussi, mais cela pourrait se retourner contre nous et nous ne voulons pas qu'il ne puisse s'en sortir d'aucune façon.
— Je voulais le tuer.
— Oui je comprends. Va au salon voir tes filles.

Ted l'arrêta, mais Zack n'était pas prêt de se calmer. Tant d'émotion en quelques heures. Il était maintenant encore plus déterminé de déménager au plus vite à la campagne et de s'occuper de causes plus sûres pour la sécurité de ses filles. Il savait bien que cela n'était pas relié à une cause à risque qu'il avait prise, mais quand même.

— À l'avenir, aucune cause à risque pour moi.

Il avait apporté les filles dans son lit pour les endormir. Il n'arrivait pas à se résigner de les apporter dans leur lit. Il les regarda dormir quand Zoé entra dans sa chambre. Elle avait décidé de coucher chez ses parents pour pouvoir apporter un support à son jumeau, car elle savait qu'il en avait besoin en ce moment.

— Je suis allée voir les filles, mais quelqu'un les avait prises.
— Oui, regarde comme elles sont belles.

Zoé se coucha sur le lit de l'autre côté des filles et ils les regardaient sans rien dire, juste à les endormir. Plus tard Johannie entra pour voir comment Zack se portait. Elle vit que tous les quatre s'étaient là dans le grand lit, les jumelles au milieu, Zack sur un côté et Zoé sur l'autre. Les larmes coulaient sur ses joues. Elle était si émue de voir ce beau spectacle. Elle alla voir Frédérick pour lui montrer ça et tous deux étaient dans les bras l'un de l'autre à regarder les deux couples de jumeaux dormir paisiblement.

— C'est le plus beau spectacle que j'ai jamais vu Frédérick.

— Je suis d'accord avec toi Johannie, le plus beau. Surtout après l'émotion que nous avons eue aujourd'hui. J'ai eu si peur Johannie. Après avoir vécu l'enlèvement de Zoé, je croyais ne plus revivre cette peur.

— Oui, c'est trop. Le monde devient fou. Je crois que Zack aimerait vivre à la campagne avec ses filles.

— Je n'aurais jamais cru qu'il serait si mère poule par contre.

— Oui c'est vrai, moi non plus. Mais je suis si fière de lui. C'est un père merveilleux. Je lui souhaite de tout coeur de trouver une femme qui les aimera et qui les méritera.

— Oui. Que dirais-tu si nous allions prendre l'appareil photo et mémoriser ce beau moment?

— Quelle bonne idée? Nous partagerons cette photo avec la famille demain.

Le lendemain, tous les enfants étaient invités à venir déjeuner. Frédérick et Johannie partagèrent la merveilleuse photo.

— Vous nous avez photographiés quand ont dormait.

— Oh! nous avons fait plus que ça ma chérie, nous vous avons regardé dormir pendant au moins quinze minutes, nous avons pleuré à voir ce beau spectacle. C'est pour cela que nous avons décidé de partager ce moment avec vous tous.

— Merci papa, je garderai toujours cette photo pour que mes filles puissent voir cela quand elles seront grandes.

— Ça mon gars, ne le demande pas trop vite. Plus les enfants sont grands, plus les problèmes sont grands aussi.

Tous riaient. Ils formaient une famille attachante et soudée.

Zack prit quelques jours de congé pour aller sur le chantier de construction de sa maison. Il demanda aux entrepreneurs d'engager le plus d'hommes possibles, mais qu'il voulait que sa maison soit terminée le plus vite possible. Après avoir regardé les travaux actuels et évalués avec l'entrepreneur en chef quand il serait possible d'habiter la maison, il décida de se rendre au cabinet de médecin pour voir Maggie.

— Bonjour, est-ce que le Docteur…..Maggie plus tôt.

— Vous avez un rendez-vous.

— Non, non, c'est personnel. Dites-lui que si elle a le temps de me voir que c'est Zack.

— Zack. Très bien, assoyez-vous, je vais voir si elle peut vous recevoir.

— Désolé Zack, elle doit partir sur-le-champ, car sa mère est souffrante. Elle dit qu'elle vous rappellera.

— Sans problème. J'espère que tout va bien aller pour sa mère. Merci.

Il sortit du cabinet et se sentit vide. Il espérait tellement la voir. De toute façon, pourquoi se faire du mal pour rien? Il devait sauvagement se rappeler qu'il avait deux filles à prendre soin.

Quand il sera établi dans sa maison, où croyait-il avoir le temps pour courtiser une femme? Chaque fois qu'il pensait à elle pourtant, il ne pouvait s'empêcher de rêver de lui faire l'amour lentement, la savourer, la sentir se mouvoir sur son corps. C'était peut-être ça l'amour ou c'était peut-être juste parce qu'elle était la première femme à devoir se faire vouloir. Avant, il n'avait juste à regarder une femme et il l'avait dans son lit comme par magie. Maggie pourtant, ce n'était pas pareil. Il la respectait lui, il n'aurait même jamais osé l'amener dans son lit directement.

— Combien de temps sera-t-elle partie? Hum, je ferais mieux de retourner à mes filles pour l'instant, rien ne me sert de languir ici.

Il alla annoncer à ses parents que les travaux avançaient bien et que d'ici un mois, il serait en mesure de s'installer avec les filles.

— C'est bien pour toi mon chéri. Ton père et moi avons décidé que tu ne devrais pas prendre de nouveau dossier ici avant que tu sois installé et que tu aies ouvert ton cabinet chez toi. Après tu reviendras comme convenu ici une fois par semaine.
— Vous êtes des parents plus que merveilleux.

Zack s'installa avec les filles dans leur maison un mois plus tard comme prévu. Il avait une vue magnifique sur la mer. Les vagues claquaient sur les rochers, le soleil pénétrait dans la maison.

Les ouvriers s'affairaient à finir une grande terrasse à l'avant et quelques finitions restaient à faire à l'étage.

La première semaine il en profitait pour se promener avec les filles et la deuxième semaine, il était plus reposé. Il se levait avant les filles pour s'assurer d'avoir le temps de prendre un café seul sur la terrasse. Chaque matin c'était le début de la journée.

Deux mois après son arrivée, il voyait une personne sur les terres à côté des siennes qui se promenait à cheval chaque matin. C'était assez loin pour ne pas pouvoir distinguer la personne. Il trouvait ce spectacle merveilleux dans le décor qu'il avait à admirer chaque matin.

Barbara venait déjà chaque jour depuis qu'il avait emménagé. Aujourd'hui pour la première fois elle était pour passer la journée seule avec les filles. Il était rassuré par contre, elle était très responsable et les gens du village lui disaient que c'était un très bon choix qu'il avait fait. Zack ne voulait pas qu'elle habite chez-lui en permanence, car il avait toujours vécu avec des nounous et c'était bien, car ses parents avaient tous les deux une carrière et cinq enfants, mais lui voulait se sentir responsable de ses filles et seul chez lui le soir venu quand les filles s'étaient endormies. Il la payait très bien pour qu'elle soit toujours disponible en cas de besoin.

Cela faisait déjà trois mois qu'il était passé voir Maggie à la clinique. Elle ne l'avait toujours pas téléphoné.

Ce matin, il décida qu'il était temps d'inaugurer sa maison. Il allait inviter sa famille à venir pour un repas sur la terrasse si le temps le permettait.

— Bonjour maman.
— Bonjour Zack, tout va bien?
— Oui plus que bien. Serait-il possible pour toi de demander à toute la famille de venir souper ici samedi qui vient? J'aimerais inaugurer ma maison et aussi j'ai très hâte que vous la voyiez maintenant qu'elle est terminée. J'ai quatre chambres qui pourraient être partagées parmi vous.

— Ça tombe bien. Ton père et moi, nous sommes acheté une caravane pour pouvoir commencer à voyager. Nous allons avoir l'occasion de l'essayer.

— Merveilleux alors vous débutez votre retraite.

— Disons semi-retraite. Je vais passer ton message et te reviendrai demain avec la réponse à savoir qui viendra.

— Parfait. J'ai bien hâte de tous vous voir ici. Et le soir nous ferons un feu dehors. Nous pourrons initier les filles aux guimauves.

— Nous aussi nous avons bien hâte de voir cela terminé.

— Très bien maman. J'attends ton appel demain.

Barbara lui avait offert de rester pour l'aider à préparer le tout et recevoir sa famille.

— Je partirai quand votre famille sera arrivée.

— Pas question, vous resterez pour le barbecue et si vous voulez bien surveiller les enfants, je vous payerai pour votre journée. J'apprécie beaucoup.

— Non, je vous l'offre.

— Pas question. Je vous paye chaque fois que j'ai besoin de vous. C'était notre accord et il ne change en aucun terme.

— Très bien, c'est comme vous voulez.

Zack se demandait s'il devait oser retourner voir Maggie. Il avait une raison maintenant pour retrouver, il pouvait l'inviter à son souper. Elle connaissait déjà Zoé et Ted, elle se sentirait peut-être à l'aise de venir.

— Bonjour, est-ce que ce serait possible de voir Maggie?

— Attendez je vais voir, c'est bien Zack si je me rappelle bien.

— Oui, vous avez une bonne mémoire.

— Elle demande que vous attendiez. Elle n'en a pas pour longtemps.

Il prit place dans la salle d'attente. Il y avait deux dames qui attendaient. Elle n'aura sûrement pas beaucoup de temps à lui consacrer.

— Bonjour Zack, venez-nous allons aller dans mon bureau.
— Bonjour, je suis très content de vous revoir.
— Moi aussi, les filles vont bien?
— À merveille. Je suis passé, car je fais un souper pour ma famille et aussi pour inaugurer ma maison maintenant qu'elle est terminée et je voulais vous inviter aussi... Et vous pouvez venir avec votre ami si vous en avez un.
— Ah! Ah! non je n'ai pas d'ami. Quand faites-vous votre souper?
— Samedi et ensuite j'ai prévu faire un feu pour initier les filles aux guimauves.
— Oh! ça promet. Écoutez vous n'avez pas à vous sentir obligé de m'inviter, car....
— J'aimerais vraiment que vous veniez et je ne me sens pas obligé à quoi que ce soit. Aussi Barbara sera des nôtres. Elle va manger avec nous, mais aussi s'occuper des enfants.
— Barbara, elle me parle beaucoup des filles. Elle est merveilleuse cette Barbara. Bon très bien, je ne sais pas si je resterai pour le feu, mais je passerai.
— Super, je vous vois samedi.

Toute sa famille se rendit au souper. La maison était très vivante avec tous les enfants. Zack regardait la route constamment. Allait-elle venir?

Les enfants se mirent à crier soudainement. Tous les adultes qui étaient dans la maison sortirent au pas de course.

— Barbara, qu'est-ce qu'ils ont?
— Ils sont excités, car Maggie arrive à cheval.

Il la regarda venir vers la maison bouche bée. C'était elle la mystérieuse personne qu'il voyait le matin à cheval.

— Bonjour Zack, j'ai décidé d'en profiter pour prendre mon cheval, car je suis sur le terrain à côté de vous.
— Mais oui, alors c'est bien toi que je vois chaque matin.
— Oui, je commence toujours ma journée avec ma petite randonnée quand je n'ai pas de contretemps.
— Ah Maggie! ton cheval est magnifique.
— Merci, je te présente Rancho.

La fête se passait bien. Autour du feu, Maggie en avait profité pour prendre les filles tour à tour et elle semblait si à son aise avec des enfants dans ses bras. Mais pour l'instant, Zack c'est dans ses bras à lui qu'il voudrait avoir Maggie.

— Zack, je te remercie pour le souper et la soirée, c'était merveilleux et tu as une très belle famille. J'ai eu un très grand plaisir à pouvoir discuter avec chacun.
— Si tu veux, tu peux laisser Rancho ici et je pourrais te ramener chez toi.
— Non c'est impossible. Il pourrait être attaqué par un animal sauvage la nuit. Je dois le remettre à l'écurie. Je vais prendre le sentier sur le bord de la mer. Nous avons une très bonne lune ce soir, je n'aurai aucun problème.
— Ça irait si je marchais avec toi jusqu'à votre sentier. Nous pourrions discuter un peu. Nous n'en avons guère eu le temps ce soir.

— Tu vas laisser ta famille seule…
— Ma famille! Ne t'en fais pas pour eux.
— Alors j'aimerais bien.
— Je les avise et je reviens.

Zack se retourna vers la maison et il vit Zoé qui était derrière lui avec un gros sourire à lui fendre le visage.

— Ah toi! tu devrais te rendre utile au lieu de m'épier.
— Je ne t'épiais pas. J'ai vu que Maggie avait détaché son cheval, alors je voulais m'assurer de lui dire au revoir.
— Je croyais qu'elle venait de dire au revoir à tous.
— J'étais au petit coin mon frère.
— Au revoir Maggie. J'espère que nous nous reverrons bientôt. Zack pourrait te donner mon numéro et quand tu passes à Vancouver, si tu as du temps, nous pourrions aller prendre un café.
— J'aimerais beaucoup oui. Au revoir.
— Zack, prends tout ton temps…même la nuit. Je m'occupe des filles.
— Voyons Zoé, je ne ferais pas cela.
— Quoi! Je tombe de haut là. Toi qui sautais toutes les filles que tu rencontrais le premier soir et tu ne ferais pas ça. C'est une bonne celle-là. Alors si jamais…je suis là. Prends ça.
— Une bouteille de vin et deux coupes!
— Oui Zack, rien de plus romantique que de prendre un verre de vin sur le bord de la mer. Vous pourriez vous asseoir et prendre un verre.

Maggie s'était avancée vers eux.

— Je connais un bon endroit pour cela.

— Ah! tu es là. Tu…tu es d'accord?

— Oui. C'est bien ce que tu voulais parler un peu. Apporte-le.

— On y va. Zoé s'occupe de coucher les filles avec Barbara. En plus Barbara a offert de coucher dans la chambre des filles ce soir. Elle est merveilleuse avec elles. Les filles l'aiment beaucoup.

— Voici l'endroit où nous serons très bien pour prendre un verre de vin. Tu vois, on peut voir ma maison d'ici.

Ils s'étaient installés sur un gros rocher en silence et regardaient le coucher du soleil tout en sirotant leur verre de vin.

— Le coucher du soleil était merveilleux ce soir…surtout en ta compagnie.

— C'est réciproque.

— Merci pour la belle soirée. J'ai adoré ta famille. Ta grande famille je dois dire, moi qui suis habituée à être seule, c'était un bon divertissement. Il y avait longtemps que je ne m'étais permis de sortir.

— Pourtant ton cabinet ferme les portes à 16h00 et je serais surpris que tu sois appelée chaque soir pour des urgences.

— C'est parce que j'étudie par correspondance pour un cours.

— Nous sommes tellement bien ici, je crois que je n'ai pas envie de bouger tout de suite. Le clair de lune est tout aussi beau que le coucher du soleil.

— Oui c'est vrai. Si tu peux te le permettre, nous pourrions rester encore un peu.

— Pourquoi je ne pourrais pas me le permettre?

— Ta visite, les filles…

— Sans problème. Nous sommes une famille qui s'entraide beaucoup et si Zoé m'a mise à la porte avec une bouteille de vin, je dois la boire, car elle va me faire une scène.

— Ah! Ah! tu es près d'elle plus que des autres.

— Hé oui, je l'ai toujours eu sur les talons…c'est ma jumelle.

239

— Ah! c'est pour ça la grande ressemblance entre vous deux. Je comprends maintenant.

— Approche-toi, j'ai envie de ne plus parler et d'écouter les vagues avec toi. Savourons ce moment, nous aurons bien le temps de discuter une autre fois.

— Bien d'accord.

Maggie s'approcha de lui un peu timidement. Il la prit la rapprocha plus de lui encore et la pris et appuya sa tête sur son torse.

— Je suis vraiment bien.

— Moi aussi.

— Écoute les vagues, je pourrais passer ma vie dans cet instant magique.

Maggie releva la tête pour le regarder. Ils se regardèrent dans les yeux et Zack se pencha pour lui donner un baiser.

— Désolé je…

— Ne soit pas désolé Zack, je le voulais tout autant que toi.

— Habituellement je ne dis jamais à une femme que je suis désolé et sincèrement je ne sais pas ce qui m'a pris, car je ne le suis pas du tout.

Ils s'embrassèrent de nouveau, tendrement au début, mais la tension entrait de plus en plus en leur corps.

— Maggie, j'ai envie de toi depuis la première journée où je t'ai vu.

— Moi aussi Zack, on peut dire que cela faisait longtemps qu'un mec ne m'avait pas fait cet effet.

Il l'embrassa de nouveau et lentement ses baisés descendirent dans son cou, il lui chuchota plein de petits mots à l'oreille. Le corps de Maggie était déjà en éveil au moment où Zack avait posé ses lèvres sur les siennes. Il continua à l'embrasser tout en retourna à sa bouche et son cou puis il s'aventura sur ses seins.

— Ah Zack! j'ai tellement envie de toi, prends-moi je t'en pris.

Zack lui enleva son gilet. Maggie commença à défaire la chemise de Zack et lui enleva, elle voyait enfin ce torse dont elle rêvait chaque soir depuis sa première rencontre.

Zack devait se retenir, cela faisait si longtemps qu'il n'avait touché une femme sous prétexte de vouloir se concentrer sur ses filles seulement. Mais aujourd'hui c'était impossible de résister à Maggie.

Maggie n'avait pas de soutien-gorge. Zack se demanda pourquoi elle n'avait pas de soutien-gorge. Maggie comprit et elle le regarda dans les yeux avec un sourire taquin.

— Ils sont si petits que je crois que je devrais choisir dans les adolescentes pour en avoir un à leurs tailles.
— Je ne m'en plaindrai pas, promis. Ils sont si mignons et réactifs avec ça.
— Sommes-nous vraiment à parler de la grosseur de mes seins où je rêve?
— Chut, tu rêves. Embrasse-moi Maggie.

Zack enleva son pantalon et enleva celui de Maggie, il étendit leurs vêtements sur la roche et il s'y adossa. Ensuite il prit Maggie pour la faire à cheval sur lui. Ils continuèrent à s'embrasser, se caresser jusqu'à ce que Zack s'empresse de lui enlever sa culotte.

— Si tu voulais, tu n'aurais pas besoin de cela non plus à l'avenir.

— Hum, je l'enlèverai chaque fois que tu me le demanderas, ce sera bien plus excitant comme cela non.

— Hum, oui bien d'accord.

Il enleva aussi son caleçon et fît chevaucher Maggie sur lui. C'était si bon pour Maggie, comment avait-elle pu négliger cela depuis sept ans? Elle ne s'était consacrée qu'à ses études et travaux après avoir été bernée par son copain du lycée.

Zack mit sa tête dans ses cheveux et lui chuchota à l'oreille.

— N'arrête pas s'il te plaît, c'est si bon de sentir ta chaleur sur mon corps.

— Oh! Zack, je ne crois plus vouloir ne jamais arrêter.

— Maggie je...je...je voudrais...ouf! Je ne suis plus capable de reprendre mes esprits, tu m'as ensorcellé.

— Maggie, je ne peux plus me retenir.

— Alors, montre-moi le septième ciel.

Leurs cris de joie s'unissaient. Maggie resta un moment sur le torse de Zack, et lui la serra encore fort dans ses bras, de peur de la perdre ou de perdre ce moment idyllique qu'ils venaient de vivre.

Maggie essayait de penser si Zack avait mis un condom, mais elle n'arrivait pas à se rappeler.

— Maggie, je ne crois pas avoir ressenti cela...si intense je veux dire, avec une autre femme.

— Moi non plus.

Après un silence

— Oh! Moi je voulais dire avec un homme.
— Ah! Ah! j'avais bien compris. Nous devrions nous habiller. Je vais te reconduire jusqu'à ta porte.

Quand Maggie le vit s'habiller, elle avait sa réponse. Il n'avait mis aucun condom.

— Tu sais Zack, depuis sept ans que je ne l'avais pas fait, et je crois que je n'attendrais plus tout ce temps-là…c'était si bon.
— Sept ans, moi qui croyais battre un record.
— Combien?
— Deux ans. Je suis presque gêné de te l'avouer.
— Dans ce cas, n'arrêtons pas.

Il l'a pris dans ses bras.

— N'arrêtons pas. Ne regardons plus vers l'arrière, mais allons vers l'avant, toi et moi.

Il l'embrassa tendrement, mais tous ses sensés se remirent en action. Il devait arrêter tout de suite, sinon ils étaient pour y passer la nuit.

Maggie sauta sur son cheval et elle fît signe à Zack de monter derrière elle.

— T'es sûre de ça.
— Oui, très sûre. Viens.

Zack embarqua à son tour et la prit par la taille. Maggie riait, elle sentait l'érection de Zack augmenter de plus belle.

— Y'a quelque chose dans le bas de mon dos…
— Ah toi! C'est de ta faute.
— J'aime bien chevaucher avec toi.
— Moi aussi, mais de l'autre manière aussi.

Maggie se laissa aller vers l'arrière et posa sa tête sur l'épaule de Zack. Il entreprit de l'embrasser et de la caresser.

— Je crois que je vais devoir appeler le docteur, je suis malade de toi.
— Hum, elle va te soigner, j'en suis sûre.
— Je crois que je vais devoir te raccompagner jusqu'à ta chambre aussi.

Maggie riait de cette réflexion.

— Et tes invités eux.
— Tu crois vraiment que maman veut me voir entrer malade à la maison. Je crois qu'elle dort et tous sont des adultes et moi aussi. J'ai le droit de sortir jusqu'à l'heure que je veux, tu sais.
— Bonne raison pour te soulager dans ce cas.

Il lui prit les seins et continua à l'embrasser.

— Tu m'as fait cet effet, je parle de ton problème de dos, chaque fois que je t'ai vu.
— T'aurais vraiment dû consulter ton docteur avant chéri.
— Je verrai à ne plus jamais laisser aller à partir d'aujourd'hui, promis.

Il l'embrassa de nouveau et reprit ses caresses.

— Maggie.

— Je sais Zack, moi aussi j'ai envie de toi encore et encore. Chevaucher ensemble est merveilleux.

— Chevaucher a maintenant deux sens à mon oreille. J'aime les deux, du temps que c'est avec toi.

Le cheval connaissait bien son chemin. Maggie ne regardait plus du tout où il les conduisait, mais elle le savait.

— Maggie, je crois que je vais devoir prendre une douche très froide avant de pouvoir revenir chez moi.

Ils s'embrassaient et se caressaient de plus en plus quand ils arrivèrent aux abords de la maison.

L'écurie se trouvait de l'autre côté de la maison. Quand ils arrivèrent à la maison, ni Maggie ni Zack ne virent la voiture qui était stationnée dans l'entrée. Ils ne virent pas non plus les deux passages de la voiture qui se balançaient sur la véranda.

Le cheval s'était arrêté en face la porte. Maggie lui donna un petit coup et il continua jusqu'à l'écurie. Il descendit du cheval et firent l'amour dans l'écurie tant le besoin était intense.

Zoé qui avait demandé à Michaël d'aller avec lui pour voir si Zack était reparti à pied par le sentier, car depuis déjà trois heures qu'ils étaient partis et que Zack n'était pas revenu.

Zoé et Michaël les avaient regardé passer devant eux sans pouvoir dire un mot tellement la situation était cocasse.

— Je crois qu'ils ne ressortiront pas de cette écurie tout de suite et je n'attendrai pas ici pour en voir plus. Viens on rentre chez Zack.

— Bien d'accord avec toi. C'en était assez pour allumer n'importe quel homme ça.

— Arrête et dépêche-toi avant qu'ils ne s'aperçoivent que nous sommes là.

— Tu es assez rassuré maintenant que tu as vu ton jumeau chéri. Le grand méchant loup ne l'a pas mangé.

— Qui sait! Ils en ont pris du temps pour un si petit bout de chemin. Je crois que dix minutes de marche par le sentier sont certainement le maximum que cela prendrait.

— Oui, mais c'est bien toi la fautive. Tu lui as donné une bouteille de vin et deux verres pour regarder le coucher du soleil.

— Oui, mais le soleil, il n'est plus là et depuis quelques heures déjà.

— Bon, c'était quand même une belle distraction à voir non? Moi, je peux dire que c'était excitant.

— Ah Michaël! Essaie juste de penser où tu couches ce soir. N'oublie surtout pas que nous partageons une chambre pour les deux couples.

— Ah merde! j'avais oublié. Tu n'es pas gentille soeurette.

— Imbécile. Arrête de me faire penser à cela.

— Tu veux que j'en parle à Ted.

— Non! C'est moi qui vais leur raconter.

Zoé était toujours assez coquine envers Zack.

— Pouvez-vous croire que ni un ni l'autre ne nous ont vus. Ils sont passés à dix mètres de la véranda.

— Michaël regarda Zoé et tous deux se mirent à rirent.

— Ils étaient tellement épris dans leur baisé…et même plus.

— Continu Michaël, dis-nous tous.

— Disons que notre frère a les mains galopeuses sur un cheval.

— Michaël, si Zack venait qu'à entrer il t'entendrait.

— Maman je ne suis pas inquiet le moins du monde. Je crois qu'il sera occupé pour la nuit.

— Ah! mais c'est vrai. Si Zack ne couche pas ici, Ted et moi allons prendre sa chambre. Comme tu dis, nous ne le reverrons pas avant demain.

— Bon, bien bonne nuit les enfants et bonne chance si Zack entre cette nuit. Dieu merci nous avons la caravane et nous n'avons rien entendu de tout cela.

Ted n'était pas d'accord avec Zoé, mais il la connaissait trop bien pour savoir qu'elle ferait à sa tête.

— Tu ne crois pas que le risque est grand de prendre la chambre de Zack.

— Ne t'inquiète pas Ted, vient chéri, Zack n'entrera pas j'en suis certaine.

— Très bien… alors, nous avons le champ libre nous aussi.

— Oui c'est, justement à quoi je pensais. Nous pourrions prend un bain tous les deux.

— Bien d'accord, déniche-nous une bouteille de vin et je vais faire couler le bain.

— Après avoir pris un bain et fait l'amour dans la salle de bain de Zack, ils se retrouvèrent de nouveau enlacés dans son lit.

— C'est fascinant de faire l'amour ailleurs…et de devoir ne pas faire de bruit.

— Aucun danger pour nous, sa chambre est assez à l'écart des autres. Je veux dire qu'il n'y a pas de mur qui communique directement avec les autres chambres, mais tu t'imagines Michaël et Paige.

— Ah! ma Zoé, tu es si espiègle. Je vais devoir te punir pour cela.

— Hum. Tu me donnes juste l'envie de l'être plus.

Barbara avait monté un matelas gonflable pour pouvoir dormir dans la chambre des filles.

Maggie et Zack prirent une douche ensemble et continuèrent à faire l'amour jusqu'au petit matin.

— J'ai tellement aimé chevaucher avec toi.
— Zack la reprit dans ses bras.
— Ne dis plus ce mot devant moi à moins que tu sois tout disposé à me donner ton corps. Ce mot m'enflamme maintenant.
— Moi c'est plutôt quand tu dis que ça t'allume un peu trop.
— Hum, arrête Maggie, je dois y aller avant que ma maison se réveille et je ne pourrai plus retourner chez moi si tu continues.
— Attends-moi, je vais te seller un cheval et je vais prendre le mien. C'est à mon tour de te reconduire.
— Ça risque d'être un dangereux parcours.
— Non, tu dois vraiment y aller, alors nous avons à nous tenir tranquilles.
— Facile à dire ça. Chaque matin depuis deux mois que je te vois à cheval et tu me fais de l'effet.
— Bonne raison pour commencer à se tenir tranquille avec les chevaux, car je vais chevaucher... Oups aller à cheval toute ma vie. Cela fait partie de moi.
— J'aime tellement te voir galoper.

Arrivé chez lui Zack vit que la maison était encore endormie. Ils débarquèrent de cheval pour un dernier baisé. Zack laissa Maggie se réinstaller sur son cheval et lui tendit les rênes de son cheval.

Il commençait à marcher vers la maison et au moment où il se retourna pour regarder Maggie, celle-ci venait elle aussi de se retourner. Il lui fit signe de la main en la portant à sa bouche pour lui envoyer un dernier baisé avant de continuer leur chemin.

Il se dirigea sans faire de bruit dans sa chambre. Il n'alluma pas de lumière, car la lumière du jour commençait à entrer dans la chambre et il se dirigea directement dans sa salle de bain pour prendre une douche rapidement. Il voulait avoir le temps de prendre son café sur la terrasse avant que les filles et tous ses visiteurs se lèvent.

Il sortit de la douche, s'essuya et se dirigea vers son placard pour sortir son linge. En lançant son linge sur le lit, il réveilla les deux imposteurs qui étaient dans son lit. Zoé criait comme une perdue et Ted riant après son effet surprise.

— Ah Zoé merde! tu es la femme la plus méprisante que je connaisse.

Il était nu comme un vers. Zoé s'était déjà caché la tête sous les couvertures. Ted lui, il riait comme un fou et lui courrait pour retourner chercher son peignoir à la salle de bain.

— Ah toi Ted! tu n'es pas vraiment mieux qu'elle. Vous allez bien ensemble.
— Non Zack, je t'assure que c'est sa faute.
— Il a capitulé après une seconde. Je savais très bien que tu ne reviendrais pas coucher ici.

Barbara frappait à la porte. Zack leva les deux mains dans les airs.

— Décidément!
— Zoé ça va, y a-t-il un problème?
— Félicitation, je suis sûre que tu as réveillé le village au complet…ma maison pour sûr.

— Non tout va bien Barbara, je suis désolée d'avoir
crié…mais une bestiole laide, très laide m'a fait peur.

— Ah! ferme-toi Zoé, ferme-toi.

— C'est drôle chérie, mais je trouve que tu lui ressembles
beaucoup à cette bestiole.

— Ah! Je ne parlais pas de son visage, méchant toi.

Zack revint dans la chambre après avoir fini de s'habiller et
s'être préparé.

— Comment c'est arrivé ça?

Il montra son lit du doigt. Ted se leva, mit son pantalon et
décida qu'il était temps pour lui de se sauver et vite.

— Je vais préparer le café moi.

— Oui c'est ça, lâche. Sauve-toi et laisse-moi avec homme
qui était nu devant moi il n'y a que quelques minutes. Très drôle.

— Zoé, il n'est plus là. Il a quand même la façon de s'éclipser
lui. Et aussi, l'homme nu ou la bestiole est habillé maintenant.
Comment as-tu su que je ne reviendrais pas coucher?

— Bien…tu sais la phobie de te perdre qui me prenait
quelquefois quand nous étions jeunes?

— Oui, tu atterrissais dans mon lit. Nous sommes un peu loin
de ça Zoé, et Ted là-dedans.

— Non c'est pas ça. Quand j'ai vu hier soir que tu ne revenais
pas et bien je m'inquiétais, car tu devais prendre un chemin dans
un bois que tu ne connaissais pas. Alors j'ai demandé à Michaël
de venir avec moi pour demander à Maggie à quelle heure tu étais
parti, c'est tout.

— Non c'est pas vrai ! Zoé a notre âge, t'as pas fait ça.
Michaël a embarqué dans ton jeu en plus. Ah! qu'il est naïf.

J'aurai tout vu avec toi. En plus, on ne vous a pas entendu sonner ou frapper.

— Bon très bien je t'explique. Michaël et moi t'attendions sous le porche de Maggie. Mais quand vous êtes finalement arrivé, vous ne nous avez pas vus…ni un ni l'autre d'ailleurs.

Zack essayait de se remémorer cet instant.

— Ah! Zoé, Zoé.

— Vous étiez beaucoup trop absorbés. Quand nous nous sommes rendu compte que finalement vous ne ressortiez plus de l'écurie par la suite, nous avons décidé de nous éclipser en douce sans vous déranger. À ce moment-là, je savais bien que tu ne reviendrais pas avant le lendemain. Mais je ne me doutais pas que tu reviendrais en douce avant le lever du soleil.

— Quelle horreur! Vous vous êtes régalés du spectacle, je me redonne en spectacle devant toi ce matin…et tu as gâché mon temps seul sur ma terrasse avec mon café. La période de la journée que j'adore le plus. Pauvre Ted, il a épousé la plus chipie des femmes.

— Ah! Ah! Zack, n'exagère pas. Ted aime éperdument, à la folie sa chipie, comme tu dis. Mais Zack.

— Quoi, ne me dis pas que vous êtes venu nous épier dans l'écurie hein!

— Non. Je voulais juste te dire que le spectacle que vous nous avez offert sur le cheval était une des plus belles scènes d'amour que je n'avais jamais vues.

— Merci, je crois vraiment l'avoir dans le sang celle-là. Bon maintenant vite. Le soleil n'a pas fini de se lever, alors pour ta punition, je te donne deux secondes pour venir me rejoindre sur la terrasse.

— Alors de ma chambre.

— Sors de ta chambre, je n'ai pas l'intention de me donner en spectacle comme toi.

— Ah! Ah!

Zack n'en revenait pas, en arrivant sur la terrasse, tous étaient là, à l'exception de ses parents qui dormaient toujours dans leur caravane.

— Moi qui croyais être seul sur ma terrasse ce matin.
— Oui, le réveil a été très brutal avec le cri perçant de Zoé.
— Zoé arrivait avec un grand sourire, son café à la main.
— Hé! On parle de moi ici.
— Tu vois ce que tu as fait mon amour.
— La faute de la bestiole.

Zack lui donna une tape sur la cuisse.

— Aye!
— Je suis quand même très content de pouvoir partager ce moment avec vous tous.
— Emmanuël regardait son frère et souriait.
— Moi, j'aurais voulu être là pour vous voir crier comme des épouvantails tous les trois.

Il imita Zoé qui criait avec les mains en l'air. Ted regarda Emmanuël avant de rire aux éclats.

— Ce n'est pas ce qu'elle a fait du tout, elle a plutôt filé sous les couvertures pour ne plus voir la bestiole.
— Amélia venait de comprendre.
— Ah non! Ne me dites pas que la bestiole est… Ah! Ah! Ah!
—
— Chérie, ne me dis pas que tu n'avais pas compris.
— Je croyais que la bestiole était Zack tout simplement.

— Tout simplement oui. Je vous ferais tous remarquer que c'est ma chambre, qui était censée être vide. Alors j'avais tous les droits d'être nu.

Les filles accoururent vers Zack. Il les installa sur ses genoux et remercia Barbara d'avoir passé la nuit avec eux.

— C'est toujours un plaisir Zack, tes filles sont merveilleuses. Mais je dois dire que le réveil surprenant.
— Si je comprends bien, tu t'en amuses aussi.

Il lui fit un sourire.

— Zack.
— Oui Barbara.
— Je suis si contente pour Maggie et toi. Vous êtes si bien assortis.

Zack avait maintenant un large sourire sur la figure.

— Merci, je le pense aussi.
— Hé! Regardez qui arrive, c'est Maggie.

Zack alla l'accueillir avec ses filles. Il lui donna un rapide baiser. Elle embrassa les filles et Zack lui en donna une.

— Je te la prête. Mais qu'est-ce que tu fais ici toi?

Il lui fit un clin d'oeil.

— Zoé m'a appelé au secours. Elle était certaine que tu étais pour l'étriper. Alors je suis là pour la soigner…au cas où tu l'étriperais.
— C'est mon coeur que tu vas devoir soigner.

Johanne Landers

Ils allèrent s'installer avec les filles pour voir le soleil se lever sur la mer.

— Chut, nous allons manquer le spectacle, regarder ça commence.

Ils regardèrent le lever du soleil ensemble. Le spectacle était merveilleux, mais Zack regardait Maggie lui, avec Zackarianne sur ses genoux et Zoyanne sur les siens. Michaël donna un coup de coude à Emmanuël et lui fit signe de regarder Zack. Emmanuël et Michaël souriaient. Ils firent signe aux autres et plus personne ne regardait la mer, mais Zack et Maggie avec les filles sur leurs genoux.

Quand l'agitation revint, Ogan prit la parole.

— Quel beau spectacle que ce lever du soleil et je dois avouer que l'extra était aussi beau à voir.
— Quoi tu étais dans ma chambre aussi…impossible. Ah! Ah!, mais de quoi tu parles Ogan?
— Non je n'étais pas dans ta chambre ce matin et je n'aurais pas voulu y être, contrairement à Emmanuël qui voulait y être. Je parlais de ton admiration que tu avais dans ton regard en regardant la belle Maggie et tes filles. Le portrait était merveilleux, tout aussi que le lever du soleil.

Tous s'accordèrent à être de cet avis.

— Ah toi Ogan! mon beau parleur. Ta famille est toute aussi belle à regarder.
— Ogan souriait et embrassait Amélia. Zack regardait Maggie et pointait un doigt en direction d'Amélia.

— Maggie, tu sais qu'on la croyait tous sainte cette enfant.

Amélia souriait.

— Hum, je le suis pour certain, mais pas tous. Puis vous savez c'est juste depuis qu'Ogan est entré au bureau un beau matin.

Zack se tourna vers Maggie.

— Maggie, j'aimerais beaucoup que tu restes déjeuner avec nous. Tu n'as pas vraiment le choix, car je crois aussi que je vais avoir besoin d'un médecin. Ma soeur fait des complots avec la femme que j'aime et ça me brise le coeur.

Maggie l'embrassa.

— Avec plaisir.
— Bon! Aux fourneaux, je dois nourrir tout ce beau monde.
— Venez les filles, nous allons aider à papa à faire le déjeuner.
— Oui, oui.

Il avait dit la femme que j'aime. Elle lui sourit.

— Moi je crois que si ça te va Zack, je vais mettre un peu de musique.
— Certainement, sans problème.

Zoé se dirigea vers la chaîne stéréo et choisit un CD de Bruno Mars et choisit la chanson I think I love you.

Zack arrêta de bouger et se retourna pour regarder sa soeur. Ils riaient tous. Alors il se tourna vers Maggie.

— Imbattable cette fille, elle n'arrête jamais. Maggie je suis désolé elle pourrait faire honte à son propre frère sans ménage.

— Attention, mon chéri, je ne voudrais pas utiliser ma trousse aujourd'hui, la journée est trop prometteuse pour être une des plus belles.

Il la prit dans ses bras et lui donna un baiser passionnant. Sa famille se mit à taper dans leurs mains.

— Arrêtez.
— J'ai une faim de loup, tu le fais ce déjeuner Zack.
— Zoé!
— Moi aussi j'ai faim, j'ai travaillé toute la nuit.
— J'espère que vous n'avez pas travaillé seule docteur.
— Ah! Si vous saviez monsieur.

Une chaleur qu'elle reconnut s'installa au creux de son ventre. Elle réalisa qu'elle était amoureuse de lui, de ses filles, de sa famille, elle aimait tout autour de cet homme. Comment était-il possible d'être amoureuse en si peu de temps. Le coup de foudre existerait donc. Elle le voulait à nouveau en elle, être à lui, lui appartenir, se prélasser sur sa poitrine. Elle le voulait dans son lit comme hier, chaque soir.

Elle devait se reprendre, elle allait lui faire peur ou passer pour une fille non responsable ou encore en trop grand manque de sexe. Et quel homme se plaindrait d'une femme en manque?

— Hum!

Zack souriait comme un enfant, il était si beau.

Sa famille repartir durant l'après-midi et Barbara décida d'apporter les filles à la plage.

— La plage! J'ai eu une très mauvaise expérience avec ma belle Zoyanne là, t'es sûre que tu veux vraiment les apporter à la plage.
— Ne t'inquiète pas Zack. Je vais être très vigilante et j'ai un très bon médecin qui peut accourir à tout moment.

Maggie souriait et acquiesça d'un signe de tête.

— Bon, je te fais confiance Barbara. Amusez-vous bien les filles?

Barbara partit avec les filles. Zack regarda Maggie, ils étaient enfin seuls de nouveau.
Il la prit par la taille et l'embrassa tendrement, puis descendit dans son cou et lui chuchota à l'oreille.

— Tu veux faire quelque chose.
— Oui, chevaucher avec toi.
— Hum, j'espère que tu ne parles pas de cheval, car je n'aurais pas le temps d'attendre tout ce temps. Viens je vais te faire visiter ma chambre, tu ne l'as pas vu encore.

Ils passèrent le reste de l'après-midi à faire l'amour. Ils prirent une douche avant le retour des filles. Zack donna congé à Barbara pour la soirée et la nuit.

— Toi par contre, je n'ai vraiment le goût de te donner congé. Tu restes avec nous pour souper? Après je vais donner le bain à mes poissons préférés, ensuite nous aurons la soirée pour nous.

— Zack, tu es terrible. Je n'ai rien fait de tout le week-end à cause de toi et je fais des études par correspondance et j'avais un travail à terminer pour mardi.

— T'as aimé par contre hein!

— Hum oui, je recommencerais tout de suite. Mais la vie m'appelle ailleurs malheureusement.

— Bien je comprends, même si je ne suis pas d'accord. Après le souper, promis je te laisse aller. Tu étudies pourquoi dis-moi?

— En gynécologie.

— Ah! c'est bien ça.

Il la prit dans ses bras et l'embrassa.

— Malheureusement, je ne peux pas t'aider de ce côté.

— Non, mais attends que tes filles aient quinze ans.

— Aaaaaaaaaaaaa non, ne me dis pas ça.

Ils préparèrent le repas et pendant que Zack s'occupait du repas principal, Maggie prépara une assiette de crudités pour les filles et elle les installa par terre près d'eux pour pouvoir aider Zack.

Zack l'embrassait chaque fois qu'il passait près d'elle.

— Tu fais exprès pour retarder le repas ou quoi.

— Hum…ça pourrait être ça aussi.

Ils se regardèrent dans les yeux tout en ayant chacun leur propre pensé, mais qu'ils se rejoignaient.

— Tu sais, quand ma maison sera complètement terminée, je crois que je devrais prendre Barbara ici à temps plein. Qu'en penses-tu toi qui la connais bien?

— Je crois qu'elle adorerait. Quand elle travaillait pour les Thomson, elle y habitait régulièrement. Elle avait toujours une journée de congé incluant une nuit, par semaine. Elle le passait chez moi. Ça lui évitait de payer un loyer pour une journée par semaine et je l'aime bien, c'est une très bonne amie.

— Je pourrais lui offrir la même chose. Si cela lui convient. Je la paierais bien, elle le mérite. Les filles l'adorent. Mais...si elle accepte, je lui donnerai volontiers le moniteur de nuit.

— Ah! Ah! C'est bien les hommes ça.

Les semaines passèrent et ils se voyaient le plus souvent possibles. Tout allait bien.

Pour Maggie par contre, même s'ils n'avaient fait l'amour qu'une seule nuit sans condom, elle savait très bien ce que cela voulait dire. Elle aurait déjà pu savoir si elle était enceinte. Son esprit la défendait de réagir. Elle avait peur de détruire le bonheur qu'elle vivait avec Zack.

Quelques mois plus tard, quand la maison de Zack fût terminée, il installa un parc de jeux pour les filles dans un espace clôturé. Barbara avait son espace personnel, il ne lui manquait qu'une chose pour essayer d'avoir Maggie plus souvent à son côté...l'écurie, mais il se devait d'attendre un peu.

Un soir, Zack entendait l'une des filles pleurer comme il passait devant leur porte. C'était Zackarianne, Barbara la berçait, mais elle n'arrivait pas à la calmer. Zack la prit dans ses bras.

— Tu sais ce qu'elle a Barbara?

— Je crois qu'elle perce une dent. Je viens de lui donner des médicaments pour sa fièvre.

— Elle fait de la fièvre?

— Oui, c'est normal Zack quand les enfants font leurs dents.

— Je vais la prendre avec moi dans mon lit et je vais appeler Maggie sans vouloir te vexer.

— Non, je te comprends parfaitement.

Barbara retourna dans ses appartements et elle souriait. Il était tellement mère poule avec ses filles. Cela lui donnait aussi une excuse pour appeler Maggie.

— Salut Chérie, désolé de te déranger. Je sais que tu avais des études ce soir, mais Zackarianne a de la fièvre et Barbara lui a donné les médicaments nécessaires. Elle dit qu'elle fait probablement une dent, mais j'aimerais beaucoup mieux m'en assurer.

— Maggie pinça les lèvres pour qu'il ne s'aperçoive pas qu'elle souriait. Elle pensait exactement comme Barbara.

— Zack, je suis médecin avant tout. J'arrive.

Elle ne lui laissa même pas le temps de répondre, elle prit ses bouquins pour ses études et sa trousse et partis.

— Où est notre petite princesse?

— Zack l'a prise dans sa chambre.

Elle alla les rejoindre dans la chambre de Zack. Il était couché avec Zackarianne sur son torse.

— Elle pleure toujours, elle n'arrête pas.

— Oui nous allons l'aider un peu.

Elle prit un tube gel de sa trousse et en appliqua sur les gencives de Zackarianne. Cinq minutes plus tard, elle était en train de s'endormir sur le torse de Zack. Quel beau portrait! Elles les aimaient tellement.

Zack l'installa au milieu du lit et alla chercher le sac de Maggie avec ses livres pour ses études, il y avait deux valises. Il sourit, elle restait pour la nuit.

— Qu'est-ce que tu lui as fait, de la magie?
— Zackarianne fait effectivement des dents. Ceux de l'arrière sont un peu plus souffrantes. Alors je lui ai mis du gel qui les aide un peu en gelant les gencives.
— Tu pourras m'en prescrire, parce que j'ai bien peur d'avoir deux filles à faire des dents en même temps, grrrrrrrrrrr, quel horreur.
— Je te le donne, ce n'est rien.
— Merci.

Il la prit dans ses bras et lui chuchota à l'oreille en l'embrassant dans le cou.

— J'ai vu que tu avais apporté une petite valise. Est-ce que tu restes pour la nuit?
— Oui, je vais emprunter ton bureau pour finir mes études.

Il continuait à l'embrasser dans le cou.

— Et tu crois que le médecin doit prendre une douche après avoir si bien pris soin de sa petite cliente.
— Moi qui croyais étudier.
— Après bébé, après…viens. Si tu préfères, je peux te faire couler un bain.
— Hum, tu me tentes. Ce sera avec toi et un bon verre de vin.
— Absolument. Je crois que Zackarianne dormira bien pour faire plaisir à son papa.
— Oui et nous allons l'entendre si elle se réveille.
— Bien, je fais couler le bain et tu vas chercher le vin.

— Avec grand plaisir.

— Maggie.

— Oui chéri.

— Pourquoi j'ai entré tes livres pour étudier dans ma chambre?

— Tu vois ce que tu me fais. Je le savais bien.

Le lendemain, ils se réveillèrent en sursaut, car Barbara cognait à la porte et il n'était que 5h00.

— Zack, Zackarianne n'est pas là. Tu l'as avec toi.

— Maggie et Zack regardèrent l'amour tout rose qui dormait entre eux et ils se sourirent.

— Oui elle est avec nous. J'entends mon autre demoiselle, tu peux la faire entrer.

Maggie regardait toujours le portrait de cette famille comme si elle n'en faisait pas partie, mais ce matin elle voulait à tout prix être leur maman, sa femme, les aimer pour la vie. Elle ne put retenir ses larmes tellement son coeur voulait cette place pleine d'amour.

Elle essaya de reprendre son sang-froid et se promit de passer un coup de fil à Zoé cette semaine. Elle réalisait que la vie était sur le point de changer pour elle. Elle devait savoir ce qui s'était passé avec la mère des filles. Maggie se devait d'avoir ces réponses sur le couple qu'avait été Zack et leur mère pour pouvoir le comprendre et savoir s'il était vraiment prêt pour une autre aventure stable et pour la vie. La seule chose qu'elle savait de la mère des filles était qu'elle était morte.

Elle devait aussi faire un test de grossesse. Elle savait très bien qu'elle aurait pu faire ce test depuis longtemps, mais que c'était sa peur de perdre Zack ou de le décevoir. Maggie savait très bien intérieurement et par le changement de son corps qu'elle était enceinte, mais avant d'en parler à Zack, elle devait avoir la confirmation avant d'entreprendre quoi que ce soit.

Le test se révéla positif. Maggie annonça à Zack qu'elle était pour rester deux jours à Vancouver cette semaine au lieu d'un aller-retour comme à l'habitude.

— Où loges-tu quand tu dois faire plus d'un jour à l'hôpital?
— Je ne fais qu'un jour à l'hôpital comme à l'habitude, mais je vais rester, car le jeudi je vais faire du magasinage et je dois te dire que je vais rejoindre Zoé et Amélia pour dîner. Alors je vais me prendre une chambre à l'hôtel.

Zack regarda Maggie.

— Pourquoi j'ai soudainement l'impression que vous les filles complotez encore quelque chose…hum. Ma soeur est la pire qui soit, ne te laisse pas avoir.
— Ah! Ah! Tu vas devoir t'y habituer au complot féminin, tu as deux filles.

Zack leva les yeux au ciel.

— Oh! mon Dieu! faits qu'elles ne soient pas comme ma soeur Zoé. C'est un coup bas que tu me fais là. Ne me décourage pas tout de suite. Laisse-moi encore rêver, elles sont toutes petites.

Il la prit dans ses bras et l'embrassa. Il lui chuchota à l'oreille.

— Je te donne la permission de comploter, mais juste si ça nous concerne toi et moi. Je t'aime Maggie.

— Je t'aime aussi Zack. Je suis si bien dans tes bras.

Il l'embrassa de nouveau et Maggie avait une larme qui lui coula sur la joue.

— Tu pleures bébé.
— Ce n'est que de la joie chérie.
— Alors moi aussi je pleure. Je t'aime.

Il la serra plus fort dans ses bras.

— Je voudrais te garder toujours dans mes bras. Hé! Tu sais ce que je suis en train de penser?
— Non, dis-moi Zack.
— Quels jours dois-tu te rendre à Vancouver?
— Mercredi et jeudi.
— Parfait, je regarde mon agenda et si c'est possible, tu voudrais que j'aille avec toi? Je devais déjà me rendre mercredi aussi pour la cour, mais si je n'ai rien jeudi, j'aimerais bien y aller aussi.
— Ce serait bien, mais toi que feras-tu jeudi?
— Je vais travailler ou je ne sais pas. Mais par contre, je veux que tu prennes tout ton temps, je vais t'attendre.
— Merci.
— Et ne prends surtout pas de chambre, mes parents ont plus qu'un hôtel.
— Tu crois qu'ils apprécieront que j'aille dormir chez eux?
— Mais oui, que dis-tu là, ils t'adorent déjà.
— Super, je te remercie mon chéri.
— C'est un plaisir pour moi, pas pour toi.
— Tu pourras aussi me déposer jeudi matin à la location de voiture.

— Non, tu prendras la mienne.

— Et toi?

— Aucun problème. Mon père a quelques voitures que j'aime beaucoup. Il va m'en prêter une.

— Ah! bon. Tu es sûre que tes parents…

— Chut! Plus un mot.

Il l'embrassa pour la faire taire.

— Je vais aviser Barbara…Ah! Mais je ne pourrai pas l'amener, je n'aurai pas assez de place dans la voiture pour nous quatre, les bagages et elle.

— Je peux…

— Non, non. Tu sais, je crois, qu'avec les filles et leurs multiples bagages, je vais devoir sacrifier ma voiture pour une familiale. Je sens que ma jeunesse s'envole petit à petit.

— Ah! Ah! moi qui croyais avoir à faire à un homme.

— Oui, pour toi je suis un homme, un homme qui t'aime.

Il était temps de tourner la page sur certaines choses de sa vie qu'il ne pourra jamais retrouver. Il regarda Maggie se préparer et pensait que cela en valait la peine. Il l'aimait vraiment comme jamais il n'avait aimé une femme.

— Je t'aime aussi Zack. Plus que tout au monde. Toi et tes filles.

— Merci…merci d'inclure mes deux autres amours.

— Alors pour Barbara.

— Nous ne l'amènerons pas pour cette fois.

Zack déposa Maggie à l'hôpital et se rendit chez ses parents. Il leur annonça que Maggie viendrait passer la nuit avec eux. Il discuta avec son père de son urgence de changer de voiture.

— Johannie, tu peux garder les filles. Zack et moi allons voir pour une nouvelle voiture…familiale pour notre garçon. Ah! Ah.

— Tu t'en amuses bien hein.

— Qui aurait cru que Zack achèterait une voiture familiale!

— Je ne croyais pas non plus, vous savez. Mais je suis si heureux d'avoir à faire cet achat. Je suis si comblé aussi depuis que Maggie est avec moi.

— Pour des surprises mes garçons, je crois que tu n'es pas battable.

— Je vais le prendre pour un compliment sufi que ce sont de bonnes surprises.

— Oui, nous en sommes heureux aussi ta mère et moi. Il est aussi facile de voir que Maggie t'aime beaucoup.

— Oui, je le crois sincèrement. Papa, je sais que Ogan avec Amélia, les choses se sont faites vite, car Amélia attendait un enfant. Ils se connaissaient un peu quand même, car elle était à votre service depuis longtemps. Tu crois qu'un couple peut se sentir assez amoureux après quelques mois pour savoir qu'ils veulent vivre ensemble pour toujours?

Johannie et Frédérick se regardèrent et répondirent en coeur.

— Oh! oui mon garçon.

— C'est ce qui nous est arrivé à ton père et moi. Penses-tu agir en ce sens?

— J'aimerais, j'ai peur d'aller trop vite pour elle, mais je sais que je pourrais aussi l'attendre le restant de mes jours.

— Zack, Maggie vous aime tous les trois.

— Vous savez…la première fois que nous avons hum…bien vous savez ce que je veux dire. Ni un, ni l'autre nous étions protégés, mais rien ne pouvait nous arrêter. Je m'étais bien dit qu'après la naissance des filles, une chose pareille ne m'arriverait jamais plus. C'était si fort, je n'avais jamais ressenti ça.

— Maggie est enceinte?

— Je ne sais pas, elle ne me l'a pas dit si cela est le cas. Mais je dois être devenu fou…car je l'espère. J'ai le sentiment que je pourrais la garder comme cela.

— Bon mon gars, arrête là. Tu es en amour par-dessus la tête. Tu as besoin de cette voiture aujourd'hui ou l'an prochain?

— Mon chéri, tu as aussi besoin d'une bague.

Zack regarda sa mère et lui sourit en sortant de la maison. Il lui cria.

— Je crois que tu as raison maman.

— Bon j'étais partant pour l'auto, mais là! Une bague. Ne me traîne surtout pas au supermarché pour des couches de bébé.

— Ah! Ah! non papa. L'auto et la bague, promise.

— Aujourd'hui tu achètes la bague et moi je paye pour la fourgonnette. Et je le fais pour les filles et non pour toi.

— Merci papa, c'est gentil de me gâter.

Il sourit à son père.

— Je vais demander la main de Maggie samedi. Tu crois que maman pourrait faire les arrangements pour un repas familial?

— Mais oui, elle adore cela.

Un silence se fit dans la voiture.

— Et si elle disait non. Elle trouvera peut-être cela trop tôt. Elle pourrait ne pas aimer que je lui demande devant ma famille, elle sera peut-être mal à l'aise ou…

— arrête, tu m'essouffles. Suis ton coeur Zack et ne t'inquiète pas. Son coeur parlera pour elle aussi.

— Bien, très bien.

Zoé, Amélia et Maggie allèrent dîner ensemble le lendemain. Maggie en profita pour poser toutes les questions auxquelles elle avait besoin de réponses.

Revenue chez elle, elle voulut prendre une nuit seule pour penser à toute l'information qu'elle avait reçue et penser à sa condition. Elle pleura toute la nuit. Pas question pour elle d'envisager un avortement. Quand il connaîtrait sa famille en comparaison à la sienne, il ne voudrait peut-être plus d'elle. Ils étaient indiens pur sang ouin! Ils ne voulaient rien savoir de la civilisation, ils vivaient dans les bois très loin de tous. Sa mère n'était même jamais sortie de son village. Comment allait-elle lui apprendre ça?

Maggie avait décidé de partir de chez elle à l'âge de douze ans. Elle avait demandé à des touristes qui passaient de l'amener à Vancouver. Ils avaient refusé s'ils ne pouvaient parler à ses parents. Maggie se rendit vite compte après plusieurs demandes que tous lui répondaient la même chose. Alors le dernier couple à qui elle a demandé, elle tenta sa chance et les amena chez elle. La maison n'était que bouts de planches et des restants de toute chose. C'était sa maison.

Maggie appréhendait cette demande, la honte d'amener ces gens chez elle, mais quand elle voyait les touristes passer chaque année, elle rêvait d'être propre comme eux. Juste cela, comme elle ne connaissait rien en dehors du village, ses rêves s'arrêtaient là.

Maggie avait expliqué à ses parents pourquoi les gens étaient là, car elle voulait partir avec eux et se rendre à Vancouver. C'était la seule ville dont elle avait entendu parler. Ceux-ci dire oui sans aucune réaction. Ils se retournèrent et envoyèrent la main sans se retourner vers elle.

Arrivée à Vancouver, quand le couple lui demanda à quelle adresse elle devait se rendre et qu'elle n'avait aucun endroit précis en vue. Ils se rendirent compte de leur erreur ayant cru que Maggie voulait un moyen de transport pour se rendre à Vancouver chez une connaissance. Elle était seule à douze ans dans une ville comme Vancouver. Il était trop tard pour l'amener au service social le soir même, alors la dame décida qu'ils prendraient un repas au restaurant et qu'ensuite, ils l'amèneraient coucher chez eux. La dame lui fît couler un bain et lui prêta une robe de nuit. C'était le premier bain de Maggie et la première robe de nuit. Maggie était intelligente même si elle n'avait que fréquenté l'école du village.Elle était très respectueuse. Elle remerciait toujours.

Le couple qui n'avait jamais eu d'enfant décida de prendre une chance en discutant avec les services sociaux et de prendre sur essai pour un certain temps. Maggie n'était jamais repartie. Ils l'avaient adopté et lui avait payé toutes ses études de médecine. Elle avait eu beaucoup de chance et les remerciait pour cela.

Être enceinte sans mariage était pour elle de décevoir tous ceux qu'elle avait tant. Mais son coeur ne pouvait se résoudre à enlever la vie quand elle-même faisait tout pour en sauver. Il était en lui et elle l'aimait déjà. Elle se prit le ventre à deux mains.

— Je t'aime tellement déjà mon amour. Tu sais, tu as deux demi-soeurs…des jumelles. Tu seras un joli bébé aussi beau qu'elles le sont. Je souhaite de tout mon coeur que tu puisses les connaître.

Barbara voyait bien que Maggie avait quelque chose. En voyant que Maggie ne resta pas le soir même, elle décida d'aller discuter avec Zack.

— Puis-je te parler Zack?

— Bien sûr. Allons nous asseoir au salon.

— Écoute Zack, tu sais que Barbara est ma meilleure amie.

— Oui.

— J'ai remarqué qu'elle avait perdu du poids. Elle me dit toujours que tout va bien, mais je sais très bien qu'il y a quelque chose qui cloche. Elle est médecin, alors elle doit sûrement savoir ce qu'il ne va pas chez-elle. Mais je suis inquiète, je n'ai qu'elle dans la vie, elle est comme une soeur, tu vois.

Zack devint pâle. Il pensait à la mère de ses filles qui était décédée du cancer.

— Barbara, tu crois vraiment qu'elle est malade et qu'elle me le cache?

— Je ne sais pas Zack. Je ne vois pas ce qui ne va pas. Elle t'aime, elle adore les filles, alors tout devrait aller bien non. Elle a perdu du poids et elle est toujours perdue dans ses pensées. Je la croyais surchargée avec son cabinet, ses études, toi et les filles en plus de ses journées à l'hôpital. Mais…

— Mais quoi Barbara?

— Sans épier dans ses choses, la semaine passée j'ai vu une lettre chez elle qui disait qu'elle avait arrêté ses études par correspondance depuis un mois déjà.

— Ah non!

Zack mit son visage dans ses deux mains.

— Ah mon dieu! faites qu'elle n'a rien de grave.

— Désolé Zack, je ne voulais pas t'affoler. Je croyais que tu aurais pu me rassurer.

— Non je ne sais pas, mais je vais le savoir. Tu pourrais veiller sur les filles? Je vais aller discuter avec elle.

— S'il te plaît, ne lui dis pas…

— Ne t'inquiète pas, je ne lui parlerai pas de notre discussion. Ah! Je ne suis qu'un imbécile. J'aurais dû me rendre compte que quelque chose n'allait pas.

Zack frappa à la porte de Maggie. Elle ne répondait pas.

— Maggie s'il te plaît répond moi, je sais que tu es là.
— Elle ne voulait pas lui ouvrir, elle pleurait toujours. Elle réalisait que le moment était venu de lui en parler.
— Chérie, ouvre-moi. Je ne pourrai partir sans t'avoir parler. Tu veux que je dorme sur le porche. La nuit est un peu fraiche, tu sais. Tu m'ouvres.
— Elle souriait. Zack était le seul à pouvoir toujours la faire sourire en tout temps.
— Zack…je ne peux pas t'ouvrir tout de suite.
— Tu pleures! Nous devons parler Maggie, ouvre-moi chérie.

Elle lui ouvrit, elle savait très bien qu'elle ne pourrait retenir ses larmes en le voyant. Il la prit tendrement dans ses bras.

— Tu es malade chérie?

Soudainement Maggie repensa à ce que Zoé lui avait dit d'Avril, la mère des jumelles.

— Ah non Zack! Désolé de t'avoir affolé. Je ne suis pas malade.
— Tu as pourtant perdu du poids…et tu pleures. Dis-moi s'il te plaît, dis-moi Maggie je t'aime tant.
— Zack, je ne sais pas comment te le dire, mais…Hum! ma perte de poids est tout à fait normale dans ma condition. Hum, je…je suis enceinte. Déplorable pour un médecin non?

271

Zack la regarda avec ses beaux grands yeux et un sourire à lui fendre la figure.

— Ta condition?
— Ça te fait rire.

Maggie le repoussa. Elle ne comprenait pas s'il riait de joie ou s'il était sarcastique parce qu'il était fâché.

— Hé! reviens ici. Je suis si content que tu ne sois pas malade. Pour ce qui est de la grossesse…ne t'inquiète pas Maggie…je t'aime tellement mon amour. Cette grossesse, nous étions deux à très bien savoir le risque que nous avons pris la première fois. Nous l'avons fait dans l'amour cet enfant Maggie et nous nous aimons toujours, alors il n'y a pas de problème.

Il la tenait contre lui et la berçait tendrement.

— Je t'aime aussi Zack.
— Ne pleure plus. Je suis prêt à avoir même plusieurs enfants avec toi.
— Oh Zack! Si j'avais su que tu prendrais ça si bien.

Ils firent l'amour et ensuite Zack profita d'une minute pour aller texter à Barbara que Maggie allait bien et qu'il était pour lui donner plus de détails plus tard dans le lendemain. Ils restèrent longtemps enlacés à discuter cette nuit-là. Maggie décida de lui parler de son enfance, plus spécifiquement l'année de ses douze ans et comment elle s'était retrouvée à Vancouver.

— Tu crois que ta famille doit savoir?
— Ça n'a aucun rapport Maggie qu'ils sachent ou pas. Cela ne changera jamais rien à l'amour que nous avons l'un envers

l'autre. Et puis la famille d'Amélia…c'est un peu comme toi tu sais. Elle n'a jamais revu sa famille après son départ de chez elle. Amélia est merveilleuse, pleine de tendresse. Elle et Annabella font partie de notre famille maintenant. Ah! Aussi je viens de penser que Amélia et Ogan se sont mariés quand elle était enceinte…mais ils s'aiment et voilà l'importance.

Zack avait toujours la bague dans sa poche. Il n'avait pu se résigner à la ranger dans un tiroir jusqu'au samedi suivant. Il alla la chercher dans son veston. Il se mit à genoux sur le lit et ouvrit la boîte. Maggie souriait maintenant en le regardant à genoux, tout nu devant elle qui était aussi nue. Il n'y avait que Zack pour faire une chose pareille.

— Chérie, bébé ou non je voulais te demander en mariage samedi devant ma famille, mais voilà…je t'aime Maggie, je t'ai vraiment dans la peau…tu veux bien m'épouser?
— Maggie lui sauta au cou, elle l'embrassa et les larmes recommencèrent.
— Oui je t'aime Zack, je t'ai aussi dans la peau…et une partie de toi dans mon ventre.

Il la serra fort contre lui.

— Regarde ta bague Maggie. Le plus gros diamant est pour nous et les deux petits de chaque côté sont pour mes filles. Nous en ferons ajouter un quand notre enfant naîtra.

Maggie pleurait de joie. L'homme qu'elle avait devant, dans ses bras, était merveilleux et attentionné.

— Alors je t'épouse avec tes filles Zack, je les aime tant.

Zack mit la bague au doigt de Maggie et ils refirent l'amour jusqu'aux petites heures du matin.

— Zack, c'est à cause de ce qui est arrivé à Avil que tu as eu si peur?

— Hum, y'a d'la Zoé dans cette phrase. Oui, je ne veux pas qu'il t'arrive quoi que se soit.

— C'est moi qui ai demandé à Zoé de m'en parler. Tu sais, tu ne dois pas t'inquiéter. Ce n'est pas sa grossesse qui a fait ça. C'était en elle déjà avant la grossesse. J'ai demandé à pouvoir consulter son dossier à l'hôpital. Il était aux archives depuis peu, alors cela n'a pas été un problème. Elle avait le cancer avant de tomber enceinte. Les tests le montraient. J'ai même discuté avec le médecin qui l'a soigné. Il m'a dit qu'au moment de lui en parler, elle l'a devancé en lui disant qu'elle était enceinte. Mais il était trop tard pour lui suggérer d'avorter dans ses conditions, il a préféré attendre après la grossesse.

— Cela veut dire qu'elle a conçu les filles avec…

— Attends Zack. Le médecin m'a aussi dit qu'il n'y a pas de chance pour que cela ait affecté les filles.

— Ah! merci Maggie. Si tu savais combien de fois je me suis posé cette question. Maggie promet-moi de ne jamais te négliger et je voudrais prendre soin de toi.

— Promit Zack. Je t'aime.

— Hum, je crois que je vais être ton médecin pour quelque temps.

Maggie pouffa de rire.

— Quelle vie prometteuse. Tu me surprendras toujours Zack. Que me prescrit le docteur Mezzo?

— Beaucoup…beaucoup d'amour. Tu laisses ta maison à Barbara pour ses journées de congé et ses vacances. Tu emballes tes choses et tu viens vivre avec nous…qu'en dis-tu?

Il la regarda dans les yeux avant de l'embrasser et d'ajouter.

— Toujours me laisser t'aimer aussi. Je veux te faire l'amour encore et encore.

— Quoi Zack, tu veux que Barbara vienne habiter ici?

— Non pas nécessairement. Je veux qu'elle habite chez nous. Elle viendra ici juste ses journées de congé et vacances comme elle le faisait déjà. Nous en avons besoin avec les jumelles, nos carrières respectives et la grossesse maintenant. Je veux que tu viennes habiter avec nous Maggie, je ne peux pas te savoir loin de moi.

— Hum, t'en veux des choses toi. Elle lui souriait. Juste un problème Zack, tu as oublié mes chevaux et ils seront loin maintenant. Je dois m'occuper d'eux chaque matin. Je sais que je ne peux plus les chevaucher aux grands galops, mais je vais pouvoir faire des promenades au pas. Je veux quand même m'en occuper.

— Maggie, n'utilise pas ce mot tu me mets en érection à la minute que tu le prononces.

— Oh! J'avais oublié quel effet le mot chevauché te faisait. Prends-moi Zack. Nous trouverons bien une solution.

— Viens par ici. Tu me tortures. Tu as beaucoup trop de vêtements pour l'instant. Pour ce qui est des chevaux, nous rapprocherons l'écurie de notre maison.

Le lendemain matin quand ils arrivèrent à la maison ensemble et heureux, Barbara voyait ou espérait que ce soit ce qu'elle croyait voir dans leurs yeux. Elle lançait des coups d'oeil à Zack pour lui faire comprendre qu'elle voulait savoir.

— Oh Barbara! Nous voulons t'annoncer une…non deux bonnes nouvelles.

— Il alla prendre Maggie dans ses bras et sans lâcher son regard.

— Nous allons nous marier. Maggie à toi l'honneur pour l'autre nouvelle.

Maggie hésita et Zack resserra son étreinte.

— Je suis enceinte Barbara.

Barbara les enlaçait tous les deux.

— Quelles bonnes nouvelles pour vous deux! Félicitation, je suis si contente pour vous deux.

Les filles accouraient vers eux.

— Oups! Non pour vous quatre.
— Non cinq. Venez les filles.

Tous avaient un beau sourire. Zack leur expliqua qu'il allait lui demander après la fête de Zackarianne et Zoyanne. Zack avait préparé une fête chez lui pour les filles, elles fêtaient déjà leur troisième anniversaire. Toute la famille y assisterait. Il décida de téléphoner sa mère, il ne pouvait contenir sa joie et avait besoin de lui dire.

— J'ai un peu ruiné la surprise, mais cela en valait la peine maman.
— Zack, quand les choses se passent comme cela sans notre contrôle, pour moi ce sont des signes…que l'amour est vrai et que ce n'est pas nous qui la guidons, mais bien l'amour qui nous

guide. Alors nous allons tous venir fêter cela avec vous quatre samedi comme prévu.

— Merci maman.

— Je suis tellement heureuse pour toi Zack.

— Maman, j'ai quelque chose d'autre à te dire. Je vais l'annoncer aux autres samedi. Maggie et moi allons avoir un enfant…et j'avais déjà prévu de demander sa main avant de savoir.

— Oh Zack! qui suis-je pour te juger? Je suis si contente pour vous deux. À quand l'écographie?

— Maman! Ça ne peut pas être encore des jumeaux hein?

— Je ne crois pas, je te taquinais un peu. Nous serons là samedi. Je vais annoncer cela à papa immédiatement.

— Zack alla rejoindre les filles au salon et s'installer à côté de Maggie.

— Chérie, quand crois-tu pouvoir passer l'échographie?

— Habituellement cela se situe vers la dix-huitième semaine, mais je vais demander à des collègues de l'hôpital s'ils ne peuvent pas me faire un petit spécial.

— Super, j'aimerais être là.

— Je n'irais pas sans toi, je t'y trainerai de force.

Ils rirent tous. Zack savait bien que Maggie pourrait bien le faire. Zack chuchota dans le cou de Maggie.

— Tu viens à cheval avec moi, je voudrais revivre quand tu m'as fait chevaucher avec toi. Nous irons très, très doucement.

Elle le regarda dans les yeux et se mordit la lèvre.

— Hum, je ne dirais jamais non à cela. Viens.

Ils partirent doucement sur le même cheval. Ils voulaient revivre cette nuit où ils avaient conçu cet enfant. Le coucher de soleil était déjà commencé, ils s'installèrent sur leur rocher et firent l'amour à la tombée de la nuit.

Maggie et Zack allèrent finalement pour l'écographie la semaine même et il révélait bien des jumeaux. Il regarda Maggie avec une moue.

— Désolé Mag, je crois que je ne suis pas capable de faire juste un bébé à la fois.

— Ah! Ah! tu es drôle toi, moi je suis contente. C'est deux pour un, mais après, je crois que c'est tout.

— Tu imagines le travail que cela nous donnera avec les filles et les nouveaux bébés.

— Ne t'inquiète pas Barbara sera toujours là pour nous aider.

Ils se présentèrent tous chez Johannie et Frédérick le samedi pour l'annonce officielle du mariage et de la nouvelle naissance à venir.

— Zack, Ted et moi avons un beau garçon, je voulais essayer pour un autre et ensuite arrêter. Mais là tu me fais sérieusement peur. C'est presque qu'anormal d'avoir deux grossesses multiples.

— Zoé, tu n'as rien à te plaindre. Tu as eu une grossesse normale. Je te trouve chanceuse, mais une double grossesse peut arriver à tout le monde. Très drôle, je suis normal et oui cela peut arriver.

— Parce que tu es médecin maintenant Docteur Zack.

Ils rirent en voyant Maggie s'approcher.

— On parle du docteur ici.

— C'est Zoé, parce que je lui ai dit que d'avoir deux grossesses multiples était normal.

— Oui bon je t'enlève ton titre de docteur, car il ne faut pas être docteur pour savoir cela. On peut juste dire que tu as un sperme assez convaincant.

— Maggie, que me fais-tu là?

Maggie et Zoé riaient. Ils s'entendaient si bien ensemble. Zack appréciait cette complicité entre les deux femmes qu'il aimait. Ils passèrent tous au salon pour préparer le mariage.

— Quelle famille bruyante! Bon, on le prépare ce mariage les enfants.

Tous regardèrent Frédérick avec son air si fier de patriarche de la famille. Johannie à ses côtés, tout aussi fière que lui. Zack prit la parole.

— Pour la date du mariage, ce sera assez rapide. La question est, sommes-nous capables d'y arriver?

— Oui, ne t'inquiète pas, Amélia et moi allons t'aider. On a pris de l'expérience.

Tous acquiescèrent. Et chaque femme de la famille avait une tâche à faire et elles se rencontrèrent le jeudi suivant pour coordonner le tout.

Zack et Maggie étaient dans la salle de conférence quand Johannie, Zoé et Amélia entrèrent. Zack prit son croissant, son café et s'éclipsa en levant ses sourcils.

— Je dois voir papa d'urgence.

Les filles riaient de lui.

— Bonjour papa.

— Hé Zack! Tu n'es pas en train de faire des préparations de mariage toi.

— Tu veux vraiment ma mort toi.

— Ah! Ah! Ah! que dirais-tu de parler voyage de noces?

— Ça semble beaucoup plus agréable.

— Croyez-vous aller en Italie vous aussi?

— Hum, Mi è sempre piaciuto l'Italia.

— Ah! Je suis si fier quand j'entends mes enfants dire cela.

— Alors, tu crois que je devrais maintenir la tradition?

— C'est une tradition maintenant? Pourtant Zoé et Ted ont opté pour les îles Fidjies et nous nous sommes beaucoup amusés, c'était un merveilleux voyage.

— Ouin, je n'en ai pas parlé à Maggie. Attend je l'appelle.

— Hein, tu ne veux pas aller la voir, tu n'as que vingt pas à faire.

— Pas question d'entrer là.

Il prit son téléphone et discuta avec Maggie. Elle était d'accord pour l'Italie, elle disait même en rêver. Après la communication, il se tourna vers son père avec un gros sourire.

— Italia noi arriviamo.

— Tu sais que tu parles très bien italien. Nous ne discutons plus assez souvent en Italien. Cela me manque. Alors…vous n'allez que vous deux?

Zack avait très bien compris son père, mais il aimait le taquiner en ce moment.

— Non, j'aimerais bien y amener les filles aussi.

— Ah oui! Mais nous pourrions aller pour garder les filles pour que vous puissiez prendre un peu de bon temps.

— Bof! Pourquoi pas? Appelle les gars pour savoir ce qu'ils en pensent.

Tous les hommes de la famille étaient maintenant à parler tous ensemble dans le bureau de Frédérick.

— Vous entendez ce vacarme les filles.

— Oui maman, et je sais ce que nos hommes font. Maggie c'est bien de voyage que Zack t'a parlé au téléphone.

— Oui…nous allons tous en Italie.

— Johannie et Zoé se croisèrent du regard et souriaient.

— Croyez-vous apporter les filles, car un voyage en Italie ne se fait pas en moins d'un mois pour bien visiter?

— Oh! Nous ne pourrons jamais laisser les filles ici pour un mois. Ce serait impossible pour Zack et même moi, je m'y suis tellement attaché.

— Tu sais la famille de Frédérick est là-bas et nous pourrions allez avec vous et prendre soin des filles pour vous permettre de vivre votre lune de miel.

— Wow! C'est tellement gentil de votre part. Vous croyez que Zack approuverait?

Zoé riait aux éclats.

— Maman qu'est ce que tu lui fais. Maggie, je vais te dire ce qui va exactement se passer. Maman et papa vont payer votre voyage de noces et les hommes sont en train en ce moment même de…non à les entendre, je crois que Zack a déjà accepté que nous venions tous avec vous.

— Oh!

— Mais ne t'en fait pas chérie, nous prendrons soin des filles et vous pourrez prendre du bon temps et nous aurons quelques soirées tous en famille avec la famille italienne de mon mari.

— Et pourquoi pas, je suis si bien avec vous tous. Johannie, vous avez une merveilleuse famille.

Zoé avait déjà sauté sur son cellulaire et annonçait à Ted qu'ils partaient pour l'Italie.

— J'ai une demande à vous faire les filles. J'aimerais que vous n'en parliez pas à Zack et quand il me demandera, je ferai la moue pour indiquer que je ne veux pas cela. J'imagine de voir sa déception. Mais ce sera ma revanche, car il me fait assez souvent des petites farces comme cela.

Zack se pointa dans la salle de réunion et demanda à Maggie de le suivre dans son bureau, qu'il devait discuter avec elle.

— Maggie chérie, je me demandais si tu n'avais pas d'objection à ce que nous amenions les filles, car un mois sans elles n'est pas concevable pour moi. Mon père m'a offert de venir avec nous, avec maman bien sûre, pour surveiller les filles pour que nous puissions faire des choses seules.

— Oh! tes parents et les filles à notre voyage de noces…hum.

— Quoi? Tu n'approuves pas!

— Bof!

Zack était presque sur le point de pleurer tellement il était déçu, il ne savait plus où regarder. Maggie n'en pouvait plus de cacher ses émotions, elle souriait.

— Bien Maggie, je comprends. Dans ce cas, si tu n'as pas d'objection, nous irons moins loin et…pourquoi tu souris là?

— Bien, moi ce que je veux vraiment Zack c'est d'aller en Italie, mais Amélia et Ogan sont allés avec toute ta famille.

Zack la prit dans ses bras et il souriait à pleine dent.

— Tu savais, tu me taquinais là hein?
— Oui, les filles m'avaient bien averti. J'aime être avec toute ta famille Zack, je les aime tous.
— Moi c'est toi que j'aime. Allons leur dire la bonne nouvelle.
— Tu parles des gars, là parce que nous les filles, c'est déjà tout arrangé.
— Ah! que vous êtes mesquines vous les femmes.

Tous étaient maintenant dans la salle de réunion à discuter du voyage. Zoé jeta les hommes dehors prétextant qu'elles devaient continuer les préparations du mariage.

— Tu l'as bien eu?
— Oui, mais je n'ai pas pu le faire languir trop longtemps. Je ne l'avais jamais vu avec un visage si peiné. J'ai fait exprès de sourire et il a tout de suite compris.

Le mariage fût célébré quand Maggie était à dix semaines de grossesse. Ils partirent tous pour l'Italie. Elle était heureuse. Ses parents adoptifs avaient aussi été invités à faire partie du voyage, mais ils avaient refusé.

Au retour Maggie s'installa définitivement chez Zack. Ils avaient déjà débuté la construction d'une écurie non loin de la maison et Maggie voulait offerts aux filles des poneys. Maggie avait adopté les Zackarianne et Zoyanne, elle les aimait comme ses propres filles.

— Maggie, tu crois que tu aimerais revoir ta famille quand nous aurons les bébés. Pour leur montrer.

— Non, je ne les ai jamais revus. À quoi bon?

— Maggie, tu sais très bien que c'est comme ils étaient élevés, comme ils avaient appris. Ce n'est pas nécessairement de leur faute, je crois.

— Je crois que j'ai marié le meilleur des hommes sur la terre. Tu sais que tu es un tendre toi.

— Oui, mais ne le dis pas trop fort.

— Ah! Ah! je t'aime.

Il l'embrassa tendrement avant de reprendre sa discussion.

— Tu veux bien chérie.

— Tu sais que tu ne vas pas aimer, mais pas du tout.

— Alors je le prendrai comme une visite touristique. Je crois que tu devrais, je sais qu'il te manque quelque chose dans la vie Maggie. Tu dois y faire face.

— C'est si difficile Zack.

— Ne t'inquiète pas, je serai avec toi. Les bébés seront là bientôt et quand tu te sentiras assez bien pour faire le voyage, nous irons tous. Entre-temps, quand l'écurie sera terminée, nous allons devoir penser à agrandir la maison si nous voulons continuer à avoir des visiteurs ici.

— C'est terrible, quatre enfants.

Elle sourit tendrement à Zack.

— Tu sais j'aimerais aussi que Zackarianne et Zoyanne ai leur propre chambre communicative en grandissant. Il me semble l'avoir prévu quelque, mais quelqu'un a tout chamboulé mes plans.

Les bébés à venir étaient pour avoir cette chambre. La vie de Zack avait tellement changé depuis trois ans.

— J'ai calculé qu'avec les appartements de Barbara et les chambres don't nous avons besoin que je devrais peut-être me résigner à faire un deuxième étage. Qu'est-ce que tu en dis?
— Que vas-tu faire avec les chambres du bas?
— Qu'allons-nous faire plutôt? Je crois que nous trouverons bien…les enfants vont les envahir.

Maggie était impatiente d'acheter les poneys pour les filles et elle espérait secrètement que Zack en voudrait un pour lui.

— Zack.
— Oui bébé.

Maggie se mordit la lèvre.

— Ne fait pas ça, tu m'excites.
— Je veux bien t'exciter, mais pour autre chose. Une autre sorte de passion mon chéri. J'aimerais que nous allions choisir les poneys pour les filles ce week-end et si cela est possible…un pour toi.
— Un poney?
— Zack, un bel étalon comme toi mon chéri.
— Wow! Je n'ai pas vraiment hum…comme…le pied marin avec un cheval.
— Ah! Ah! j'aurai tout entendu avec toi. Le pied marin avec un cheval…Zack, tu veux plutôt dire que tu n'es pas trop à l'aise sur un cheval.
— Ouin. Nous pourrions aller pour les filles et on verra pour moi.
— O.K.
— Tu sais bien que c'est avec toi que j'aime chevaucher.

— Oui et moi aussi, des deux façons.

Il la prit dans ses bras et l'embrassa et pressa son corps contre le sien.

— Juste à penser à ça et l'eau me vient à la bouche bébé.
— Je vois que ton corps à une autre réaction.
— Oui, juste pour toi bébé, juste pour toi.
— Je suis gâtée avec toi.
— Je le prends pour un compliment. Moi aussi je suis gâté avec toi. Viens, suis-moi…je suis un homme perdu par ta faute.

Il l'enlaça et la fit tomber sur le lit. Il lui fit l'amour que jamais il s'était attardé sur son corps.

— Je suis aussi une femme perdue avec un homme comme toi. Si tu me fais l'amour comme cela une autre fois, je te promets de ne plus pouvoir sortir de la chambre. Je t'aime mon chéri.
— Moi aussi bébé. Tu sais faire l'amour avec toi sur le rocher était la plus belle folie que j'ai fait dans ma vie et j'aimerais le refaire souvent. J'aimerais aussi qu'avec nos deux domaines réunis, que nous puissions trouver un coin à nous au bord de la mer où nous pourrions faire des pique-niques et nous laisser à faire l'amour au soleil.
— Hum, je crois que c'est toi qui me fais saliver cette fois.
— Alors nous allons devoir remédier à cette situation.
— Sur Rancho ou dans le lit?
— Nous allons devoir commencer au lit et ensuite je t'amène à cheval. Je vais t'amener faire un pique-nique sur le bord de la mer aujourd'hui…nous allons bien trouver un coin.

Il la souleva et elle enlaça ses jambes autour de Zack.

— Ce malheureux pantalon! J'aime bien les jupes…très courtes de préférence.

— Ah! Là là, Zack Mezzo, quel terrible monsieur tu fais!

— Sans culotte, encore mieux.

— Sur le cheval une jupe ne serait pas terrible, mais pour un pique-nique. Je vais peut-être te faire une surprise.

— Tu me rends fou, ne dis plus rien sinon je ne pourrai plus me retenir.

Le jour de l'encan de chevaux était arrivé. Ils étaient assis dans les estrades à attendre le début des parades de chevaux. Quand il était question de chevaux, les yeux de Maggie devenaient étincelants. Elle avait des flammes dans les yeux. Elle était si belle à regarder. Elle était sa flamme de son coeur qu'il ne croyait plus pouvoir avoir après la naissance de ses filles. Il était aux anges, elle l'aimait et elle avait accepté ses filles comme les siennes.

Zack regarde. Les étalons commencent à sortir. Ensuite ce sera les juments et les poneys suivront.

Il se pencha à son oreille.

— C'est moi l'étalon depuis que je te connais.

Elle le regarda dans les yeux.

— Je suis bien d'accord avec toi. Oh! Regarde-moi celui-là, il est splendide.

— Je suis jaloux que tu le trouves plus beau que moi.

— Ne t'inquiète pas il n'est pas plus beau que toi.

— Tu n'as jamais eu une réaction comme cela pour moi.

— C'est ce que tu penses hein. La première fois que je t'ai vu à la plage, j'en suis tombée dans les pommes. J'ai dû me reprendre très vite, car mon métier me rappelait à l'ordre.

Les chevaux défilaient tout en annonçant les informations reliées à ceux-ci. Celui que Maggie aimait se nommait Shadow. Il était blanc tacheté de caramel et le sien, Rancho était blanc tacheté de noir. Elle le voulait, même si Zack n'en voulait pas. Le prix fit sursauter Zack.

— Treize mille dollars pour un cheval!
— C'est un très bon prix, mais il va se vendre beaucoup plus cher que cela quand les enchères commenceront.
— Comment as-tu payé pour le tien?
— Vingt-quatre mille dollars.
— Ouf! Pour un cheval seulement.
— Je le referais n'importe quand. Cette race est très recherchée. Il est très rare qu'on en voie à vendre, c'est pour cela que je te dis qu'il se vendra beaucoup plus cher.

Il regarda Maggie, lui était estomaqué et elle, elle était passionnée comme un enfant à qui l'on donne un nouveau jouet qu'il voulait vraiment. Il voulait lui faire plaisir et cela lui ferait chaud au coeur de la voir toujours heureuse, c'est ce qu'il voulait le plus au monde…la voir toujours heureuse.

— Tu sais ce que je devrais peut-être faire Maggie.
— Non, dis-moi.
— Acheter celui-là. En plus c'est un étalon. Alors nous pourrons les faire accoupler pour en avoir d'autres.
— Ah! Ah! Ah! Zack, le mien est aussi un étalon.
— Ah! Voilà mon grand manque d'expérience.
— Si tu étais plus souvent près de lui, tu l'aurais vite deviné.
— Oui, j'ai déjà vu ça. Mais je ne l'ai pas vu sur lui et à vrai dire, je n'ai pas cherché à le savoir.

— Alors on verra à la vente ensuite si nous pouvons réussir à l'avoir. Entre-temps nous allons regarder les autres, car si nous n'arrivons pas à avoir celui-là, nous allons devoir en choisir un autre.

— Pourquoi nous ne réussirions nous pas à l'avoir.

— Si l'enchère monte trop haut.

— Si je le veux, je l'aurai.

Il se pencha à son oreille pour que personne n'entende.

— Si je suis vraiment dans le pétrin, je vais appeler ma mère. Chut.

— Mon Zack, tu es terrible gâté.

— Non, mes parents ont toujours dit que nous devions gagner ce que nous voulions dans la vie.

— Et?

— Et…et si je ne peux pas l'avoir, je vais faire appel à elle et nous trouverons une solution c'est tout.

— Finalement, je me demande bien si ce n'est pas un poney que je devrais te faire acheter toi aussi.

Il la regarda avec un air surpris.

— C'est cet étalon et j'apprendrai.

— Très bien monsieur.

— Vilaine, ce n'est pas drôle. Je vais chercher des hot-dogs, tu en veux?

— Oui, deux s'il te plaît.

Il disparut et aussitôt hors de vu et éloigné du public, il appela sa mère pour lui faire part de la situation et savoir si elle pouvait lui accorder un prêt si jamais il ne pouvait se le permettre.

— Hum, c'est un peu comme un jouet.

— Oui, mais si les filles et Maggie font du cheval, je dois apprendre aussi. Tu comprends.

— Oh! oui Zack, je comprends très bien. Bon, nous allons mettre quelques conditions qui nous favoriseraient autant qu'à nous qu'à toi.

— O.K. quelles conditions?

— Maggie n'utilisera plus sa maison, alors que diriez-vous si en échange du cheval que je vais t'acheter, Maggie nous prêtait la maison quand nous voulons passer quelques jours près des enfants?

— Je suis assuré qu'elle n'aurait aucun problème avec cela. Crois-tu pouvoir rester chez toi quelques heures et je te téléphonerai pour savoir quel montant, dois être transféré à mon compte?

— Hum, j'ai l'impression que je viens de jouer avec le feu. Oui je reste et j'attends ton appel.

— Je t'aime maman, tu es un ange.

— Un ange bien riche.

— Oui, je te l'accorde, un ange bien riche qui adore ses enfants. Merci maman.

Il retourna s'asseoir avec Maggie avec un sourire plus large que jamais. Maggie le regarda s'asseoir et elle souriait.

— Bon, tu en as vu d'autre potentiel?

— Je vois que la réponse de ta mère était favorable.

— Pourquoi dis-tu ça?

— Premièrement, parce que ton sourire est mémorable. Deuxièmement, parce que je n'ai pas deux hot-dogs dans mes mains.

— Ah! Ah! je suis pitoyable. Oui elle était favorable. Elle demande en échange de pouvoir utiliser ta maison quand ils auront envie de venir passer quelques jours près des enfants…tu crois que c'est possible?

— Merveilleux. Mes hot-dogs maintenant.

— Oui, sans faute cette fois.

Maggie réussit à avoir le cheval pour dix-neuf mille dollars. Zack était heureux, mais son anxiété monta d'un cran. Il allait vraiment devoir apprendre maintenant. Il ne pouvait plus retourner en l'arrière.

Les semaines passèrent. Maggie avait maintenant son écurie tout près de la maison. Maggie et Zack entrainèrent les filles chaque jour.

— Zack, je crois que ça y'est.

— Quoi, mais non, il reste encore un mois chérie, c'est impossible.

— Je te dis que ça y'est.

— Merde, nous sommes à deux heures de l'hôpital Mag.

— On part immédiatement et Barbara prendra ma voiture familiale pour venir avec les filles chez tes parents.

Six heures plus tard, Maggie accoucha de leurs deux garçons.

— Tu as été merveilleuse chérie. Tu sais, je crois que je ne voudrais plus jamais assister à un accouchement pour te voir souffrir à nouveau comme cela. Je crois sincèrement que nous avons notre lot maintenant.

— D'accord avec toi mon amour. Je crois que nous allons être très occupés pour les vingt prochaines années.

— Vu comme ça, je crois que je suis en dépression docteur.

Son accouchement avait été très difficile. Cristiano et Marco étaient nés. Deux mois plus tard, Zack réussit à convaincre

Maggie à nouveau de visiter sa famille avec ses filles adoptives et ses fils. Elle était très surprise de voir que sa famille était heureuse de la revoir et sa mère lui avoua qu'elle l'avait laissée aller, car elle voulait une meilleure vie pour elle. Ça lui avait brisé le coeur de donner sa fille comme cela, mais qu'elle savait très bien que c'était la seule façon de lui offrir meilleure que ce qu'eux pouvaient lui offrir.

— Merci Zack, merci de m'avoir ouvert à cette possibilité que je ne croyais pas possible.

— Tu en seras plus heureuse Maggie et nous y retournerons quand tu voudras. Mais la prochaine fois, on leur apportera plus de cadeaux.

— Ma vie est comblée, j'étais si malheureuse quand ma mère m'a avoué m'avoir laissé aller pour avoir une vie meilleure. Si j'avais su, j'y serais retourné beaucoup plus tôt. Je suis si heureuse que tu aies insisté.

— Je sentais que tu en avais le besoin. La famille c'est important. Viens, je crois avoir besoin d'une leçon de cheval.

— Je t'aime.

Emmanuël Mezzo face à son secret

Emmanuël est un homme perturbé. À l'âge de seize ans, il se rend compte qu'il est homosexuel. Rien de plus normal en 2014, nous sommes ouverts à cela. Les gens prennent de plus en plus leur place sur ce sujet. Emmanuël lui, a toujours un problème quand viens le temps d'avouer à sa famille. Pour lui, il se devait de ne pas défaire l'image parfaite de cette famille. Par contre, après avoir vu Ogan et Amélia attendre un enfant sans être encore marié, ainsi que Zack et Maggie, il pense de plus en plus qu'il a sa place lui aussi dans cette famille, même en étant homosexuel. Mais il est si facile pour lui d'y penser, de le faire est une tout autre chose, il n'en est pas capable. Ogan et Jason essaient tous deux de l'inciter à le faire pour son propre bien.

Emmanuel a été élevé avec trois garçons très machos et une fille ou plus exactement une princesse. Aucun ne c'étaient aperçu qu'il été homosexuel, car chaque fois qu'il y avait une sortie officielle ou pour des évènements chez ses parents, il avait une jolie femme à son bras. Il pouvait dire qu'il était aussi sollicité que ses trois frères, mais les femmes qu'il prenait à son bras étaient toutes des escortes qu'il payait. Son image d'homme normal pour lui été homosexuel, mais l'image qu'il prochetait de lui à sa famille se devait être un homme hétérosexuel.

Avec l'aide d'Ogan et Amélia, Jason le conjoint d'Emmanuël, avait pu venir en voyage en Italie avec sa famille en se faisant passer pour l'ami d'Ogan. Après avoir vécu cela, Emmanuël avait fait un grand pas dans le sens inverse. De garder son secret n'était plus sa priorité. Alors, il devait trouver le courage d'annoncer la nouvelle à sa famille.

Depuis déjà huit ans qu'il habitait avec Jason. La famille de Jason était au courant depuis leur début, ils allaient régulièrement dans la famille de Jason et partageaient tout. Ils adoraient Emmanuël.

— Salut Jason.
— Salut toi. T'as passé une belle journée ?

— Oui. Jusqu'à ce que Zoé annonce qu'ils se marient elle et Ted. Sais-tu où ils veulent faire leur mariage ?

— Non, dis-moi.

— Aux iles Fidji. Sur l'île où elle a trouvé mon oncle Miki

Jason le regardait. Il savait très bien qu'il avait eu une chance innée de pouvoir être du voyage pour le mariage d'Ogan et Amélia, mais une chance comme cela ne revenait pas une deuxième fois. Si Emmanuël continuait à ne jamais vouloir rien dire à sa famille, il vivrait encore une belle chose sans lui, une chose qu'ils devraient en temps normal partager en couple ou comme la plupart du temps, il se passerait d'y être.

— Ah ! C'est bien pour eux.

— Hé ! Viens ici.

Emmanuël prit Jason dans ses bras.

— Je suis vraiment désolé.

Je comprends Emmanuël, mais n'oublie pas que notre vie est une vie qui semble toujours être en suspens à attendre que tu te décides. Ce n'est pas comme si tu deviendrais hétérosexuel éventuellement tu sais et tu ne changeras pas de famille non plus. Tu dois y penser.

— Je sais, je sais.

Emmanuël ne dit plus rien, il avait l'air distrait pendant que tous les deux préparaient le repas. Jason détestait ces moments où il le savait, il lui faisait de la peine. C'était à lui de détendre l'atmosphère.

— Les îles Fidji. Tu sais que tu me fais baver là.

Emmanuël lui sourit, il l'aimait tant. Il savait que Jason voulait détendre l'atmosphère, ils se connaissaient que trop bien tous les deux.

— Oui. En plus…
— Ah non ! n'en r'ajoute pas. Je vais pleurer toute la nuit comme un bébé.
— Ah! Ah! Ah! Je te le dis quand même. Zoé, Ted et Zack sont tous d'accord pour dire que c'est le paradis sur terre.
— Tu es terrible de me dire cela. Tu prendras plein de photos et quelques vidéos pour moi.
— Promis et je t'aurai dans mon coeur toute la durée du voyage.
— Je t'aime.
— Moi aussi mon amour, moi aussi.

Ils partirent pour le travail le lendemain, tous les deux avocats, mais dans différents cabinets. Jason travaillait dans un cabinet concurrent de celui des parents d'Emmanuël.

— Bonjour Emmanuël.
— Bonjour ma belle Amélia. En as-tu assez de ton mari ? N'oublie pas chérie, si tu te décides, tu peux venir travailler pour moi n'important quand.

Ils souriaient. Emmanuël adorait Amélia. C'était sa confidente depuis le premier jour où elle était entrée au service de ses parents, ils étaient devenus les meilleurs amis.

— Je l'aime toujours cet abruti.
— Ah mon dieu ! S'il t'entendait ce pauvre petit bambino. Il en mourrait.

— Emmanuël, pour hier…l'annonce du mariage de Zoé et Ted. Que vas-tu faire ?

— Je ne sais pas. Que veux-tu? Aller voir Zoé, tout lui dire et lui demander qu'elle l'invite comme son ami elle aussi. Cela a fonctionné une fois, mais pas deux fois Amélia.

— Tu es toujours aussi entêté que Zoé toi.

— Quoi !

— Tu as très bien compris Emmanuël. J'ai dit que tu étais aussi entêté que ta soeur Zoé. Tu ne crois pas qu'il est temps de parler?

— Amélia s'il te plaît. Jason m'a déjà cassé les oreilles avec ça hier soir.

— Justement, bonne raison pour croire que c'est le bon temps.

— Bon, je vais devoir te mettre à la porte de mon bureau si je ne veux pas commencer ma journée avec une belle migraine.

Johannie, la mère d'Emmanuël, passait et entendit la fin de la conversation. Elle s'arrêta sur le pas de la porte et vit qu'Emmanuël ne semblait pas bien. Il avait les traits tirés et les yeux très fatigués. Elle voyait qu'il n'avait probablement pas dormi de la nuit. Elle comprit que pour lui, faire les premiers pas, n'arriverait peut-être jamais et qu'elle ne pouvait plus supporter de le voir constamment se battre avec ce problème et ne pas être heureux. S'il était heureux avant aujourd'hui avec son secret, il ne l'était plus maintenant. Cela lui brisait le coeur. Elle pouvait faire quelque chose et elle se devait de le faire.

— Bonjour vous deux.
— Bonjour.
— Alors il veut vraiment te mettre à la porte de son bureau ?

Emmanuël regarda Amélie, il se demandait si sa mère avait entendu toute la conversation ou juste cette phrase.

297

— Il paraît qu'il n'aime pas se faire taquiner le matin celui-là.

Johannie continua son chemin en riant. Elle se dirigea directement dans le bureau de Frédérick. Elle en avait les larmes aux yeux. Pourtant elle était une femme de caractère, une femme forte. Mais de voir un de ses enfants de plus en plus malheureux, ça non.

— Frédérick mon chéri, je n'en peux plus. Il est temps pour Emmanuël.
— Que veux-tu dire ?
— J'en ai assez de le voir malheureux.
— Ah ça ! Tu sais Johannie, nous avions discuté et respecté sa décision de ne pas rendre son homosexualité publique sans que ce soit lui qui le décide.
— Je viens de le voir et j'ai réalisé qu'il ne serait peut-être jamais capable de le faire. Il est trop malheureux Frédérick. Nous devons faire quelque chose.

Johannie pleurait à chaudes larmes et Frédérick se leva pour la serrer dans ses bras.

— Est-ce que tu sais pourquoi il est malheureux aujourd'hui ?
— Je devine facilement oui. C'est probablement l'annonce du mariage de Zoé. Il n'osera pas jouer le jeu de l'ami une deuxième fois et il n'osera pas non plus amener Jason.
— Oui je comprends. Mais que faire? Nous avions dit que c'était à lui seul de décider.
— Je réalise ce matin qu'il ne le pourra jamais. Il ne doit pas vouloir nous faire de la peine.
— Je suis d'accord avec toi Johannie. Comment allons-nous procéder ?

— Il y a plusieurs options. Soit qu'on lui parle et qu'il l'annonce aux autres, soit qu'on parle aux autres pour lui parler ensuite ou encore nous pourrions parler avec Ogan et Amélia, ils le savent eux, ils pourraient peut-être nous aider. Je ne sais pas quelle est la bonne manière pour le blesser au minimum.

— Hum…je crois qu'on devrait peut-être parler aux autres aujourd'hui parce que Zack et Maggie sont ici et que ce soir, nous pourrions aller chez Emmanuël et Jason pour leur parler en même temps.

— Parfait pour moi, plus vite ce sera fait, mieux cela vaudra.

Emmanuël alla s'excuser auprès d'Amélia, il l'avait chassé de son bureau d'une manière très impolie et il s'en voulait.

— Hé ma belle ! Je suis désolé pour ce matin.

— Ce n'est pas grave. Je vais finir par t'avoir et te remettre ça.

— Très drôle. Tu me pardonnes à ce que je vois.

— Toujours mon d'amour.

Elle se leva et lui prit les mains dans les siennes.

— Emmanuël, je vais toujours tout te pardonner parce que tu es mon ange.

Ogan entra dans le bureau d'Amélia au même moment où Emmanuël donnait un baiser à sa femme.

— Ah non ! Pas encore à embrasser ma femme. Lâche de tourner autour d'elle.

— Ah! que veux-tu, si tu ne l'avais pas marié, je l'aurais fait? C'est un ange et apparemment, je suis son ange.

— Ah! Ah! Ah! ! ça, c'est ce que toi tu penses, mais elle est loin d'être un ange.

— Arrête Ogan, c'est vrai que je suis un ange.

Frédérick et Johannie étant d'accord de faire l'annonce de l'homosexualité d'Emmanuël, il demanda aux autres enfants de se présenter à une réunion importante. Qu'ils avaient à leur parler tous en même temps! Emmanuël étant à la cour pour l'après-midi, c'était le meilleur temps.

— Les enfants, nous vous avons réunis aujourd'hui sans Emmanuël, parce que nous avons à discuter de sa vie et que ce soir, votre mère et moi allons aller voir Emmanuël pour lui parler seul.

Michaël arqua les sourcils.

— C'est…bizarre ça !
— Non, vous allez comprendre.

Ogan regarda Amélia. Ils savaient tous les deux de quoi il devait s'agir. Ogan se rapprocha d'Amélie pour lui soufflée à l'oreille.

— Je voudrais bien ne pas être ici en ce moment. Je déteste mentir ou avouer pour les autres.
— Chut chéri.

Zack les regardait en souriant.

— Vous ne vous lâchez donc jamais vous deux.

Ogan lui fit une grimace.

— Tu es jaloux.

— Ah! Ah! Ah! les gars, vous êtes pathétique. Au moins Zack, il m'aime et est très jaloux, car il pense que tous les hommes veulent me voler à lui.

Tous riaient. Amélia avait ce don extraordinaire de détendre l'atmosphère la plus tendue et rendre les choses tellement plus faciles.

— Ecoutez les enfants, nous savons le secret d'Emmanuël depuis très très longtemps et nous voulions lui laisser le choix de vous en parler ou pas. Mais nous croyons maintenant qu'il en est incapable. Il est par contre très malheureux dans sa décision de ne pas en parler à sa famille, il se privatise et se punis par rapport à cela.

Michaël, Zack et Zoé arquèrent les soucis en guise de questionnement. Johannie regarda Frédérick et elle sourit.

— Il est facile de dire qui est au courant et qui ne l'est pas.

Ogan refit la grimace. Il voulait vraiment ne plus être là. Amélia tapa dans les mains et avait un sourire explosif. Depuis si longtemps qu'elle attendait cela pour son ami, son beau-frère, son confident…

— Maman, tu es en train de me donner des brûlements à l'estomac.
— Premièrement, la manière de présenter ce que nous avons à vous dire est probablement discutable. Mais d'une façon ou d'une autre, je crois qu'il n'y a pas une meilleure façon plus qu'une autre. Alors c'est la manière donc votre père et moi avons décidé de le faire.
— Enfin Johannie, enfin !

— Oui, je crois qu'il est temps, car je vois qu'Emmanuël est très malheureux. Je réalise qu'il ne sera jamais capable d'en prendre la décision lui-même. Alors s'il est fâché, il le sera contre moi, car c'est ma décision.

Johannie prit une grande respiration et se lança.

— Votre père et moi avons décidé de prendre les devants et de l'aider, car je ne peu plus le voir malheureux.
— Et c'est quoi son secret maman ?
— Avant, il est important pour nous de vous dire que vous faites tous partie de cette famille à parts égales.
— Ça, on sait maman.
— Oui.

Amélia se leva et alla serrer la main de Johannie.

— Allez-y Johannie, il en a tellement besoin. Depuis tellement d'années que je lui dis que vous êtes une bonne famille ouverte et vous allez tous l'accepter.
— Hum…les enfants, depuis le secondaire que nous savons qu'Emmanuël est homosexuel.
— Hein !

Amélia leur fit de gros yeux, elle les sermonna un peu.

— Ne soyez pas surpris. Tous les signes étaient là. Avez-vous déjà vu Emmanuël embrasser une femme passionnément ?
— Ah! bien oui, moi. Il passe son temps à embrasser la mienne.

Ils rirent tous. Amélia défendait son meilleur ami, en les mettant tous responsables de n'avoir rien vu.

— Écoutez les enfants. Je vais finir avant qu' Emmanuël arrive.

— Maman, papa, ne vous inquiétez pas pour nous. Nous l'aimons autant et c'est vrai qu'il ne semblait pas heureux par moment, alors si c'est cela qui pourrait le rendre parfaitement heureux, vous avez bien fait de nous ouvrir les yeux aujourd'hui. Merci.

— Merci Michaël. Cela est si important pour nous.

— C'est pareil pour moi.

— Moi aussi, mais cela m'apporte à penser. À ton mariage Ogan, ton ami Jason…

— Oui, c'est lui son conjoint. Désolé pour le mensonge, mais Amélia m'avait ouvert les yeux et je voulais tellement faire plaisir à Emmanuël tout en respectant qu'il n'était pas prêt à révéler son secret.

— Tu as bien fait frérot.

Emmanuël était arrivé depuis un moment et il les écoutait. Il était de l'autre côté de la porte. Son assistante lui avait dit qu'ils étaient tous en réunion dans la grande salle.

Quand il entendit, sa mère dire qu'ils savaient depuis le secondaire, il n'en revenait pas. Comment avait-il pu être si aveugle de son côté? Son père et sa mère l'avaient déjà accepté et depuis longtemps. Ils l'avaient toujours aimé et respecté comme ses frères et sa soeur.

Une larme lui coula sur la joue quand il entendit ses frères et Zoé qui disaient accepter tout normalement, que pour eux, ils voulaient leur frère heureux et qu'ils aimaient tous déjà Jason.

Amélia vit que la porte n'était plus bien fermée et entendit une petite toux. Elle sentait qu'il était là. Elle fit signe aux autres de se taire et alla vers la porte et le vit.

— Vient Emmanuël. Il ne manque que toi à cette réunion.

Il lui sourit, cette femme avait toujours exactement les mots qu'il fallait.

— Désolé, je ne peux pas tout de suite…je…je suis si ému.
— Arrête de toujours remettre à plus tard en ce qui concerne ta vie. Tu es un homme à ce que je sache, alors arrête de pleurnicher et entre dans cette salle où ta famille t'attend. Fini s'en avec ça tout de suite.
— Ah toi ! Tu ne me ménages pas.
— Viens, allez oust.
— O.K.

Il prit une grande respiration et vit sa mère qui l'attendait les bras ouverts. Amélia devait réagir.

— Je vous apporte un mauvais garnement qui écoute aux portes.

Tous partirent à rire et Emmanuël prit sa mère dans ses bras pour lui faire une bise.

— Je vous l'avais bien dit qu'il est toujours à embrasser les femmes. Viens ici chérie, ne reste pas près de lui.

Ogan se leva et alla faire l'accolade à Emmanuël. Tous suivirent son exemple.

— Emmanuël, éclaire-nous sur ta relation avec Jason. C'est ce que maman était sur le point de nous dire.

— Oui Michaël. Cela fait déjà huit ans que nous sommes ensemble. Nous nous aimons beaucoup et…plus tard j'aimerais bien vous le présenter à nouveau comme mon conjoint et non l'ami d'Ogan. Mais je dois ajouter qu'ils sont devenus très bons amis, et tout ça, grâce à la belle Amélia.

— Alors nous nous devons de faire un souper de famille de bienvenu pour Jason.

— Merci papa, nous y serons avec joie.

— Il était vraiment temps mon cher Emmanuël.

— Amélia ne commence pas, tu me l'as dit certainement mille fois.

Il lui fit l'accolade.

— Regardez encore. Ce n'est pas possible il est un aimant pour ma femme.

L'assistante de Michaël vient frapper à la porte.

— Oui, entrez.

— Michaël, votre client est arrivé.

— Oh oui ! Je l'avais complètement oublié. Bon le travail m'appelle moi. À y penser, je crois que je suis le seul à travailler ici.

— Oui, oui ça on le savait…monsieur le futur Juge, tu dois la gagner cette place si tu la veux.

— Attend, vous allez devoir tous me respecter bientôt pour faire changement.

Ils partirent tous à rires.

Zoé s'avança vers Emmanuël. Elle savait exactement ce qui manquait à son frère en ce moment pour le voir parfaitement heureux. Il lui donnait des coups d'oeil furtifs et elle savait pourquoi.

— Oui soeurette.
— Dis-moi, si je l'invite à mon mariage, ça te va ?
— Hé comment ! Merci Zoé. Ce sera un voyage fantastique.
— Ne souris pas trop comme ça, tu vas faire exploser tes joues.

Elle le prit dans ses bras et le serra fort. Tous aimaient Emmanuël, car il était l'âme soeur de tous les membres de sa famille. Il trouvait toujours le moyen de les aider quand l'un d'eux se trouvait en détresse ou autre.

— Je vais lui demander samedi chez les parents.
— Tu pourras attendre jusque là ?
— Ah! bonne question.
— Alors que dirais-tu si nous allions en couple souper au restaurant ce soir et je lui faisais ma demande à ce moment-là ?
— Zoé, je te connais que trop bien, soudainement j'ai l'impression que tu as quelque chose derrière la tête.
— En parlant de tête, t'aurais dû vois celle que tu as faite quand je t'ai parlé de mon mariage, j'aimerais beaucoup voir la sienne maintenant.
— C'est exactement ce que je voudrais voir aussi, car cela va le rendre heureuse.
— Moi je veux voir qu'il t'aime autant que tu l'aimes.
— Tigresse. Nous nous aimons comme toi et Ted, Ogan et Amélia ou Zack et Maggie.

Il la prit dans ses bras à son tour pour la serrer fort.

— O.K. t'as pas le droit de m'étouffer sinon les autres frères sont bien censés m'aider, même si aucun d'eux ne semble bouger. Ça devrait être un oui pour ce soir hein ?

— Oui. On va au pub. L'ambiance sera moins pesante pour le mettre à l'aise.

— Parfait 19h00, ça vous va ?

Tous répondirent que oui. Johannie et Frédérick s'abstiendraient pour ce soir. Il préférait attendre à samedi, laisser les jeunes seuls.

Emmanuël et Jason arrivèrent les premiers et Emmanuël n'avait rien dit à Jason. Il voulait que ce soit une surprise. Il vit Amélia et Ogan entrer.

— Bonsoir les gars.

— Bonsoir.

— Ouf ! c'est vraiment la première fois en si longtemps que je te vois détendu à ce point Emmanuël.

Jason fronça les yeux. Il regarda Emmanuël, mais rien pour lui n'était changé, à part qu'Emmanuël semblait heureux aujourd'hui.

Emmanuel vit Zoé et Ted arriver. Il souriait comme un ange. Jason vit le changement s'opérer. Il regarda dans la même direction que lui et les vît aussi. Il regarda Emmanuël. Avait-il enfin entré une autre personne de sa famille dans la confidence? Alors il en restait quatre autres.

— Salut.

— Jason, tu connais déjà ma soeur Zoé et je te présente Ted son époux très prochainement.

307

— Bonsoir, c'est un plaisir de te revoir Zoé et c'est aussi un plaisir de te rencontrer Ted.

— ''Serait-il à essayer de nouveau le coup de l'ami du couple qui ce mari...pas possible? Emmanuël est plus intelligent que cela''.

Michaël arriva suivi de Zack et Maggie qui étaient restés en ville pour ne pas manquer ce souper.

— Maintenant que nous sommes arrivés, j'aimerais parler.
— Vas-y princesse, on est habitué de te céder la place.
— Tu es jaloux Michaël.
— Non.
— Oui tu l'es. Bon, premièrement Jason, nous sommes très heureux ce soir de souper avec le conjoint d'Emmanuël

Jason était si ému qu'il ne savait plus s'il devait remercier ou faire autre chose. Il regarda Emmanuël avec un regard si intense. Il lui prit la main qu'il serrait très fort.

— Tu l'as fait !
— Oui, hum...c'est ma mère vraiment.

Tous expliquaient à Jason à leurs façons et avec leurs anecdotes comment c'était passé l'annonce.

— Et dire que tu te rendais malade pour rien. Enfin je n'aurai plus la souffrance de te voir dans cet état. Merci Zoé, je suis si heureux de faire maintenant partie de votre famille.
— Si tu savais comme j'étais contente de savoir que c'était toi le conjoint d'Emmanël.

Il sourit à Zoé pour ensuite se retourner du côté d'Emmanuël pour serrer sa main à nouveau.

Zoé fit un clin d'oeil à son frère.

— Maintenant que j'ai vu ce que je voulais voir. Ted et moi voulions t'inviter personnellement Jason à notre mariage bien sûr, mais aussi à notre voyage de noces.

Tous admiraient Emmanuël et Jason ce soir. On pouvait lire l'amour et le respect dans ce couple.

— Premièrement je voudrais vous féliciter et oui j'irai avec grand plaisir.

— Il doit vraiment m'aimer parce qu'il a été si patient avec moi, depuis déjà huit ans qu'il espère que j'informe ma famille.

— Qu'est-ce qu'il en est de ta famille Jason ?

— Ils aiment beaucoup Emmanuël, il les a tous conquis en un clin d'oeil.

— Je me sens un peu mauviette de ne pas l'avoir fait moi-même.

— Emmanuël, arrête et avance, je te le répète assez souvent non.

— Oui Amélia. Alors j'avance.

— J'ai tellement hâte de partir pour les îles Fidji. Il ne parle que de ça depuis que vous êtes allés chercher votre oncle, il me rendait fou et je ne pouvais même pas être du voyage, alors vous vous imaginez maintenant.

— C'est à cause d'eux, ils ne parlent que de ça au bureau, alors moi je rapportais cela à la maison.

La discussion allait bon train sur les îles Fidji. Jason était en amour avec cette famille qu'il n'avait pu voir que très peu.

— Jason, est-ce qu'Emmanuël t'a dit que samedi qui vient, nous avons un souper de famille?

Jason regarda Emmanuël.

— Mais quoi? J'ai gardé le secret.
— Alors tu ne lui as rien dit ?
— Non Ogan, je te laisse l'honneur.

Amélia regarda Emmanuël.

— Emmanuël, je suis si heureuse de te voir sourire constamment, c'est merveilleux.

Les autres acquiescèrent.

— Bon Jason, samedi soir nous avons un souper de famille et c'est pour te souhaiter la bienvenue parmi nous.
— Alors là ! Je me dois d'y être.

Deux jours plus tard, Emmanuël avait toujours le sourire accroché aux lèvres.

— Mon chéri, si tu n'arrêtes pas de sourire, j'ai peur que tu sois un problème. Est-ce qu'au moins à la cour tu arrives à garder ton sérieux ?

Emmanuël prit Jason dans ses bras.

— Je trouve ça très difficile. Je suis si heureux Jason.
— Moi aussi, si tu savais. Tu es l'homme de ma vie et cette étape était très importante.
— Oui, c'est enfin fait. Je t'aime.

— Tu crois que dans ces conditions, nous pourrons reparler d'adoption ?

— Hum…je crois que nous devrions nous marier avant.

— Emmanuël, tu…tu…tu veux vraiment…qu'on se maris ?

— Oui. Mes parents ont vraiment bien accepté. Depuis longtemps même. Alors, pourquoi ne pas se marier avant d'adopter des enfants? De toute façon, cela nous donnera plus de sérieux auprès des agences d'adoptions.

— Tu as dit le mariage et des enfants, juste comme cela, sans négociation ou angoisses.

— Oui, oui, oui. Je veux tout maintenant.

— Emmanuël en meilleur. Je n'aurais pas pu imaginer. Je ne te reconnais plus.

— C'est toujours moi, avec mes peurs en moins. Je me sens tellement libéré et enfin égal à mes frères et ma soeur.

— Je suis si content pour toi.

— Alors, tu ne m'as pas répondu ?

Jason fronça les sourcils et cherchait dans sa mémoire.

— A quoi ?

— Le mariage bien sûr.

— Oui, ça, c'est sûr. Je t'aime tellement.

— Moi aussi et je ne veux vivre ma vie avec personne d'autre que toi.

Ils s'embrassèrent passionnément.

— Tu crois pouvoir te libérer pour le mois complet pour les îles Fidji ?

— J'en ai fait la demande, mais j'ai bien vu la grimace sur le visage de Conor, il va me rendre une réponse dans une semaine ou deux. Il doit demander au comité parce que d'après lui c'est trop long un mois.

— Ah non ! ne me dis pas qu'ils vont te faire ça. Chaque année ils te font des problèmes pour tes vacances et tu finis par pas avoir plus d'une semaine à la fois…à l'exception bien sûr de quand nous sommes allés en Italie.

— Emmanuël, on ne travaille pas tous pour nos parents. Pour ce qui est des vacances des actionnaires dans la firme, là ils n'ont aucun problème. Conor est parti à deux reprises l'an passé pour un mois, mais je ne peux certainement pas le citer en exemple.

— Non, je comprends, mais quand même. Je le souhaite vraiment.

— Moi aussi je l'espère. Aux Îles Fidji en plus.

— Tu y es déjà allé ?

— Non, mais là j'en rêve.

Ils rirent ensemble, ils étaient si heureux des évènements des derniers jours. Tout avait changé pour le mieux.

Deux semaines plus tard, Conor appela Justin dans son bureau.

— Justin malheureusement, je suis dans l'impossibilité de t'accorder les vacances que tu as demandé.

— Aucune dans ce mois ?

— Peut-être une semaine, mais pas plus, car nous sommes déjà quatre des actionnaires qui partent dans ce mois. Même qu'il serait préférable que ta semaine ne soit pas dans ce mois.

— Très bien, je regarde à cela et vous reviens la semaine que j'aurai choisi. Merci monsieur.

Justin était tellement déçu. Enfin ils auraient pût faire un voyage avec la famille d'Emmanuël sans se caché.

— Hé voilà! Merde!

Il décida d'attendre d'avoir Emmanuël devant lui pour lui annoncer la nouvelle.

— Emmanuël.

— Oui Justin

— Pour ce qui est des vacances, Conor m'a rendu une réponse.

— Et ?

— Même pas une minable semaine dans ces dates.

— Non, tu te moques de moi.

— Je suis désolé, j'aurais tellement voulu être du voyage. Impossible. Quatre des actionnaires partent dans ces dates.

— Le pire c'est qu'ils disent qu'ils partent et ne partent pas. Tu te rappelles une fois ils t'avaient refusé et le gars n'était même pas parti.

— Oui, mais y'a encore rien que je puisse faire. Je sais très bien que la plupart des cabinets n'aiment pas du tout donner des mois de vacances à leurs employés. Je vais quand même revenir à la charge pour une semaine. Je vais peut-être avoir la réponse à la dernière minute, mais je la prendrai.

— Il semble que nous n'ayons pas grand choix.

— Non. Par contre, je veux que tu restes tout le mois. C'est important pour ta famille.

— Conor aurait quand même pu se forcer.

— Oui, je lui demandais chaque semaine, il voyait l'importance que je portais à ces vacances.

— Bon, nous allons faire avec. Les billets étaient réservés, mais avec des dates interchangeables pour toi. Tu n'as pas à t'inquiéter pour cela .

— Wow ! je veux payer moi-même voyons. Mais si, je dois m'en inquiéter.

— Ah! Ah! Ah! alors tu discuteras toi-même de cela avec mes parents et bonne chance mon grand parce qu'ils ont toujours fait payer pour tous la famille…au grand complet.

— Bon, il me reste juste à les remercier à ce que je peux voir.

Le départ était prévu pour dans neuf jours et le mariage était célébré la journée d'avant. Le cabinet n'avait toujours pas répondu à sa nouvelle demande d'au moins avoir une semaine.

— Emmanuël est-ce que Jason a eu des nouvelles de ses vacances ?
— Non, je ne crois vraiment pas qu'il pourra être parmi nous pour ce voyage.
— C'est très malheureux ça.
— Nous n'avons pas de choix papa.

Frédérick alla voir Johannie pour l'informer de cette situation et pour voir ensemble s'il n'y aurait pas un moyen d'aider Jason à avoir ses vacances.

— Johannie, Jason ne peut pas venir en voyage.
— Ah! ce cabinet, moi je ne l'aimais pas d'avance, alors là.
— Comment peuvent-ils lui faire cela, ils sont tellement d'avocat dans ce fichu cabinet?
— Oui je sais. Mais il n'a pas le choix s'ils ne veulent pas.
— Bon, je dois me rendre à la cour. Nous n'avons plus que trois jours à travailler, ensuite je me consacre au mariage et au voyage.
— Chérie, tu crois qu'on peut faire quelque chose pour lui. Nous allons perdre Michaël bientôt, Zack ne vient qu'une journée semaine…nous aurions une place pour lui, il fait partie de la famille maintenant.
— Mais oui c'est vrai, pourquoi n'ai-je pas pensé à cela? Tu crois qu'Emmanuël serait d'accord de travailler avec Jason ?

— Pourquoi pas, nous avons Amélia et Ogan qui sont toujours dans le même bureau, Zoé et Ted, lui il est souvent à l'extérieur, mais quand même, il travaille pour nous.

— Mais oui, pourquoi y aurait-il un problème avec ça? Bon, tu t'occupes de ça.

— Tu es la femme la plus merveilleuse que je connais.

— Tu dis toujours ça. Je t'aime et je sais que tu feras ce qu'il y a de mieux pour eux.

— Je t'aime aussi ma chérie. Va les battre à la cour, montre-leur que tu es toujours la meilleure.

— C'est Zoé qui est devenue la meilleure et ils le savent, ils en ont tous peur.

— Ah ça! c'est bien vrai.

— Oh Frédérick! Zoé me disait qu'Emmanuël avait demandé à Jason de l'épouser.

— Un autre mariage, ça va te coûter encore.

— Pas de problème.

— Je suis content pour lui, il a toujours le sourire maintenant.

— Oui, je suis contente que nous l'ayons fait. Quand ils seront mariés, nous allons les traiter comme les autres couples mariés de la famille.

— Oui, nous nous le devons.

Frédérick demanda à son assistante de trouver le numéro de Jason, qu'il devait lui parler, mais que cela devait rester secret, qu'Emmanuël ne devait pas savoir.

— M. Mezzo, j'ai Jason en ligne.

— Bien, ferme la porte s'il vous plaît.

— Bonjour Jason.

— Bonjour M. Mezzo

— Non, vous devez m'appeler Frédérick.

— Bien, bonjour Frédérick dans ce cas.

— Emmanuël m'a dit pour tes vacances et Johannie et moi en sommes très désolés, alors j'ai une offre à te faire.

— Une offre ?

— Oui, de venir travailler pour nous, si tu crois qu'Emmanël ou toi seriez confortable avec ça ?

— Vraiment !

— Oui, en plus je dois t'avouer que nous n'aimons pas la firme pour laquelle tu travailles et Emmanël nous disait comment ils te traitaient par rapport à tes vacances. Emmanuël n'est pas au bureau aujourd'hui, tu crois que tu aurais le temps de passer me voir ?

— Oui je pourrais même maintenant, je pourrais y être d'ici quinze minutes.

— Parfait.

Frédérick accueillit Jason avec enthousiasme. Il le guida jusqu'à son bureau.

— Bon, ce que Johannie et moi aimerions, c'est que maintenant que tu es officiellement dans notre famille, nous aimerions que tu travailles pour nous.

— C'est sûr que je suis très jaloux d'Emmanuël quand il me parle de comment ça fonctionne ici comparé à la firme où je suis en ce moment.

Michaël passa et vit Jason dans le bureau de son père.

— Hé Jason ! Bonjour.

— Bonjour Michaël, content de te revoir.

— Prêt pour le voyage ?

— Je fais mon possible pour essayer d'avoir des vacances. Le plus que je pourrai avoir sera une semaine.

— Quoi ! une semaine, ce n'est rien ça.

— Attend Michaël, je viens d'offrir un poste à Jason parmi nous.

— Hé! bien là Jason, tu te trompes, si tu prends le poste, tu viens pour tout le mois. Ça tombe tellement à point, moi qui part pour être juge, Zack qui n'est plus ici qu'une journée semaine, y'a certaines personnes qui vont devoir travailler ici s'ils ne trouvent pas quelqu'un d'autre.

— Très drôle mon fils.

— Je dois y aller, mais félicitations, Jason. Bienvenu parmi nous.

Jason était bouche bée. Cette famille allait droit au bus. Frédérick riait de la situation, Michaël avait vraiment devancé le tout.

— Michaël, ne le dis pas à Emmanuël. Jason sera celui qui lui en parlera avant tout.

— Sans problème. À bientôt.

— À bientôt.

Frédérick appela Ogan.

— Ogan, viens dans mon bureau, tout de suite si possible. Merci

— Jason, salut.

— Salut Ogan, content de te revoir.

— Moi aussi. Hé papa! que dirais-tu la prochaine fois que tu m'appelleras de me laisser le temps de placer un mot et surtout de te répondre?

— Ah! ça va, je savais que tu ne foutais rien.

— La boîte roule seule, c'est ça.

— Ogan, nous avons une personne à ajouter sur la paye le plus vite possible.

317

Jason arqua les sourcils. Le père d'Emmanuël était tellement enthousiasmé, que Jason n'osait placer un mot de peur de lui déplaire. Il n'osait plus dire non, je vais y penser ou je vais en parler avec Emmanuël.

— Alors Jason, quand commences-tu avec nous ?

— Ouf ! Je dois donner deux semaines d'avis à ma firme et…

— Mais mon garçon, si tu leur donnes deux semaines, tu ne partiras pas en même temps que nous. Pourquoi t'en faire pour eux, ils ont tellement d'avocats dans cette firme qu'ils ne savent même pas comment ils se nomment tous.

— Ça, c'est vrai. Je dois toujours r'appeler mon nom à M. Conor, et ce, même après trois ans.

— Bon, alors tu entres avec nous lundi. Cela leur donnera trois jours. Tu sais si une personne tombe malade, elle ne donne pas deux semaines d'avis. Ce n'est pas comme s'il t'appréciait à ta juste valeur, que tu t'entendais bien avec eux ou quelque chose comme cela.

— Vous avez bien raison. Je suis entré chez moi fâché tellement souvent en trois ans parce qu'on m'avait mis hors de moi. J'accepte alors.

— Bravo, tu ne regretteras pas.

— Je n'en doute pas Frédérick. Merci beaucoup.

— Bon, si tu préfères, tu commences demain, tu sais.

— Si je suis pour les fâcher et être trois jours à voir leurs grimaces en les regardant, il serait peut-être préférable que ce soit sur le champ. En plus, les patrons ne donnent jamais de cause importante aux avocats comme moi, alors c'est bon pour demain.

— Si j'ai bien compris, tous les deux vous voulez que je travaille ?

Ils partirent tous à rire.

— Sors de mon bureau et va vite ajouter Jason sur la paye.

— Oui papa, à tes ordres. À demain Jason.

— À demain.

— Alors là mon Jason, ce soir tu annonces la nouvelle à Emmanuël, mais aussi la meilleure est que maintenant tu viens en voyage avec nous pour un mois.

— Non Frédérick, je ne peux pas faire ça. Vous me donnez un emploi c'est assez, je ne peux pas prendre un mois de vacances au début comme cela.

— Il n'en est pas question, tu viens toutes dépenses payées…comme les autres.

— Vous me donnez l'impression que je n'ai plus grand choix. L'autre jour, Emmanuël me disait que vous aviez payé mon billet d'avion et moi je lui disais que non j'étais pour payer moi-même et il ma dit ''si tu veux te battre avec eux, bonne chance''. Je comprends mieux maintenant.

— Ah! Ah! Ah! c'est vrais que Johannie et moi sommes comme tu le prétends.

— Vous êtes une famille merveilleuse et Emmanuël aime tellement sa famille.

— C'est toujours bien d'entendre cela. Merci

— Je crois que je vais lui faire une belle surprise.

— Oui, s'il a un problème avec cela, rappelle-lui que nous employons aussi Amélia et Ted.

— Bien. Je crois que votre enthousiasme est contagieux dans cette famille.

— Va trouver cette firme maintenant Jason et annoncer les bonnes nouvelles à notre Emmanuël qu'il retrouve son sourire.

— Oui. J'ai plaidé contre Zoé et je disais que c'était la pire avocate que j'avais pu rencontrer. Mais là je sais de qui elle retient. Merci encore.

319

Jason se rendit à son travail et fit le nécessaire pour sortir de là le plus vite possible. Il arriva chez lui et Emmanuël était à préparer le repas.

— Salut.

— Salut, peux-tu lâcher tout ça et venir t'asseoir avec moi au salon? Nous allons nous prendre un verre et parler.

— Oui, occupe-toi des verres et j'arrive.

Emmanuël arrêta son travail et vint s'asseoir près de Jason.

— Tu sembles emballé ou très nerveux, je ne saurais dire.

— Oui, j'espère ne pas te décevoir.

— Non, ne t'inquiète pas. Qu'est-ce qu'il y a ?

— J'ai rencontré ton père aujourd'hui et…et il m'a offert un emploi parmi vous.

— À notre cabinet, wow! c'est super.

— Tu es content ?

— Oui, mais certainement que je suis content. C'est vraiment une très bonne nouvelle. Je ne m'attendais pas à cela c'est sûr.

— En veux-tu une autre bonne nouvelle.

— Oui…attend, tu viens en voyage pour le mois.

— Tu connais bien ton père.

— Je t'ai toujours dit que mes parents étaient merveilleux.

— Oui c'est vrai. Ton père a dû être un avocat redoutable.

— Ah! Ah! Ah! dit, il ne t'a laissé aucune marge de manoeuvre hein ?

— Exactement. Je ne pouvais même pas placer un mot et c'est juste après être sorti du bureau que j'ai réalisé tout cela.

— C'est bien mon père ça. Le soir quand il entrait à la maison de son travail, il nous parlait de ses causes avec tellement d'enthousiasme. Nous savions tous qu'il n'avait pas le droit d'en parler, mais il nous décrivait cela en gros et c'est probablement pour cela que nous sommes tous avocats aujourd'hui à l'exception d'Ogan. Il a vraiment su nous captiver.

— Le plus beau cadeau que ton père m'a fait aujourd'hui était de m'embaucher bien sûr, mais de m'obliger à venir en voyage avec vous tous.

— Mais c'est vrai le voyage est dans trois jours maintenant. Comment peux-tu ve…

Jason souriait et Emmanuël comprit qu'il était déjà engagé.

— Y'a vraiment rien à son épreuve mon père.

— Je ne crois pas non. Ça va être épatant de travailler dans ce cabinet.

— Bienvenu alors, je t'aime

— Moi aussi. J'avais tellement peur de te décevoir. Tu comprends j'aurais voulu t'en parler avant, mais ton père n'a pas été patient en ce sens.

— Je le connais très bien. Je vais même l'appeler immédiatement pour le remercier.

— Bien, il va être content, car il m'a dit que si cela te déplaisait, que je devais l'appeler ce soir même.

Emmanuël téléphona à son père et Jason alla terminer le repas.

— Tu veux prendre un bain avec moi. J'ai besoin de relaxer avec la tension que ton père m'a fait subir, je dois me détendre.

— Oui, occupe-toi du bain et je nous verse encore à boire et je te rejoins.

Ils discutaient de tout ce qu'ils voulaient faire dans les Îles.

— Viens ici toi, appuie ton dos sur moi et donne-moi cette belle bouche.

— On n'est si bien ensemble Manu.

— Manu ! Y'a vraiment longtemps que tu ne m'avais pas appelé comme ça.

— Oui, mais il me semble avoir retrouvé le mec que j'avais rencontré et qui avait beaucoup de cran, souriait constamment et me regardait comme tu me regardes en ce moment.

Ils s'embrassaient et firent l'amour.

— Nous devons maintenant penser à faire tes bagages à toi aussi.

— Avec joie Manu.

— Tu vas m'appeler comme ça toujours. Parce que je trouve que maintenant ça fait un peu jeune et tu m'allumes avec ça.

— Ah ! Ah ! Ah ! Alors je garderai cela juste pour nous deux.

— Je crois que ce serait préférable.

Ils entrèrent au bureau ensemble le lendemain avec de beaux sourires sur les lèvres. Amélia et Ogan virent les accueillir.

— Wow! deux beaux mâles ce matin avec de très grands sourires je dois dire.

— Hé! les gars, c'est vrai que vous semblez heureux ce matin. Bon, je laisse tomber les deux beaux gars quand même.

— Salut Ogan et ma belle Amélia.

— Moi qui aurais cru que tu lâcherais ma femme maintenant que Jason est là.

Ils rirent tous ensemble. Emmanuël fit le tour des bureaux avec Jason et aussi surprenant que cela puisse paraître, Emmanuël le présentait comme son conjoint.

— Emmanuël, je ne comprends pas, tu me présentes comme ton conjoint. Je sais que tu souhaitais depuis très longtemps que ta famille soit informée, mais je ne m'attendais surtout pas à ce que tu me présentes comme ton conjoint ici, au travail.

Emmanuël ne savait plus quoi dire, ses sentiments étaient partagés. Il croyait faire plaisir à Jason.

— Mais, ce n'est pas ce que tu veux depuis si longtemps.
— Oui, ce n'est pas ça, mais je ne croyais pas que tu voulais vivre notre relation si ouverte que cela. Moi je n'ai aucun problème avec ça tu sais, c'est même mieux pour moi que je le croyais, mais ne te méprend pas sur une chose.
— Laquelle ?
— Ne te sens pas obligé de faire cela.

Emmanuël lui sourit.

— Tu sais très bien qu'il est trop tard puisque c'est fait. Ne crois pas que ce n'est pas ce que je voulais depuis longtemps aussi. Maintenant que ma famille sait, il n'y a plus de barrière pour nous.
— Je t'aime mon chéri.
— Moi aussi Jason et je ne me verrais avec personne d'autre dans la vie.
— Bon ! Au travail.

Emmanuël lui sourit.

Ils partirent tous en voyage pour une nouvelle aventure, mais cette fois-ci Emmanuël et Jason semblaient les hommes les plus heureux. Johannie se sentait enfin soulagée en regardant son fils.

Ils préparèrent le mariage de Zoé et Ted tous ensemble. Zoé voulait quelque chose d'original pour son mariage, elle avait donné carte blanche à sa famille pour la surprendre. Oncle Miki qui connaissait bien les lieux leur facilita la tâche. Babara avait accepté d'être du voyage pour s'occuper des enfants et Oncle Miki lui, il avait trouvé une femme des îles pour pouvoir l'aider. Michaël avait réussi à convaincre Mia à la dernière minute de l'accompagne avec ses deux filles.

Le mariage était célébré sur la plage et la température était splendide. Les habitants de l'île avaient contribué à faire de cette journée un merveilleux mariage. Ils y avaient des fleurs partout, Zoé était émerveillée. Le soir venu, ils allumèrent des centaines de lanternes que les habitants avaient faites de leurs mains.

Emmanuël et Jason leur avaient préparé comme surprise un bain de minuit. Le bain en question était fait de pierres où une longue fontaine coulait et il y avait des bancs faits à même les roches, des lanternes comme sur la plage avaient été allumées partout dans ce petit espace privé, des lumières au fond de l'eau éclairait d'une douce couleur jaune, deux peignoirs étaient déposés par terre et une bouteille de champagne ainsi qu'une assiette de fruits exotiques étaient déposé près du bain. On leur assura que personne ne viendrait les déranger.

— Wow ! Ça, c'est un bain ma chérie.
— Hum, viens prends-moi Ted, prends-moi.
— Je t'aime mon amour, ma petite Zoé à moi.

Emmanuël et Jason se commandèrent eux aussi un bain d'amour pour le lendemain. Quand Michaël et Mia réalisèrent qu'ils pouvaient eux aussi profiter de ce bain, ils réservèrent pour le troisième jour et finalement tous les couples y passèrent.

Le lendemain du mariage, le brunch était prévu pour onze heures.

— Zoé et Ted, comment était votre bain de minuit ?

Ils répondirent de concert en se regardant.

— Hum merveilleux.
— Ah! Ah! Ah!
— Disons que pour moi, après avoir passé quelques nuits sur d'autres îles et en Australie, nous allons revenir prendre d'autres bains ici.
— Hein ! vous allez pouvoir en avoir d'autres. Ce n'était pas spécialement juste pour votre nuit de noces.
— Il n'y a qu'une place par soir et il semblerait qu'il ne reste qu'un soir.

Oncle Miki prit la parole en souriant.

— C'est leur spécialité ici, il y en a dans tous les hôtels. Allez vite réserver les enfants.
— Frédérick regarda Johannie et ils décidèrent d'aller réserver un bain pour eux. À chaque déjeuner, c'était le sujet de conversation.

Tous avaient eu leur bain de minuit, c'était le tour de Frédérick et Johannie. Les enfants avaient décidé de faire une sortie tous ensemble. Oncle Miki leur avait trouvé un endroit où ils pourraient danser. Ils se demandaient tous qui avait réservé le bain pour ce soir, mais les personnes pouvaient être de d'autres hôtels. Ils invitèrent Johannie et Frédérick, mais ceux-ci déclinèrent l'invitation.

— Ah Frédérick ! Quelle merveille!

— Je suis très content de nous avoir inscrits.

— Tu as si bien fait. Les enfants ont encore réservé à tour de rôle.

— Cela me donne l'envie d'acheter l'établissement sur le champ et rayer leurs noms de la liste et nous le garderions juste pour nous deux.

Johannie l'embrassa.

— Petit coquin. Je voudrais voir leur tête si tu faisais ça.

— Entre dans l'eau, je vais t'apporter à boire.

Ils restèrent dans cette espace privés jusqu'à 2h00 dans la nuit. Ils prirent le chemin de leur cabane et firent face à face avec les enfants qui entraient de leurs sorties.

Les exclamations fusèrent de tous les côtés. Michaël leur fit de gros yeux, Ogan faisait une grimace et Amélia riait de voir leur réaction.

— Ah! vous êtes craquant les enfants.

— C'est vous qui aviez le bain !

— Les enfants s'il vous plaît, allez dans vos chambres et fichez-nous la paix. Allez, allez.

Ils disparurent en quelques minutes.

— Zoé, j'espère que mes parents n'auront pas fait ça aussi.

— Parle d'autre chose tu veux, j'ai cette maudite image de mes parents dans la tête.

— Ah ! Ah ! Ah ! Regarde-nous, quand nos enfants grandiront, ils diront la même chose de nous. Pourtant, je n'ai pas l'intention de ne jamais arrêter de te faire l'amour.

Zoé lui souriait.

C'était le dernier repas avant le grand retour à la maison. Ils étaient tous là pour le déjeuner. Les bagages étaient faits. Les sourires avaient disparu.

— Tu vas bien Zack ?
— Non pas du tout. Je ne veux plus repartir d'ici. J'aime être en vacances tout ensemble.
— Toute bonne chose à une fin mon garçon.
— Hum, oui malheureusement.

Fédérick regarda Michaël et Emmanuël à de rôle.

— À quand le prochain mariage les garçons ?

Tous les regardèrent.

Emmanuël était bouche bée et Michaël regardait Mia en souriant.

— Pour Mia et moi, c'est encore trop tôt. Nous avons encore à apprendre l'un de l'autre avant le grand jour.
— Nous, nous sommes prêts depuis très longtemps. C'est moi qui ne voulais pas…vous savez pourquoi.

Emmanuël prit une pause et regarda Jason.

— Aussi nous voulons adopter des enfants et nous voulons nous marier avant.

327

Jason arqua les sourcils, il n'en revenait pas. Emmanuël en s'ouvrant à sa famille semblait avoir explosé. Il voulait soudainement tout ce qu'ils avaient discuté vouloir faire de leur vie. Mais chaque fois, ils étaient confrontés à la même chose. Emmanuël n'était pas capable d'affirmer son homosexualité auprès de sa famille. Il prit la main d'Emmanuël et lui sourit en signe d'accord.

Tous applaudirent Emmanuël.

— Dépêchez-vous, nous sommes prêts à renouveler l'expérience.
— Ouf ! Nous allons discuter de cela, mais avant, Jason doit s'installer dans son nouvel emploi.

Ogan regarda Amélia avec un air taquin.

— Les femmes de notre famille aiment bien préparer des mariages.
— Absolument.
— Dans ce cas, toutes les suggestions seront acceptées.

Emmanuël sourira en regardant ses parents. Il était enfin heureux en pouvant être lui-même.

— Vous savez, cet imbécile d'Emmanuël veut dix enfants.

Frédérick faillit s'étouffer.

— Dix enfants !

— Jason bêta! J'en veux deux…au moins deux. Ça fait déjà huit ans que nous sommes ensemble et ça fait cinq ans qu'il m'en demande.

Tous riaient.

— Vous allez faire de merveilleux parents.

Ted regardait ses parents et son fils, ensuite son frère Nathan et il se tourna vers Zoé.

— Tu ne me feras pas attendre si longtemps comme eux hein ?

Zoé le regarda avec un grand sourire.

— Je ne le sais pas là maintenant, mais si on restait ici à louer des bains de minuit, il y aurait un grand risque.

Ogan prit un air sérieux.

— Annabella comprend bien à son âge. Pas de détails s'il vous plaît, les enfants sont là.
— Tu aimerais trop que je t'en donne des détails hein ?

Ted mit la, mais sur la bouche de Zoé.

— Quelqu'un à un autre sujet à proposer avant que ma femme agace tout le monde à la table.

Zoé lui mordit la main doucement et sourit.

Frédérick regarda Johannie et ensuite ceux-ci regardèrent les parents de Ted. Zack les regardait ses parents et il savait que son père avait son air espiègle et qu'il avait quelque chose derrière la tête.

— Papa, n'oublie pas que personne ne veut entendre parler de votre bain de minuit.

Les enfants les regardèrent à nouveau en grimaçant. Ted regarda ses parents en grimaçant et prit la parole.

— Ah que non !

Michaël avait vu Nathan se diriger vers le bain de minuit avec une femme de son âge qui semblait en vacances elle aussi sur l'île.

— Par contre, nous pouvons parler d'un autre couple qui a profité du bain.

Michaël regarda Nathan.

— Toi Nathan, vous avez aimé ?

Nathan souriait.

— Tu nous as donc vus ?
— Oui, mais ce n'était pas le temps de faire connaissance tu vois.
— Oui, je vois très bien.
— Ah ! Petit cachetier le grand frère. Tout ce temps-là que nous parlions de nos bains de minuit et toi, tu ne parlais pas.
— Bof !
— Tu vas la revoir ? Elle habite où ?

Nathan leva les yeux vers son frère et lui sourit.

— Nous sommes de la même ville.

— Ah ! C'est merveilleux. Et ?

— Et quoi ?

— Arrête Nathan. Allez-vous vous revoir ?

— Oui, nous nous sommes donné rendez-vous à mon retour. Elle est partie il y a deux jours et pour votre information, nous sommes aussi allés essayé celui de son hôtel…aussi bon que celui ici.

Tous riaient.

De retour au travail, Emmanuël aida Jason à s'installer. Une semaine plus tard, il fonctionnait à merveille. Frédérick était fier de voir que tous les deux se comportaient très professionnellement comme les autres couples de la famille. C'était la seule peur qu'il avait.

Michaël, Mia, Emmanuël et Jason devaient sortirent ensemble un soir pour parler d'adoption internationale, car Mia semblait l'experte.

— Mia, cela te tient beaucoup à coeur les enfants de la Chine ?

Michaël riait

— Jason, je suis chinoise et j'ai été adopté aussi étant jeune.

— Oh ! désolé je savais que tu étais chinoise, mais je ne savais pas que tu avais été adopté. C'est pour ça que tu as adopté tes filles très jeunes.

— Oui, c'était très important pour moi.

— Tu as bien fait, elles sont merveilleuses. J'en veux deux comme elles.

— Merci, je crois que je t'aime bien toi. Vous allez faire des parents super vous deux.

Mia leur expliqua en détail tous les démarches qu'ils auraient à suivre pour adopter. Elle leur proposa de les aider à faire la demande et remplir les documents avec eux.

Michaël l'écoutait, il était émerveillé par cette femme, elle était si passionnée.

— Vous devriez trouver la date de votre mariage avant et d'amorcer la demande très vite après, car l'attente est parfois longue et pénible.

— Oui, Jason et moi croyons que pour le mariage ce serait dans trois mois environ.

— Avez-vous décidé où le mariage sera célébré ?

— Chez nos parents Michaël. Maman me l'a offert quand nous étions en voyage et c'est un rêve pour moi de me marier dans ma maison d'enfance.

— Oui, maman à un si beau jardin. Ce sera en juillet, le mois parfait pour ses fleurs comme elle dit toujours.

— Oui, nous pourrions en profiter pour faire des photos de famille avec tous les enfants. La famille a beaucoup changé en quelques années.

— Tu leur as dit au parent?

— Non, nous y allons après notre rendez-vous avec vous.

— Ah ! arrête avec tes rendez-vous, ça fait penser au travail. Une sortie entre amis serait plus bienvenue ou une sortie avec ton frère.

— Bon si tu veux.

— OK, on va avec vous. Je dois aussi voir les papa.

Emmanuël choisit une date avec sa mère et Michaël devait discuter avec Frédérick. Ils avaient fixé le mariage pour le premier samedi de juillet.

— Tu crois que cela ira Jason pour ta famille ?

— Oui, sans problème. Je ne m'inquiète pas pour eux, ils feront le nécessaire…depuis le temps qu'ils l'attendent !

— J'y suis là non ?

— Oui, oui je ne voulais pas être sarcastique. Désoler mon chéri.

— Hé bien! tu l'étais.

— Et si on y allait pour leur annoncé demain.

— Très bien. J'adore ta famille…plus que toi ce soir.

— Ah ! c'est gentil.

— Arrête, tu sais bien que je te taquinais.

Un mois passa et ils étaient tellement occupés entre le travail, les préparations du mariage, le voyage et la demande d'adoption.

— Où allons-nous aller pour notre voyage de noces Jason ?

— Nous sommes allés en Italie avec Ogan et Amélia, aux îles Fidji avec Zoé et Ted. Hum.

— Es-tu en train de me dire que tu veux faire un voyage familial toi aussi ? Ah ! mais ça devient une maladie ça.

— Mais c'est merveilleux, car nous nous amusons tous ensemble.

— Ah ! Viens- là toi.

Il l'embrassa.

— Je suis bien d'accord avec toi, mais je ne voulais te l'imposer. Nous ferons comme les autres dans ce cas.

— As-tu une idée ?

— Oui, Hawaï.
— Hawaï, super. Allons voir cela sur internet.

Après avoir fait des recherches pour voir les attraits touristiques, les hôtels de luxe, les petits à côté et naturellement s'ils étaient pour être bienvenus en tant qu'homosexuels, ils s'accordaient pour Hawaï.

— Tu crois que tes parents vont venir avec nous ?
— Non, tu as tendance à oublier qu'ils m'ont eu dans leur quarantaine. Ils ne feront pas un long voyage comme celui-là.
— Veux-tu choisir un autre endroit pour qu'ils puissent venir ?
— Non, nous allons à Hawaï. Ta famille est comme cela Emmanuël, mais pas la mienne. Ils sont merveilleux, mais ils ne semblent pas savoir comment s'amuser et profiter de la vie.
— Très bien, nous annoncerons la destination dans quelques jours quand nous aurons choisi l'établissement et les activités.
— Parfait. J'ai peine à crois que nous en sommes là, enfin.

Ils s'embrassèrent tendrement et leur baiser s'enflamma.

— Enfin tu seras à moi.
— J'ai toujours été à toi Jason, toujours.

Trois jours plus tard, Emmanuël reçut sa famille pour leur annoncer la date du mariage, l'endroit de leur voyage et la bonne nouvelle qu'ils étaient tous invités. Ils étaient tous excités comme des enfants à l'idée de repartir pour une autre aventure.

— Hawaï, c'est merveilleux.

Les semaines passèrent et la date du mariage approchait à grands pas.

Jason était confortablement assis au salon à regarder son agenda pour le lendemain et il vit le nom d'un de ses clients.

— Alex !

— Quoi ?

— Ah merde ! Manu, je viens de voir sur mon agenda que demain j'ai un rendez-vous avec mon ancien conjoint, Alex.

— Dis-moi que ce n'est pas celui que je pense. Ce n'est pas celui qui t'as battu?

— Oui. Merde Manu oui.

Emmanuël s'approcha de lui sans savoir vraiment ce qu'il devait dire à part crier non.

— Ah !

— Ce n'est pas moi, je n'en avais aucune idée jusqu'à il y a deux minutes Manu.

— Je sais bien. Il va te voir pourquoi ?

— Hé bien! un divorce mon cher.

— Jack et Steve que l'on voit quelquefois au club sont toujours amis avec lui. Ils n'ont jamais dit qu'il était marié.

— Oui et tout ce que tu m'as dit de lui…je ne le crois pas non plus. Je crois plutôt qu'il a choisi un sujet qui est dans ta branche.

— Ça se pourrait, il est tellement nul, il n'a aucun respect autre que pour sa propre personne.

— Tu devrais appeler Steve pour discuter un peu et t'informer de son statut.

— Tu crois ? Il va penser que je cherche à le revoir, je ne veux pas que les gens pensent ça.

— Toi et moi Jason savons très bien que non et c'est tout ce qui importe. Vas-y, appelle-le.

Jason composa le numéro de Steve.

— Je lui ai laissé un message.

— Écoute Jason, si tu préfères, je le reçois à ta place…sans l'aviser au préalable ?

— Non, je vais avoir l'air ridicule.

— Personne ne peut savoir, nous rencontrons des clients à deux quelques fois aussi.

— Ah merde de merde ! Qu'est-ce qu'il me veut ? Je crois que je ne devrais pas le recevoir du tout.

— Ce serait la meilleure chose à faire. On voit bien que cela te perturbe. Fais-lui dire que tu ne peux pas le recevoir et que s'il le veut, un autre avocat peut lui être assigné. Il comprendra qu'il t'a fait assez mal dans la vie et que maintenant que tu te protèges de ce genre de personne qui aime manipuler les gens.

— Tu as raison sur un point, il m'a envoyé faire un séjour dans un hôpital pour plusieurs jours quand je lui ai annoncé que je ne voulais plus être avec lui et subvenir à ses besoins je croyais qu'il était pour me battre à nouveau sur mon lit d'hôpital. Mais pour ce qui est de l'affronter, je devrais, pour qu'il voie ce que je suis devenu et bien lui faire comprendre que personne ne pourra nous séparer ou nous faire du mal.

— Jason, tu fais comme tu veux, mais moi je vais faire repousser mon rendez-vous pour être dans mon bureau à t'attendre.

— Merci Manu.

Arrivé au bureau le lendemain, Jason avait décidé qu'il ne le recevrait pas. Il alla directement vers son assistante.

— Bonjour, j'aimerais que tu appelles ce client et lui dire que je ne peux pas le recevoir.

— Très bien Jason.

Quelques minutes plus tard, son assistante lui revient.

— Désolé Jason, j'ai peur d'avoir indiqué le mauvais numéro.
— Ah non ! Ce n'est pas toi j'en suis sûr, je le connais bien.
C'est bon, ne t'en fait pas, je vais le recevoir.

Il alla informer Emmanuël.

— Il les ruser ce petit con. Jason regarde-moi.

Il lui prit le visage en coupe avec ses mains.

— Tu as peur, je le sais.
— Oui Manu, mais je crois avoir plus peur de la honte qu'il
peut me faire ici.
— Reçois-le, défie-le et je serai dans mon bureau, à une
seconde de toi Jason. S'il vous plaît, ne dis plus que tu pourrais
avoir honte d'une personne qui n'a strictement plus rien à faire
avec toi.

Jason retourna dans son bureau, mais il avait des problèmes à
se concentrer sur ses dossiers. Soudain quand l'heure du rendez-
vous approchait, c'était plus fort que lui, il ne voulait pas de
problème au bureau. Il alla l'attendre à la porte du cabinet dehors.

— Bonjour poussin.
— Alex, ne m'appelle pas comme ça, appelle-moi Jason.
— Voyons, voyons, tu seras toujours mon petit poussin.
— Poussin que tu as failli tuer je te rappelle.
— C'est du passé, j'ai changé.
— Que veux-tu ?
— On pourrait entrer dans ton bureau et discuter.

337

— Non, je ne te veux pas comme client ou rien d'autre.

— Bon, c'est très impoli, tu n'as plus de bonnes manières. Si je te dis que j'ai changé.

— Qu'est-ce que ça me fait que tu aies changé ou pas?

— Écoute, tu veux venir dîner avec moi et nous parlerons tranquillement ?

— Non, dis-moi immédiatement ce que tu veux.

— C'est toi que je veux mon poussin. J'essaie de faire ma vie sans toi, mais je n'y arrive pas. Je me suis fait d'autres copains, mais je ne pense qu'à toi.

— Après huit ans tu reviens me dire ça. Je crois juste que tu veuilles faire du grabuge dans ma vie. Moi, je me mari dans quelques jours et je suis l'homme le plus heureux qui soit.

— Tu n'es pas obligé de me le dire, tu sais très bien que je sais que tu te maries dans trois jours. Arrête. Viens nous allons faire une balade dans ma voiture.

— Non. Va-t'en et ne vient plus déranger ma vie Alex, je ne veux plus te voir…jamais t'entends, jamais.

Quand Alex vit qu'Emmanuël arrivait , il se retourna et partit. Jason était en sueur tellement il s'était rappelé les coups qu'il lui avait donnés. Celui-ci regardait Emmanuaël et Jason avec haine.

— Pourquoi m'as-tu fait ça? Tu aurais dû me le dire Jason.

Il le serra dans ses bras.

— Ça va ?

— Oui, non, je suis bouleversé. Il n'y a que lui qui me fait ça. Quand je le vois, on dirait que je ressens les coups qu'il m'avait donnés ce soir-là.

— C'est normal, il t'a presque tué. C'est terminé maintenant. Va dans la voiture, je te ramène à la maison.

Emmanuël alla aviser les assistantes qu'ils avaient une urgence et ne pourraient être présents pour le reste de l'après-midi.

— Jason, s'il vous plaît ne le rencontre plus jamais seul une autre fois. On voit dans le regard de cet homme qu'il est très dangereux.

— Oui, je sais.

Le téléphone sonnait, Emmanuël alla répondre.

— Hé Michaël !

— Écoute, nous sortons souper et voulions savoir si vous étiez intéressés ?

— Tu veux sortir souper avec Michaël et Mia ?

— Oui, je crois que cela nous aidera à oublier.

— Oui nous allons nous joindre à vous.

— Bien, rendez-vous à 19h00 au Sazz.

— Je croyais que nous ne devions pas utiliser le mot rendez-vous cher Michaël.

— Ah ! Ah ! Ah ! Tu m'as bien eu. Alors on se rejoint. Ça te va ?

— Oui, c'est mieux.

Finalement, arrivés au restaurant, Zoé et Ted s'étaient joints à eux.

— Salut.

— Ça va les gars ?

— Oui très bien.

Après quelques minutes qu'ils étaient tous installés, Zoé voyait que Jason semblait très tendu.

— Nerveux pour le mariage Jason ?
— Ah ! Oui, un peu.
— Moi aussi, mais il y a plus.

Emmanuël regarda Jason. Jason savait qu'Emmanuël avait une famille où ils partageaient tout.

— J'ai reçu la visite de mon ancien copain. Il m'avait battu, j'ai passé très près de la mort. Il voulait que je retourne avec lui. Alors vous voyez le portrait.

Ted les regardait.

— Oui, très bien. Ça semble planifier de débarquer trois jours avant votre mariage. Il sait que vous vous mariez ?
— Oui et il semble savoir la date.
— Hum, je crois que je devrais parler à Frédérick et mettre un peu de sécurité autour de votre mariage. Il serait très désolant de gâcher cette belle journée pour vous.
— Je ne crois pas qu'il irait jusque là.
— On ne le sait pas Justin.
— Oui et bien je l'espère, ce serait quand même assez honteux.
— Non, ce ne serait pas de ta faute.
— J'ai aussi peur qu'il revienne au cabinet pour faire une scène. Dire que cela faisait huit ans que je ne l'avais pas vu et je ne le manquais pas du tout.
— Ah ! Ne t'en fais pas pour cela, ce ne sera pas la première fois qu'un client viendrait faire une scène au cabinet.
— Tu vois Jason. Je t'avais dit, alors arrête de t'en faire avec ça.

Jason leva les yeux et il vit Alex s'asseoir à une table.

— Emmanuël.

— Quoi ?

— Regarde, il est là. Il nous a suivis.

— Je vais lui enlever cette soif…avec un beau discours. Ne vous en faites pas.

Emmanuël indiqua à Michaë et Ted qui était Alex.

— Attention, Michaël, il est dangereux.

— Laisse. Il est bon avec les dures à cuire.

Michaël partit s'asseoir avec Alex. Il revint quelques minutes plus tard et reprit sa place avec un grand sourire.

— Qu'est-ce que tu lui as dit ? Il part déjà.

— Que je payais son addition! Ah ! Aussi que j'étais pour être juge très bientôt et que j'allais m'assurer que s'il avait affaire à la cour, qu'il était assuré d'avoir une peine maximale pour le méfait qu'il ferait. Aussi que nous étions tous avocat avec pour certains des conjoints avocats et que nous avions beaucoup, beaucoup d'amis avocats. Cela ne lui donnerait pas beaucoup de chance. Personne ne voudrait le défendre.

— Merci Michaël.

— C'est un plaisir petit frère.

— Merci.

— Jason, tu dois apprendre une chose très importante dans le métier. Ne jamais sous-estimer les malades. Tu les éloignes et vite. Nous travaillions en équipe chez nous et surtout dans ces cas-là.

— Merci, je ne l'oublierai pas.

Zoé avait pu voir le numéro de la plaque de la voiture d'Alex. Elle prit son téléphone portable et envoya le numéro de plaque à Ted. Quand il vit le message, il sourit à Zoé.

— Je t'ai bien entrainé hein ?
— Oui.
— Je vais faire surveiller un peu ce gars quand même. Ma jolie épouse a eu la bonne idée de relever son numéro de plaque.
— Wow ! Pourquoi sommes-nous six à la table et tu es la seule qui a pensé à ça ?

Immédiatement après avoir posé cette question, il ferma les yeux. Il venait de poser cette question à Zoé, celle qui les épatait toujours à la maison et qui ne manquait surtout pas une occasion de le leur faire remarquer et le faire savoir au reste de la famille.

— L'intelligence Michaël.
— Très drôle Zoé.
— Toi Ted, tu aurais dû être le premier à penser à cela, alors tu vas devoir faire la vaisselle toute la semaine pour ça.

Ted fit la moue.

— Je peux te payer ma dette d'une manière beaucoup plus intéressante, tu sais.
— Hum, j'aime bien la nature mon chéri, mais tu me la donneras quand même.

Ils souriaient.

— Vous ne pensez qu'à ça vous deux.

Tous riaient et hochaient la tête en signe d'approbation.

— Toi Michaël la ferme. Une amie m'a dit…
— O.K. O.K. arrêté.

Michaël regarda Zoé.

— Qu'est-ce qu'elle t'a dit au juste ?
— Ah ! Ah ! Ah ! Rien gros bêta. Je te faisais marcher. C'est une de mes tactiques et je suis très bonne à cela.
— Ah ! Tu es une vraie vipère ouin.

Le jour avant le mariage, Johannie alla voir Emmanuël.

— Bonjour maman.
— Bonjour les garçons. Je passais et Emmanuël je voulais te dire de venir coucher à la maison ce soir.
— Hein ! Tu ne me fais pas ce coup-là aussi ? Tu sais que nous sommes en 2014 et que cela ne se fait plus maman. Ça fait huit ans que nous sommes ensemble.
— Tu sais très bien que tu dois venir coucher à la maison ce soir.

Jason riait comme un fou derrière Emmanuël. Celui-ci lui lança un regard noir et Johannie souriait à Jason.

— On t'attend pour souper avec ton bagage mon fils. Au revoir, je dois me sauver, j'ai un rendez-vous.

Elle fit un clin d'oeil à Jason.

— Tu devais vraiment l'encourager ?
— Je n'ai rien dit, mais c'était hilarant.
— Merde ! Je vais devoir y aller. Qu'elle ne croit pas que je vais coucher dans ma chambre d'enfant. Il n'en est pas question.

— Pourquoi ?

— Ah ! J'ai trop eu de tourment dans cette chambre. Je ne voulais pas accepter mon homosexualité et j'y ai eu tellement de nuits blanches. Ce n'est pas le temps de me tourmenter avant notre mariage.

— Hé ! Viens dans mes bras. Ta mère ne s'opposera pas si tu prends la chambre d'ami. Alors, cesse de te tourmenter toi-même.

— Oui. Qu'est-ce que tu vas faire toi ?

— Hum, je devrais peut-être faire une entrée par infraction chez la famille Mezzo.

Ils rirent ensemble.

— C'est une très bonne idée.

— Je ne peux pas, ta mère ne m'aimerait plus.

— Bon c'est ça ! Tu me pousses dans ses bras.

— Oui et je vais finir de préparer la maison avant le voyage à Hawaï. Ne pense qu'au mariage demain.

Emmanuël partit et Jason s'occupa des dernières préparations quand on frappa à la porte.

— Oui bonsoir! Alex! que fais-tu ici?

— Poussin, on doit parler seul et je sais qu'il n'est pas là.

— Alors tu n'as pas compris quand Michaël t'a parlé hein?

— Voyons, ce n'est pas une infraction que de parler.

— D'entrer ici quand je ne le veux pas, oui.

— Poussin, arrête de dire des bêtises et vient me faire un câlin. Tu sais que je te veux et je vais t'avoir.

— Va t'en Alex.

Jason attrapa son téléphone cellulaire, mais Alex s'empressa d'entrer et de refermer la porte derrière lui, il le frappa sa main et son téléphone cellulaire alla s'écraser par terre. Jason voulait courut vers la porte arrière, Alex le rattrapa aussi vite. Il était sidéré, il avait si peur de lui, si peur d'avoir mal comme il avait eu mal.

— Tu fais ton gentil, c'est compris.

Alex lui prit les poignets et s'approcha pour l'embrasser de force. Jason réussi à enfin sortir un son de sa bouche et cria, cria de toutes ses forces. Alex le frappa au visage violemment ainsi qu'à l'estomac.

— Si tu ne veux pas être avec moi, personne ne voudra t'avoir après ce que je vais te faire.

Jason avait si peur, Alex lui tourna un poignet et le fit virevolter pour que son bras soit dans son dos. Jason avait mal, il cria de nouveau, mais plus il criait, plus Alex le frappait. Alex libéra la main de Jason et celui prit une partie d'un vase qui s'était fracassé par terre et frappa la main d'Alex avec. Avec l'effet-surprise, Jason prit la fuite. Il se cacha pendant plusieurs minutes. Quand il vit Alex sortir de chez lui, il alla chez des voisins pour appeler un taxi, mais ceux-ci décidèrent de l'apporter eux-mêmes chez les parents d'Emmanuël.

— Je vous remercie.
— C'est à l'hôpital mon gars que j'aurais voulu t'amener.
— Oui je sais, mais j'ai très peur de l'homme qui m'a agressé et j'aurais même peur qu'il se présente à l'hôpital pour m'attendre. Ça va aller ne vous inquiéter pas. Mon copain est ici ce soir, car nous nous marions demain et il s'occupera de moi. Je vous remercie encore.
— Attention à toi.

— ''Oui, facile à dire quand on n'a pas eu d'Alex dans notre vie''. Puis-je emprunter votre téléphone portable?
— Oui.
— Manu, tu peux venir à la porte.
— Ah! Ah! Ah! Tu n'as pas fait…
— Manu, tout de suite s'il vous plaît.

Emmanuël ne souriait plus, il avait décelé quelque chose qui n'allait pas du tout dans la voie de Jason.

— J'arrive.

En ouvrant la porte, Jason tomba dans les bras d'Emmanuël. Jason pleurait parce qu'il n'avait pas encore été assez fort pour se défendre.

— Ah! Ce n'est pas vrai.
— Amène-moi dans ta chambre, je ne veux pas que personne me voie. J'ai tellement honte Manu, je n'ai pas su me défendre encore une fois.
— Voyons, ne dit pas ça. Viens. Tu dois comprendre Jason que si j'avais été à ta place, ça aurait probablement été la même chose. Ces personnes sont très sournoises, ils sont souvent imprévisibles.

Emmanuël l'amena dans sa chambre, il le déshabilla pour évaluer les dégâts. Jason avait une partie du dos bleu, des ecchymoses aussi sur les bras, la lèvre fendue et le côté gauche du bassin rougeâtre.

— On doit appeler la police Jason.
— Non, s'il vous plaît Manu. Il va revenir et me le faire payer encore plus cher.

Emmanuël se refusait à aller contre sa volonté, car Jason lui faisait tellement pitié. Il lui fit couler un bain chaud et lui mit des compresses sur ses plaies. Il le prit dans ses bras toute la nuit. Ils finirent par s'endormir.

Le lendemain, Johannie demanda à Frédérick d'aller réveiller Emmanuël. Elle lui avait fait son déjeuner préféré.

— Frédérick, tu veux aller le réveiller?

Le téléphone sonna au même moment.

— Je prends l'appel et toi tu vas le réveiller.
— Bien.

Johannie frappa à deux reprises, mais Jason et Emmanuël ne l'entendaient pas, ils venaient à peine de s'endormir. Elle décida d'entrer. Elle fût surprise de voir que Jason était là. Elle s'approcha doucement d'Emmanuël puis elle aperçut le bras de Jason avec d'énormes ecchymoses.

— Qu'est-ce que c'est que ça?

Jason et Emmanuël sursautèrent.

— Maman! Mais qu'est-ce que tu fais là?
— Mais qu'est-ce qui est arrivé à Jason?

Elle évaluait le bras de Jason et ignora la question d'Emmanuël lui avait posé. Celui-ci se sentait mal à l'aise que sa mère soit là et qu'il soit couché avec Jason.

En examinant le bras de Jason, elle fit descendre la couverture un peu et elle vit de plus en plus d'ecchymoses apparaîtrent. Johannie descendait la couverture doucement. Elle était tellement fâchée.

— Maman, tu arrêtes là s'il vous plaît.
— Mais oui Emmanuël. Qu'est-ce qui est arrivé? Jason dis-moi?

Jason regardait Emmanuël.

— C'est Alex, mon ancien copain. Il a décidé de me rendre une visite.
— On doit rapporter cela à la police. Il ne peut pas s'en tirer comme ça.

Johannie alla à la porte de la chambre. Emmanuël regardait Jason en grimaçant et Jason lui donna son approbation muette.

— Frédérick. Appelle le médecin immédiatement ensuite je veux Ted et Michaël dans l'heure qui suit.

Frédérick arqua les sourcils. Il était toujours en ligne avec Michaël.

— Michaël, il y a un problème là haut. Arrive ici et appelle Ted, j'appelle le médecin.

Il coupa la communication sans autre façon.

— Le médecin s'occupa de Jason, Ted appela un ami pour qu'il vienne prendre la déposition de Jason pour ensuite se rendre avec lui et Emmanuël à l'appartement et Michaël s'occupait de faire des appels pour que, quand Alex serait arrêté, qu'il ne sorte pas de prison facilement et qu'il reçoit le maximum de la peine.

Jason était au lit. Ordre du médecin et ce, jusqu'à l'heure du mariage. Emmanuël revient à son chevet le plus vite qu'il pût.

— Tu crois qu'ils vont le garder Manu?
— Michaël s'en assure.
— Regarde-moi Manu, je m'excuse je ruine notre belle journée.
— Jason mon chéri, ce n'est pas de ta faute. Tu le sais ça, tu es avocat. Il y en a beaucoup de fou comme lui. Ils vont le coffrer pour t'avoir fait cela et ce sera pour tentative de meurtre.
— Jason le regarda et ouvrit grand les yeux.
— Tentative de meurtre?
— Oui Jason, c'est assez. À deux reprises ce gars aurait pu te tuer.

Emmanuël aida Jason à s'habiller pour leur mariage. Zoé vient lui maquiller la lèvre pour cacher la coupure.

— C'est pour les photos. Nous voulons que cette journée te rappelle de beaux souvenirs et non de mauvais souvenirs.

Elle lui prit la figure entre ses mains et l'embrassa doucement.

— Tu es beau et tu feras de belles photos maintenant.

Johannie changea les billets d'avion pour Emmanuël et Jason en première classe pour que Jason soit le plus confortable possible dans l'avion. Le voyage était long.

Le mariage se déroula à merveille. Emmanuël était ému, car il croyait que plusieurs connaissances de la famille ne viendraient pas et ils étaient tous là. Il avait bien sûr invité toute sa famille d'Italie. Quelques-uns étaient venus et Oncle Miki était accompagné en plus.

La compagne de Miki était sa fiancée qu'il avait laissée seule après la mort de son jeune frère. Il était parti et avait laissé tous ceux qu'il aimait derrière lui. L'accident avait coûté la vie de son jeune frère et il ne pouvait plus les regarder souffrir. Elle était devenue veuve et Miki l'avait rencontrée par hasard. Ils s'étaient donné rendez-vous pour ne jamais plus se laisser.

— Frédérick, tu as une minute pour moi.
— Oui Miki certainement.
— Tu crois que si Jinna et moi voulions nous marier à Hawaï durant le voyage des garçons, qu'ils y verraient une objection ?
— Ah ! C'est plutôt merveilleux. Ils seront très heureux, tout comme moi en ce moment.
— Merci Frédérick. Tu veux bien lui en glisser un mot pour m'en assurer ?
— Mais oui. Tu as déjà la bague ?
— Oui, elle est toujours dans ma poche depuis deux semaines. Regarde.
— Superbe, tu n'as pas lésiné sur la qualité mon frère.
— Je lui devais bien.

Frédérick alla parler à Emmanuël et celui-ci fit signe à Jason de les rejoindre. Ils lui expliquèrent la situation.

— Mais pourquoi ne le font-ils pas aujourd'hui après nous ? Certains membres de votre famille sont ici, ils viennent de l'Italie pour notre mariage. Je suis convaincu qu'ils seront très heureux de pouvoir assister à celui d'oncle Miki.

Frédérick leva les mains au ciel et Emmanuël acquiesça.

— Mais oui, ce serait beaucoup mieux.
— Miki, va vite demander à ta belle si elle veut être ta femme parce que nous pensons que vous devriez le faire aujourd'hui.
— Quoi? Ouf!

Miki alla demander à Jinna et elle était si heureuse.

— Depuis le temps que je t'attends. Oui je le veux mon amour.

Oncle Miki et Jinna se marièrent quelques minutes après Emmanuël et Jason. Tous étaient très heureux de la situation.

Dans l'avion, ils étaient tous assis ensemble à l'exception d'Emmanuël et Jason qui étaient plus à l'avant. Zoé se leva à nouveau pour se rendre à la salle de bain. Emmanuël et Jason arrivaient pour voir la famille quelques minutes.

— Johannie chérie. Tu veux bien partager ta joie. Pourquoi souris-tu chaque fois que Zoé se lève pour se rendre aux toilettes ?

Johannie et Amélia souriaient. Ogan leva les sourcils.

— Non ! Zoé ?
— Mais qu'est-ce que je ne comprends pas, dites-moi ?

Johannie se pencha vers Frédérick et chuchota.duitent

— Est-ce que tu es prêt à être grand-père à nouveau ?
— Ah ! C'est donc ça.

— Hein ! Je suis détective alors je vous rappellerais que j'ai toujours l'oeil ouvert et l'oreille très fine.

— Ah ! Désolé Ted. Fait comme si tu n'avais rien entendu. Je me trompe peut-être.

Ted riait de toutes ses dents. Quand Zoé revint se rasseoir, elle sentit tous les regards sur elle.

— Ah merde ! On ne peut vraiment rien faire en priver dans cette famille.

Elle regarda Ted.

— Oui, oui, oui. Mais je voulais attendre en Hawaï pour te l'apprendre.

Tous applaudissaient. Ted la prit sur ses genoux et l'embrassa en lui caressant le ventre.

— Je te le répète, essais de ne pas en faire deux à la fois comme moi veux-tu ?

— Je ne me le souhaite pas. Je vais faire des tests le plus vite possible.

— Ah ! Ah ! Ah ! Zoé, ce n'est pas ça qui va te les enlever si tu en as deux.

Zoé fit la grimace.

Arrivés à l'hôtel, ils s'accordèrent de prendre le reste de la journée pour eux-mêmes à cause du décalage horaire et aussi pour Jason qui devait se reposer encore un peu.

Le lendemain au déjeuner, Emmanuël leur dévoila le programme.

— Ça va mieux mon garçon?
— Oui, merci Frédérick. Je crois que je n'aurai plus le temps d'y penser avec le programme d'enfer qu'Emmanuël nous a concocté.
— Si jamais tu es fatigué et ne te sens pas bien, on comprendra si tu ne participes pas à certaines des activités.
— Sans problème, je vous remercie.
— Vous êtes prêt pour le programme?

Tous lui firent signe que oui.

— Très bien. Alors nous commençons par passer sept jours ici à Honolulu, ensuite nous allons à l'île de Maui pour quatre jours, l'île d'Hawii à Hilo et Kailua Kona pour quatre jours chacun et revenons finir notre voyage ici à Honolulu pour un autre sept jours.
— Wow! C'est super. Avez-vous déniché des activités?
— Oui, pour les aventureux, il y aura du surf sur mer et de la plongée sous-marine. Pour les femmes, il y a les magasins et les spas. Pour ce qui est de ce que l'on peut faire en famille, il y a un tour de bateau avec visite d'une grotte, la plage, tour d'hélicoptère, visite guidée pour les chutes et du kayak à six personnes. Enfin, pour les couples, il y a certains hôtels qui auront des jacuzzis et certains auront de grandes terrasses privées. Il y a plein d'autres activités, la liste n'en finissait plus, alors si vous entendez quelque chose, on s'informe et en discute.

Pendant qu'Emmanuël énumérait les choses qui pouvaient être faites, Jason passait des brochures d'informations sur tout ce dont ce qu'Emmanuël discutait.

Toute la famille avait fait jusqu'au retour à Honolulu un merveilleux voyage. Ils s'étaient tous bien amusés.

— C'est notre dernière nuit ici chéri. Notre lune de miel se termine.

— Non elle a commencé le jour où je t'ai rencontré Manu. Maintenant, elle se continue.

Ils s'embrassèrent et descendirent ensuite pour le dernier souper ensemble.

— Ted, regarde.

Zoé lui fit signe du menton en direction de sa nièce Annabella.

— Quoi?

— Annabella est toujours avec ton fils. Je suis contente.

Ted leva les yeux au ciel.

— Zoé chérie, tu ne seras jamais une bonne détective.

Zoé fit la grimace.

— Pourquoi dis-tu ça?

— Annabella a les yeux rivés sur le garçon à la table à côté de nous. Chaque soir depuis que nous sommes ici, ils s'assoient de façon à ce qu'ils puissent se voir.

Zoé observait la scène pendant quelques minutes.

— Ah mon dieu! C'est bien vrai. Oh là là! Il vient de lui faire un clin d'oeil.

— Chut! Ferme-toi, ils vont tous l'observer.

Michaël regarda Zoé.

— Qui te fait des clins d'oeil?
— Chut! Je t'en parlerai plus tard.

Michaël regardait partout pour voir qui avait fait un clin d'oeil à Zoé.

— Ah! Vient avec moi Michaël.

Elle lui expliqua la situation et ensuite ils observèrent la scène de loin.

— Notre belle Annabella se fait faire les beaux yeux. Déjà!
— Elle a quatorze ans, presque quinze.
— Oui, mais quand même.
— J'aimerais bien savoir le nom de ce garçon moi.
— Zoé, qu'est-ce que cela fera de savoir son âge?
— Bof! Faire un peu de surf sur le net. C'est jeune aujourd'hui sont à peu près tous sur Facebook.
— Bonne idée. Nous avons besoin d'un plan pour s'approcher de cette famille pour découvrir le nom et l'âge de ce garçon.

Ogan arrivait derrière eux sans que ni un ni l'autre ne l'ait vu.

— Qu'est-ce que vous regardez tous les deux?
— Ah merde! Ogan, tu m'as fait peur.
— Ferme là Ogan.
— Vous semblez content de me voir. Qu'est-ce que vous manigancez vous deux?

Michaël partit à rire.

— Je me sens redevenir un enfant au temps où Zoé nous entrainait dans ses conneries.

Tous les trois partirent à rire.

— Maintenant, puis-je faire partie du secret?

Zoé regarda Michaël avant d'expliquer à Ogan ce qu'ils faisaient. Ogan les poussa tous les deux pour passer en avant d'eux et regarder de lui-même. Ted les regardait et il ne pouvait s'empêcher de rire.

— J'ai trouvé, je sais ce que nous allons faire. Nous allons utiliser les jumeaux de Zack. Ils font exactement tout ce que je leur dis. Je vais faire en sorte qu'ils aillent à la table de ce garçon et ensuite j'irai les rechercher et m'introduire.
— J'approuve Michaël.

Ogan ne riait pas du tout. Il était des plus sérieux.

— Zoé, prend un des jumeaux et je prends l'autre.

Ted les regardait faire.

— Ma petite Zoé, je n'aurais jamais dû te dire pour Annabella. Pauvre enfant.

Ted sortit de table et se rendit sur la terrasse-bar qui surplombait celle du restaurant. Il s'installa au bord de la rampe pour les regarder faire d'en haut. Il était crampé. Emmanuël l'aperçu et invita Jason à ce qu'ils aillent le rejoindre. Ted leur expliqua la situation et tous les trois étaient penchés sur la rampe à regarder le spectacle.

Michaël fit son travail à merveille. Les jumeaux se dirigeaient directement vers le garçon. Il s'approcha et s'excusa pour le dérangement que les jumeaux créaient.

— Ne vous en faites pas, ils sont si mignons.
— Merci. Ce sont mes neveux Cristiano et Marco.
— C'est des noms italiens ça ?
— Oui madame. Mon père est italien. Permettez-moi de me présenter, Michaël Mezzo et ma famille que vous voyez là.
— Moi c'est Barb Robinson.
— Et moi John Robinson et notre fils Ianick.
— Enchanté de faire votre connaissance. De quel coin venez-vous?
— De Vancouver.
— Quelle coïncidence, nous aussi.

Ils discutèrent quelques minutes et Michaël revient s'asseoir. Il voulait donner les informations à Zoé, mais Annabella s'approchait de lui. Il prit son téléphone portable et envoya un texto à Ogan et Zoé.

— Ianick Robinson de Vancouver

Pendant qu'Annabella parlait à sa mère, Ogan, Michaël et Zoé se mirent à fureter sur leur téléphone portable pour trouver des informations sur ce jeune homme.

Ted, Emmanuël et Jason les regardaient toujours et riaient comme des fous à les voir faire. Frédérick s'aperçut de quelque chose. Il prit son air sérieux, regarda ses trois enfants fureter et vit les trois autres perchés sur la rampe qui étaient crampés de rire.

— Regardez-moi ces trois abrutis là-haut qui sont crampés de rire et vous trois, que cherchez-vous? Qu'est-ce que vous regardez?

— Rien papa.

Tous les trois lâchèrent leur téléphone portable.

— Ogan, je ne suis pas né de la dernière pluie.

— Je ne sais pas de quoi tu parles.

Zoé reprit son téléphone portable et continua ses recherches. Elle trouva des informations sur Facebook. Il allait dans une école privée et avait seize ans. Elle trouva aussi des informations sur ses parents, ils étaient tous deux médecins. Elle envoya cette information à Michaël et Ogan.

— Frédérick entendit les téléphones portables d'Ogan et Michaël sonner.

— Ah! Vous trois. Allez les petits-enfants au bain et nous, nous allons allez rejoindre les autres là haut sur la terrasse. Ça semble beaucoup plus intéressant là haut.

Ils se levèrent tous et Ianick fit un clin d'oeil à Annabella qui lui sourit en retour. Annabella suivit ensuite les deux nounous avec les enfants jusqu'aux deux chambres communicantes réservées pour eux.

— Barbara, j'ai demandé à maman d'aller dans sa chambre écouter un film. J'y vais tout de suite O.K.?

— Oui sans problème Annabella.

Ils étaient maintenant tous au bar et Ted vit partir Ianick. Il décida de le suivre.

— Vous m'excusez, je reviens.

Ianick se dirigea vers la porte qui mène au magnifique jardin exotique de l'hôtel qui était situé à côté de l'hôtel. Soudain, il vit Annabella apparaître près de lui. Ils sortirent dans le jardin. Ted appela Zoé pour lui dire de le rejoindre, qu'ils devaient aller se promener dans le jardin.

— Zoé, ils sont partis dans le jardin. Rejoins-moi tout de suite à la porte qui mène au jardin.
— Dans le jardin. Oui tout de suite. Ted et moi allons nous promener dans le jardin.

Michaël et Ogan se levèrent en invitant leur femme à les suivre. Emmanuël et Jason les regardèrent partir et se décidèrent à les suivre.

— Il y a quelque chose dans l'air, je vous le dis. Tu ne suis pas toi?

Zack regarda son père surpris.

— Non je crois que je l'ai manqué celle-là.
— Alors on y va nous aussi.

Ted et Zoé étaient les premiers derrière Ianick et Annabella, mais ils ne les voyaient pas. Le chemin au bout des jardins donnait sur la plage et ils les virent un plus loin assis sur la plage à regarder le coucher du soleil sur la mer. Ogan et Amélia arrivèrent derrière eux. Amélia fût surprise de voir Annabella. Elle venait pour s'avancer et pour appeler Annabella, mais Ogan la reteint.

— Chut!
— Mais qu'est-ce qu'elle fait là?
— Je ne le sais pas, mais nous allons devoir lui parler.
— Je vais la chercher.

Ted la retint à son tour par le bras.

— Amélia, pour le moment, elle ne fait rien de mal et crois-moi, tu ne veux pas lui faire honte devant son petit ami. Quand les jeunes se révoltent à cet âge, c'est pas toujours beau à voir. Même s'ils font partie d'une très bonne famille, ils peuvent faire des choix très épeurants. Je crois que tu devrais lui parler quand elle va entrer.

Emmanuël les regarda et il regarda ensuite Jason.

— Jason, je crois que nous devrions réviser notre demande d'adoption et faire une demande pour un garçon seulement.

Tous rirent ensemble. Frédérick prit la parole.

— Bon, venez les enfants. Cet enfant n'a pas besoin d'une armée d'oncle et de tante pour l'espionner.
— Oh! Ils s'embrassent.

Tous regardaient vers la plage. Ogan semblait bouillir sur place.

— S'il va plus loin, il aura affaire à moi.

Michaël lui tapa sur l'épaule.

— Hé petit frère. Tu vas prendre un verre au bar et vous partez tous. Mia et moi allons rester sur ce banc à l'attendre et à surveiller bien sûr.

Amélia approuva. Elle se disait qu'elle aussi avait besoin d'un verre pour pouvoir se calmer avant de parler à Annabella.

Une heure plus tard, ils revenaient vers le jardin quand Annabella aperçu Michaël et Mia en train de s'embrasser sur le banc. Elle se dépêcha pour passer sans bruit quand Michaël l'appela.

— Annabella.
— Oh! Oncle Michaël, Mia, vous êtes là.
— Oui, depuis un moment. Je croyais que tu devais aider les nounous avec le bain des enfants.
— Non pas ce soir.

Ianick comprit ce que cela signifiait. Il s'excusa et leur dit bonsoir. Mia décida de s'excuser elle aussi pour laisser Michaël seul avec Annabella.

— Reste avec moi Annabella, nous allons marcher ensemble et discuter.

Il prit la main d'Annabella et marchait doucement avec elle.

— Si je comprends bien, tu n'as pas avisé tes parents.

Elle baissa la tête et Michaël lui remonta le menton.

— Non. Ils auraient refusé.
— Pourquoi penses-tu qu'ils auraient refusé ma chérie?
— Je ne le sais pas.

— Alors quand on ne sait pas, on chercher à savoir. Il faut te poser la question et trouver la réponse. Je suis sûr que tu en as une petite idée quand même.

— Oui. Je sais, je suis trop jeune. C'est ce qu'ils auraient dit.

— Oui c'est ça et c'est vrai. Pourquoi n'avez-vous pas regardé le coucher du soleil où nous étions tous, à l'avant de l'hôtel? Naturellement, le baiser aurait peut-être été en moins.

— Tu as vu?

— Oh oui! Tu sais je crois que tu ne le connais pas depuis assez longtemps pour ça. Ce qui veut dire que pour le baisé, c'était beaucoup trop vite.

Annabella se lança dans les bras de Michaël.

— Oncle Michaël n'en parle pas à mes parents s'il vous plaît.

— À une seule condition Annabella. Nous allons devoir faire un marché. Tu sais très bien que nous n'avons pas de secret dans notre famille.

— Oncle Emmanuël en avait lui.

Michaël fit la moue. Lui aussi en avait, comme tout le monde.

— Oui c'est vrai, mais ce n'était quand même pas pareil Annabella. C'était un secret de vie privée et adulte. Toi tu n'es pas adulte. Alors ma condition sera que tu leur en parles toi-même. Tu leur as menti aussi, ce n'est pas une bonne façon de commencer une vie d'adolescente en confiance entre tes parents et enfant.

— Ah non! Je ne veux pas.

— Oui ma chérie, tu leur dois pour avoir menti. Est-ce que tu crois le revoir ce garçon?

— Il aimerait que je le rejoigne chez lui le week-end prochain.

— Ses parents seront là?

Annabella fit un soupir en levant les mains et les yeux au ciel.

— Non. Je réalise que ce ne serait pas bien, j'ai compris là.

— Absolument pas. Qu'est-ce que tu crois qu'un garçon de son âge voudrait de toi s'il t'invite seul chez lui et qu'il sait très bien que ses parents ne seront pas.

— Je ne crois pas qu'il soit comme cela.

— Tu ne le connais pas, n'oublies pas. Une apparence première et la réalité sont malheureusement très différentes quelques fois. Mais si tu y allais. Pour lui ce serait une réponse à sa demande puisqu'il t'a déjà fait savoir que ses parents n'y seraient pas.

— Quelle demande?

— Une jeune fille qui accepte de se rendre chez un garçon en sachant qu'il est seul veut dire oui je le veux…hum, en vouloir plus, aller plus loin. Est-ce que tu me comprends?

— Oui, je crois.

— Bon, alors je vais être direct pour qu'il n'y est pas de je crois. Il voudrait probablement avoir du sexe avec toi.

— Ah! Oncle Michaël s'il vous plaît.

— Tu y penseras ma chérie. Je suis un homme et je sais très bien comment les hormones mâles fonctionnent à cet âge. J'ai eu cet âge moi aussi.

— Très bien, j'ai très bien compris. Arrête s'il vous plaît.

— Fait attention ma belle Annabella. Je ne dis pas que ce garçon n'est pas un bon parti, mais il y a des règles à suivre avant de mettre une jeune fille dans un lit et il semble vouloir aller un peu trop vite. Une fois que tu te retrouves seule avec un garçon que tu n'as pas appris à le connaître avant, tu peux être surprise, car il ne voudrait peut-être pas arrêter, même si tu l'implores.

— Je comprends.

— Promets-moi Annabella que tu apprendras à connaître un garçon avant de te laisser entrainer dans un endroit privé.

— Oui, promit Oncle Michaël. Je t'aime et je suis désolé d'avoir fait cela.

— L'important maintenant est que tu puisses comprendre l'ampleur d'une demande comme il t'a fait.

— Oui, je n'irai pas. S'il ne veut pas venir me voir chez moi et rencontrer mes parents…je vais comprendre qu'il n'est pas vraiment intéressé à moi.

Michaël l'embrassa sur le front.

— Tu as bien compris ma chérie. Viens je te ramène à ta chambre.

Michaël passa ensuite dans la chambre d'Ogan et Amélia pour leur donner un compte rendu de leur discussion.

— Merci Michaël.

— Je l'aime tellement, c'était un plaisir pour moi. Mais je ne croyais pas aller si loin dans la discussion et soudain je me suis rendu compte que j'étais entré en plein dans le sujet. Je lui ai même parlé des hormones masculines à seize ans et elle a compris, car elle me disait que son copain se devrait de rencontrer ses parents ensuite. Après avoir compris, elle m'a presque imploré de ne pas aller plus loin dans la discussion. Ceci a été une bonne expérience pour moi. Malheureusement je vais en rencontrer des adolescents dans mon tribunal, si je peux en sauver à apprendre à leur parler et que cela donne quelque chose, j'en serais très content.

— Je vais quand même avoir une discussion avec elle. Merci encore Michaël. Tu es un dieu pour elle.

— Ouin! Et ça je ne le comprends pas. Tu n'étais pas un dieu pour moi quand nous étions jeunes, je te trouvais plutôt enquiquineur.

Ils rirent tous et Michaël prit son frère dans ses bras avant de repartir vers sa chambre pour retrouver Mia.

— Notre belle Annabella grandit trop vite.

— Oui, elle va avoir quinze ans bientôt. C'est comme si c'était hier quand tu lui as apporté une peluche chez moi.

— Hum! Si je me rappelle bien, c'était le soir où tu m'as rendu fou de toi.

— Je crois oui, mais toi aussi tu me rendais folle depuis déjà longtemps.

— Ce Michaël, il a toujours eu le donc de nous parler et de vouloir tout résonner dans nos vies. C'est bien pour ça que je l'appelais l'enquiquineur. C'est pour cela qu'il fera un très bon juge.

Johanne Landers

Michaël Mezzo tourmenté par ses amours

Michaël Mazzo reste toujours le fils parfait. Il est le plus âgé et il réalise que ses frères et sa soeur ont trouvé l'amour de leur vie. Mais pour lui, la seule chose qui compte vraiment, c'est sa carrière pour essayer d'oublier. Il s'y dévoue corps et âme. Un jour il croit avoir trouvé celle avec qui il pourrait faire sa vie. Il en aime une autre en secret, mais il sait très bien qu'il ne pourra jamais l'avoir, alors il pense que faire sa vie avec Mia serait son meilleur choix. Elle a deux filles qu'elle a adoptées de la Chine, mais elle ne parle que d'en adopter d'autres. Michael lui,voudrait avoir des enfants d'eux, mais elle n'en veut pas. Losque son amour est mise à jour, ils se séparent. L'amour que Michael ne pensait jamais pouvoir avoir, lui tombe dans les mains sur un plateau d'argent. Il sera l'homme le plus bouleversé et le plus heureux par la suite avec celle qu'il voulait vraiment pour sienne.

Michaël parti pour la cour, il était pour être juste à l'heure. Il passa sur un feu qui vira rouge quand il se trouvait encore au milieu de l'intersection. Une autre voiture s'avança trop vite de l'autre côté et causa une collision.

— Ah! Merde! Merde! Merde! Non. Une femme, euh elle n'a pas regardé ou quoi? Regardez-moi ce gâchis.

Il débarqua de sa voiture pour voir comment elle allait avant d'appeler les services policiers.

— Ça va?
— Vous me demandez si ça va. Ah! Mais oui ça va, vous avez ruiné ma journée et cabossé ma voiture.

Michaël la prit par le coudre.

— Vous saignez? Mais oui, montrez-moi ça.

Elle s'était coupée en haut de la paupière. Michaël tomba directement dans ses yeux.

— Rien de grave, je vous rassure.
— Ce n'est pas vous qui allez avoir le mal de tête qui va aller avec.
— Vous pouvez vous lever?
— Je crois, oui.
— Prenez ma main, je vais vous aider.

Mia se leva et semblait n'avoir que cette petite coupure au-dessus de l'oeil.

— Vous vous sentez toujours bien?
— Oui. Regardez ce que vous avez fait de ma voiture.
— Mais, ma voiture aussi est abimée. Je me demande bien si le feu était déjà passé au vert quand vous commencez à tourner.
— Très drôle et vous, la signalisation, elle était de quelle couleur exactement?
— Bon, écoutez en attendant les policiers, je dois faire quelques appels importants.

Il s'écarta de Mia pour appeler la cour et mentionner que l'affaire devra être reportée. Mia cherchait toujours son téléphone portable qui était sur le tableau de bord au moment de l'impact. Elle finit par le retrouver, il s'était fracassé sur le parebrise.

— Ah là là!, il est brisé. Il a vraiment gâché ma journée lui. Je vais devoir ajouter cela à la liste des dégâts.

Elle alla à la hauteur de Michaël.

— J'aurais besoin de votre téléphone portable, puisque vous avez brisé le mien dans l'accident.

— Pardon?

— Mon téléphone portable s'est fracassé dans l'impact. J'ai aussi un appel urgent à faire.

Michaël la regardait. Il s'aperçut qu'il aimait bien ses petites manières sauvages.

— Vous me le passez?

— Oui, oui. Tenez. Faite vite, j'ai un autre appel à faire.

Mia appela à la cour pour découvrir que la cause avait été décalée de trois heures à la demande de l'autre avocat qui avait un problème ce matin.

— Ah! Bien, je serai là à 13h00. Merci.

— Tenez. Merci, à cause de vous je dois aller faire l'achat d'un autre téléphone portable, louer une voiture et réorganiser ma journée de travail.

— Je vais aussi devoir faire la même chose avec ma journée de travail et louer une voiture. Venez à ma voiture. J'ai quelque chose pour votre blessure.

— Non merci. Je dois avoir des mouchoirs dans ma bourse.

Tandis qu'elle regardait pour un mouchoir, Michaël prépara son téléphone portable pour prendre des photos de l'accident et de l'intersection. À l'insu de Mia, il la photographia.

— ''Qu'est-ce que je fais là moi.''

Il ferma son appareil et mit les mains dans les poches. La vache, elle lui faisait de l'effet celle-là.

369

— Je dois faire un autre appel.

Il s'écarta d'elle. Il devait remettre ses idées en place. Il appela au cabinet pour voir si quelqu'un pouvait venir le prendre. Emmanuël s'était porté volontaire.

— Tu vas bien?
— Oui et la conductrice de l'autre voiture n'a qu'une coupure mineure.
— Je pars immédiatement.

Mon frère passera me prendre pour me conduire à un endroit pour louer une voiture. Vous voulez qu'on vous embarque?

Mia savait bien qu'elle devait prendre un taxi directement pour une location de voiture, alors elle en profiterait. Nouvellement arrivée dans la région, elle n'avait aucune idée de l'endroit idéal pour une louer une voiture. Elle allait devoir faire confiance à Michaël.

— Oui, si ce n'est pas vous qui conduirez.

Michaël sourit. Elle le divertissait beaucoup.

— Très drôle. C'est la première fois que je suis impliqué dans un accident. J'étais un peu pressé et voilà.
— Vous me le dites! Moi aussi j'étais très pressée.

Il essayait de l'imaginer plus calme, avec un sourire sur les lèvres. Emmanuël arriva avec Ogan.

— ''Décidément, la beauté règne dans cette famille.''

— Ah! Ah! Ah! Mais tu n'as pas manqué ton massacre Michaël. T'as vraiment cabossé la voiture de la demoiselle.

Mia sourit à Ogan.

— Qu'est-ce que tu fais là toi?
— Tu es très chanceux. Nous avons dû presque barricader papa pour qu'il ne vienne pas avec nous.

Michaël leva les yeux et les mains au ciel en signe de découragement.

— J'ai bien dit que j'allais bien non, et que la conductrice de l'autre voiture aussi.
— Tu crois avoir besoin d'un avocat Michaël, je me propose.
— Finalement, j'aurais dû prendre un taxi.

Le policier qui venait d'arriver était à questionner Mia. Michaël chuchota à ses frères.

— Fermez là, je veux écouter ce qu'elle dit au policier.
— Emmanuël, moi si j'étais avocat, ce n'est pas à Michaël que j'aurais offert mes services, mais bien à elle.

Michaël devint impatient.

— Ogan, tu es marié mon vieux et père de famille, je crois.
— Oui, oui. Mais c'est pour Emmanuël que je disais ça, pas pour moi.

Ogan et Emmanuël partirent à rire. La situation était cocasse puisque Emmanël était récemment marié à son conjoint de longue date, Jordon.

371

Le policier s'approcha de Michaël, celui-ci fit de gros yeux à ses frères.

— Bonjour monsieur. Je peux prendre votre déposition.
— Oui certainement.
— Vient Emmanuël, nous allons aller voir si la demoiselle va bien et faire connaissance. J'ai l'impression que Michaël ne la déteste pas.

Ils se dirigèrent vers Mia et Michaël bouillait sur place.

— Bonjour, vous allez bien mademoiselle?
— Oui, très bien. Merci.

Elle s'avança pour leur serrer la main.

— Je suis Mia.
— Moi c'est Ogan et Emmanuël. Nous sommes les frères de Michaël.
— ''Michaël!''
— Désolé que notre frère ait fait l'imbécile ce matin.
— Oui, l'imbécile.

Ogan et Emmanuël s'amusaient bien de la situation. Ils voyaient bien que Michaël n'était pas d'accord qu'ils soient en train de parler à Mia. Michaël les regardait avec un regard désapprobateur.

— ''En plus, ils la font sourire''. Bon, le policier appelle les remorqueuses. Vous avez quelque chose à prendre dans votre voiture?
— Oui.

Elle ouvrit le coffre de sa voiture, y sortit un chariot dépliant et y mit deux boîtes et son attaché-case. Elle ne voulait surtout pas leur dire qu'elle était avocate. Elle était pour défendre sa cause elle-même s'il le fallait et monsieur Michaël aurait une petite surprise s'il voulait contester.

— Ah! J'ai oublié de te dire Emmanuël que nous voulons nous rendre tous les deux au service de location de voitures. J'ai offert de l'amener.

Emmanuël et Ogan levèrent les sourcils et se regardèrent. Ils refoulaient leur fou rire.

— Délosé, je ne me suis pas présenté à vous. Je suis Michaël.
— Et moi Mia.
— Venez. Je vais mettre cela dans la voiture.

Ogan chuchota à Michaël.

— Reprends-toi, tu es complètement tombé sous le charme de Mia. Ah! Ah! Je suis content d'être venu avec Emmanuël.

Michaël ne riait pas du tout.

— Tu es ridicule, pire qu'un collégien. Vraiment immature.

Ogan s'assura de prendre place à l'avant pour que Michaël et Mia n'aient pas le choix de s'assoient ensemble. Emmanuël souriait quand il vit Ogan se presser à l'avant. Il savait très bien ce que son petit frère manigançait.

Michaël prit son attaché-case et le mit à côté e celui de Mia dans le coffre. C'est drôle, ils avaient le même.

— ''Alors elle est une femme d'affaires. Peut-être une vendeuse avec ses boîtes''.

Comme il voulut regarder ce qui était écrit sur l'une d'elle, Emmanuël ferma le coffre arrière.

— Merci! Tu voyais bien que je regardais ce qui était écrit sur la boîte.
— Impolitesse. On y va.

Ils prirent place dans la voiture. Michaël regarda Ogan en signe de négation avant de prendre place avec Mia à l'arrière de la voiture.

— Emmanuël, tu peux faire un stop, Mia a besoin d'un nouveau téléphone portable.
— Sans problème.
— Non, ne faites pas ça. J'irai après avoir récupéré une voiture.
— Je vous l'offre.

Mia arqua les sourcils.

— Donc, vous avouez que c'est votre faute.
— Non, pas du tout.
— Ça semble exactement ce que tu viens de faire Michaël. Tu dois le savoir mieux que moi.
— Ah parce que maintenant, tu prends la défense de Mia?

Mia riait. S'ils savaient, Mia était avocate et qu'elle pouvait se défendre et les écraser tous. Michaël la regarda. Le sourire qu'il voulait tant voir apparut sur son visage. Elle était très jolie. Il se surprit à regarder les courbes de son corps pour finalement revenir à ses yeux. Étant un enfant qui avait été adopté de la Chine, elle n'acceptait pas que les gens la juge, la regarde des pieds à la tête. Elle n'aimait pas ça, mais bizarrement ce n'était pas un problème avec Michaël. Dans les trois très beaux hommes avec lesquels elle était, c'était Michaël qui lui faisait le plus d'effet. Dieu merci se disait-elle, elle avait un veston et il ne pouvait voir l'effet qu'il projetait sur son corps. Michaël remonta les yeux jusqu'au sien. Il se sentit soudain mal à l'aise, car elle le regardait la regarder.

— Qu'est-ce que vous regardez? Je semble vous faire de l'effet on dirait.

Emmanuël et Ogan partirent d'un fou rire, ils n'en pouvaient plus. Michaël se ridiculisait de plus en plus. Michaël leva les yeux en signe d'exaspération.

— Vous êtes des conards, de vrais gamins.

Mia se pinçait les lèvres.

— Ce n'est certainement pas vous qui me faites cet effet. Je pensais à la belle femme que j'ai dû laisser seule dans mon lit ce matin.
— Quelle connerie!
— Ogan, ta gueule tu veux.

Mia débarqua pour aller faire l'achat de son nouveau téléphone portable, Michaël sorti de la voiture et mit les deux mains dans ses poches. Il se pencha sur la fenêtre du côté d'Ogan.

— Vous deux, les conards, vous n'entrez pas, c'est clair.
— Oui, comprit chef.
— Très drôle, j'aurais dû prendre un taxi et seul.

Ils se rendirent ensuite pour les voitures. Mia s'empressa d'entrer pour louer sa voiture. Elle passa ensuite près de la fenêtre d'Emmanuël et lui fit un clin d'oeil. Elle arrêta la voiture près de celle d'Emmanuël pour prit ses choses et disparus. Quand Michaël s'avança à la voiture d'Emmanuël pour prendre lui aussi son attaché-case, ses frères étaient crampés.

— Allez-vous-en loin.
— On avait hâte de voir quelle voiture tu avais choisie. Ah! Ah! Ah!
— Foutez-moi le camp. Y'avait plus rien de bon.
— C'est Mia qui a pris la dernière qui avait du mordant.

Michaël retourna au bureau de ses parents pour se calmer de cet avant-midi mouvementé et incroyablement humiliant. Ses frères passaient devant sa porte pour l'inviter à dîner avec eux.

— Non, vous voulez rire de moi. J'en ai assez eu de vous deux ce matin.
— Hé! Tu sais le nom de famille de Mia?
— Non, je ne veux pas le savoir, mais je vais quand même le voir sur le rapport de police. Sortez de mon bureau voulez-vous.

Zoé et Ted partaient le lendemain en voyage. Michaël aurait vraiment eu besoin d'elle.

Quand ses frères et son père revenaient de leur dîner, ils passèrent tous devant son bureau en souriant.

— Bonjour papa.
— Bonjour Michaël. Tes frères se sont vraiment moqués de toi ce matin.

— Tu me le dis, deux vrais collégiens. J'aurais vraiment espéré que ce soit toi qui viens où avoir pris un taxi. Papa, j'ai eu l'air si ridicule devant cette femme.

— Ah oui! Mia.

— Oui, la femme en question.

— Est-ce vrai qu'elle t'a fait tant d'effet que ça?

— Papa, je suis un homme…je ne la reverrai probablement jamais de toute façon et Dieu merci. J'ai eu si honte. Ils nous ont fait passer pour une vraie famille de fou.

— Hum!

— Quoi Hum? L'affaire est close. Désolé papa je dois partir pour la même cause que je devais plaider ce matin. Ils l'ont reporté à cet après-midi.

— C'est bien mon garçon. On se revoit ce soir chez Ogan.

— Hein! Pourquoi ce soir?

— C'est ce soir qu'Amélia et Ogan nous ont invités toute la famille pour la fête d'Annabella. Elle a dix-sept ans aujourd'hui.

— Ah merde! Je devais passer à la bijouterie cet après-midi pour récupérer son cadeau. Bon, je vais passer pendant la soirée. ''J'achète tellement dans cette bijouterie, il a certainement quelqu'un qui pourrait m'apporter mon achat pour cette fois''

Michaël prit son téléphone et fit signe à son père de la main. La bijouterie devait essayer d'avoir quelqu'un pour lui faire sa livraison, sinon la gérante lui assurait qu'elle était pour l'attendre. Michaël alla rencontrer son client pour s'excuser pour ce matin et lui expliquer qu'il avait eu un accident. Il vit Zack qui sortait d'une des salles d'audience.

— Salut Zack, ça va?

— Non pas du tout. Tu sais on dit quelques fois que nous sommes contents de ne pas avoir à plaider contre Zoé?

— Oui, elle est redoutable.

— Hé bien! Michaël, y'a une nouvelle avocate dans notre terrain de jeux et je vais demander à papa de l'engager pour m'assurer de ne plus jamais avoir à débattre contre elle. Une vraie tigresse.

— Ah! Ah! Ah! Mais c'est impossible Zack, ta jumelle est imbattable.

— Je te le dis, si tu vois son nom, cours vite et ne t'arrête pas. En plus, on voyait bien qu'elle était d'une humeur massacrante.

— Bon, je dois y aller. On se voit ce soir.

— Son nom c'est Maître LeBrun.

Les gens commençaient à s'installer tranquillement dans la salle d'audience. Michaël entendit l'avocate de la partie adverse parler et il se retourna avec de gros yeux surpris. Son client lui parlait, mais il ne l'écoutait plus.

— Impossible, vous!

— Ah non! Je vous ai assez vu.

Mia n'en revenait pas. Elle s'était sentie mal à l'aise dans l'autre cour parce qu'elle avait eu à débattre avec un des frères de Zoé, celle qui lui avait servi de mentor et maintenant lui.

— Vous êtes avocate?

Elle lui répondit avec un parler sarcastique.

— Si je suis là, vous croyez?

— ''Ça y est!''

Michaël avait encore cette maudite sensation d'érection qui se manifestait. Ça promettait d'être très inconfortable.

— ''Comment puis-je être fâché de la voir là et bander en même temps? C'est à ne rien comprendre''.

Mia s'en aperçut et elle était certaine que n'importe qui dans la cour pouvait s'en rendre compte.

— Vous avez un problème Maître Mezzo?
— Non, non pas du tout.

Mia en resta bouche bée. Son client avait bien dit Maître Mezzo. Elle regarda Michaël et la seule chose qui sortait de sa bouche était ce qu'elle venait d'entendre.

— Maître Mezzo?
— Oui.
— Vous êtes Maître Mezzo?
— Hum, oui.
— Mais combien êtes-vous dans cette famille?

Michaël riait.

— Cinq enfants, quatre d'entre nous sommes des avocats ainsi que mes parents. Ogan mon jeune frère lui, il a décidé d'être Comptable agréé.
— Oyé! Oyé! Veuillez prendre place, la cour va commencer.

Ils prirent place. Pendant la cour, le juge envoyait des messages indirectement à Michaël comme en levant un sourcil quand il regardait Michaël.

Finalement, après la cour, le juge fit appeler Michaël dans son bureau.

— Maître Mezzo, je suis très déçu de vous. Vous avez rendu ma cour ridicule.

— Pardon M. le juge, mais je ne comprends pas.

— Non, mais, Maître Mezzo, regardez-vous, vous êtes ferré comme un cheval.

— Ah merde! Ne me dites pas que je suis venu me faire engueuler pour la première fois et c'est pour mon érection? Que voulez-vous que j'y fasse? Ah! Je suis désolé, c'est cette…cette petite pimbêche d'avocate. Quel âge a-t-elle?

— Elle est avocate, c'est tout. Peu importe son âge. J'espère que vous n'avez pas d'autre cause à plaider dans cette condition?

— Non, je rentre à la maison.

— Alors, allez-y. Sortez du palais de justice.

Michaël leva les yeux au ciel.

— Au revoir M. le juge.

Michaël fulminait contre lui-même. Bien oui il était en train de retrouver tous ses sens. Il était si humilié, lui qui était sur le point de devenir juge, qui ne s'était jamais fait réprimander par un juge et ce vieux juge en plus. Encore pire, il aurait pu mettre sa main au feu que son père était pour en entendre parler avant même qu'il soit entré au bureau.

Comme il était sur le point de sortir du palais de justice, il entendit qu'on l'appelait.

— Maître Mezzo, Maître Mezzo.

Michaël reconnut cette petite voix qui l'avait agacé toute la journée. Il se retourna, lui prit le coudre pour l'amener à l'écart des curieux.

— Premièrement, ne me hélez pas à voix haute dans les couloirs où que ce soit d'ailleurs. Deuxièmement, je n'ai pas le temps en ce moment et troisièmement, je vous ai vraiment assez vu pour aujourd'hui.

Mia se pinçait les lèvres pour ne pas rire. Michaël était vraiment de mauvaise humeur. Mais elle se rendit compte qu'elle lui faisait encore de l'effet.

— Si ce n'est pas vraiment urgent, je dois partir. Communiquez avec mon bureau.
— Bien!

Elle tourna les talons et partit. Elle souriait. Il la regarda partir et était déçu. Il aurait plutôt voulu la mettre dans un lit.

— Ah mon Dieu! Qu'est-ce qu'elle me fait cette…cette…grrrrr. Elle est venue à moi exprès, j'en suis sûre.

Quelqu'un d'autre l'appelait. Il se retourna et adoucit son regard quand il vit la gérante de la bijouterie. Il allait oublier. Arrivé au bureau, il se dirigea presque en courant dans son bureau. Son père lui sourit en passant et Michaël leva la main en signe de négation.

— Ferme là papa sinon j'explose.

Zack frappa à sa porte.

— Quoi?
— As-tu vu la petite LeBrun?
— Hum! Petite pimbêche ouin.

Michaël se leva pour prendre un document sur un cabinet. Zack regarda son frère et leva les sourcils.

— Wow! Ne me dis pas que c'est elle qui t'a fait cet effet?
— ''J'aurais dû aller chez moi comme j'avais mentionné au juge''. Sort de mon bureau et vite.

Michaël prit son attaché-case et parti. Arrivée chez lui il avait besoin d'une douche froide et vite. Il aurait voulu rester chez lui après une journée aussi troublante, mais il devait aller à la fête d'Annabella, son Annabella.

Mia prit un bain avant de partir pour retrouver Zoé. Celle-ci l'avait invité à la rejoindre chez son frère, car elle disait que cela l'aiderait à se faire des connaissances et qu'elle appartenait à une famille d'avocat. Mia avait bien deviné que Zoé était probablement de la même famille que tous les Mezzo sur lesquels elle était tombée aujourd'hui.

— ''Ce sera tellement drôle si Michaël est là''.

Mia décida de s'en assurer. Elle appela Zoé.

— Salut Zoé, j'ai une question pour toi. Tu as des frères?
— Oui, j'en ai quatre.
— Dis-moi qu'il n'y a pas d'avocat là dedans.
— Trois avocats, désolés. Il y a Michaël, Emmanuël et Zack, mon jumeau.
— Et Ogan le petit farceur.
— Hé! Tu connais Ogan. C'est chez lui que nous allons ce soir.
— Ah! Ah! Ah! Au moins ce n'est pas chez Michaël.

— Non, mais nous fêtons deux choses ce soir. La fête d'Annabella qui a dix-sept ans aujourd'hui, c'est la fille d'Ogan et Amélia et nous fêtons aussi Michaël pour sa nomination de juge. Michaël ne le sait pas.

— Michaël juge!

— Oui, mais ma foie, les as-tu tous rencontrés à la cour aujourd'hui?

— Presque. Ce matin j'ai eu un accident. Michaël a percuté ma voiture.

— Non, c'était toi?

— Arrête, tes frères Ogan et Emmanuël ont failli faire faire une crise à Michaël.

Elles se mirent à rire.

— Mia, il faut que tu viennes absolument ce soir. J'ai dit à Ogan que j'amenais une amie, mais je ne lui ai pas mentionné qui. Je veux voir la surprise de Michaël quand il te verra.

— Surtout Michaël.

— Oui, il faut que tu viennes quand même c'est compris.

— Hum, on peut dire que Michaël m'a viré de sa vue cet après-midi et qu'il a fait un vrai enfer de ma journée.

— Hé voilà! Tu dois lui remettre ça.

— Oui, mais le problème c'est qu'il va devenir juge et si je ne suis pas dans ses bonnes grâces, c'est moi qui vais payer.

— Michaël ne ferait jamais une chose pareille. Il est très honnête.

— Oui, désolé ce n'est pas vraiment ce que je voulais dire.

— Allez tu viens. Ted et moi te prendrons dans une heure.

— Texte-moi l'adresse, je préfère prendre ma voiture.

— Bien, à plus tard.

Quand Mia arriva chez Ogan, toute la famille de Zoé était arrivée.

— Je vous présente Mia.

Michaël ne fit qu'un bond dans ses souliers.

— J'étais la mentore de Mia et elle est venue s'installer à Vancouver. Je voulais qu'elle vienne ce soir pour faire la connaissance de ma famille.

Zoé et Mia avaient un sourire à se faire mal. Ogan et Emmanuël riaient comme des petits fous et Zack était bouche bée. Tant qu'à Michaël, il ferma les yeux. Mia n'avait jamais vu un si beau spectacle. Michaël ouvrit les yeux, se dirigea sans dire un mot vers Mia. Il mit sa main au bas de son dos pour la diriger dans le bureau qu'Ogan avait chez lui. Il ferma la porte derrière lui. Il fit signe à Mia de prendre place dans un fauteuil et se dirigea vers le bar.

— Moi, j'ai grandement besoin d'un verre. Veux-tu quelque chose?
— Oui, j'ai aussi besoin d'un verre.

Il n'y avait rien dans le mini bar du bureau. Il prit son téléphone portable et appela Ogan pour qu'il lui apporter des consommations.

— La prochaine fois, tu veux bien te déplacer.
— Oui, très bien, mais pas maintenant s'il vous plaît.

Il retourna auprès de Mia, la regarda prendre son verre. Elle était vraiment belle et il avait toujours envie d'elle.

— Bon écoute Mia, je sais que c'est Zoé qui t'a invité, mais sachant ce qui s'est passé aujourd'hui, je crois que cela était déplacé de venir ce soir.

— Zoé m'avait invité la semaine passée et je n'ai pas osé lui dire non. Mais je lui ai expliqué la situation et elle voulait absolument que je vienne de toute façon. Je ne voulais pas la décevoir.

— Zoé était ta mentore alors. Je te croyais fâché aujourd'hui quand tu plaidais. Mais là je comprends tout. Tu te retrouvais dans les jambes de ses frères. Tu as appris de la plus féroce des avocates.

— Oui, c'est bien ce qu'on m'a beaucoup répété. Que j'avais eu la meilleure.

Il la regarda en silence. Il sentit soudain que cette merveilleuse femme lui faisait toujours de l'effet. Ce soir elle n'avait pas de veston et il pouvait voir que lui aussi lui faisait de l'effet. C'était à son tour de se payer sa tête.

— Hum! Je vois Maître LeBrun que vous n'êtes pas la seule à me faire de l'effet, moi aussi je vous fais de l'effet.

— Maître Mezzo, je crois que vous vous méprenez. Celui qui me fait de l'effet est le bel homme que j'ai dû laisser dans mon lit pour venir ici.

Michaël la regarda et sourit.

— Je suis vraiment désolé pour ce matin.
— Hum!

Elle sentait son corps la brûler tellement elle le voulait. Surtout depuis qu'il avait vu que oui, il lui faisait de l'effet lui aussi. Elle se mordit la lèvre inférieure.

Et voilà! Pour Michaël se signe auquel il ne pouvait résister, était l'appel, l'accord, le désir. Son cerveau ne fonctionnait plus. Il l'embrassa doucement, mais en quelques minutes, leur baiser devint très sauvage. Ils avaient un appel urgent de leur corps tous les deux.

— Papa, tu leur as loué une chambre ou quoi?
— Non Annabella, mais ces deux-là devaient se parler. Je devrais peut-être envoyer enquêter Zoé…elle est bonne sur les enquêtes.
— Très drôle Ogan.

Annabella décida d'aller frapper à la porte.

— Vous venez, nous allons commencer.
— Oui ma chérie, nous arrivons.

Il se tourna vers Mia.

— Si tu veux bien, nous partirons de bonne heure.
— Oui. Je veux bien.

Annabella ne semblait pas dans sa meilleure humeur. Elle n'aimait pas Mia, c'était certain. Elle passait son temps à déranger Michaël pour rien et s'assurait de ne pas regarder Mia.

— Vient Annabella, je crois que tu es la seule personne qui ne m'a pas fait souffrir aujourd'hui.
— Tant mieux parce que ce ne serait pas mon intention.

Après le repas, ils sortirent le gâteau pour Annabella et elle ouvrit ses multiples cadeaux. Ensuite, Johannie alla chercher un autre gâteau qu'elle avait fait faire exprès pour Michaël. Il était inscrit ''Félicitation Juge Mezzo''. Tous l'applaudirent et le félicitèrent chaleureusement.

— Merci beaucoup.
— C'est plus qu'un honneur pour moi mon fils que tu suives les traces de mon père.

Mia s'avança pour le féliciter. Annabella détourna la tête.

—

— Juge Mezzo, je souhaite que vous soyez concilient pour les causes que je devrai présenter devant vous.

Ogan et Emmanuël avaient repris leur fou rire. Ogan chuchota à son père.

— Au moins il aura une robe de juge pour cacher l'intérêt qu'il porte aux femmes.

Mia s'avança vers Zack.

— Pas trop fâché?
— Non. Imagine-toi qu'en sortant de cette cour, j'ai rencontré Michaël et lui ai dit que s'il te rencontrait dans la cour et qu'il devait plaider contre toi, qu'il devait courir sans se retourner. J'aurais voulu voir la surprise qu'il a eue quand il t'a vu. En plus des évènements de ce matin.
— Oui et moi qui venais d'affronter le frère de mon amie, je devais en affronter un autre et Michaël en plus. Je suis littéralement tombé sur ma chaise.
— Moi, j'étais déjà par terre juste à entendre sa voix, je me suis retourné immédiatement.
— Pourtant je t'avais bien dit que je pouvais me défendre ce matin.

Johanne Landers

— Je ne croyais pas que tu étais avocate puisque je connais tous les avocats de Vancouver.

— Tu pourras en ajouter une à ta liste.

Michaël la regarda droit dans les yeux.

— Je spécifie…la liste d'avocats.

— Oui, mais oui certainement. J'avais bien compris.

Annabella n'en pouvait plus. Elle détestait cette Mia, elle la trouvait arrogante.

Johannie s'avança vers eux et remit à Michaël un cadre avec la photo de son père à elle, la photo du grand-père de Michaël, la photo qu'il admirait si souvent. Elle lui remit aussi une enveloppe.

— Merci maman, cette photo me touche beaucoup.

Il ouvrit l'enveloppe et y découvrit une clé de voiture et un généreux chèque.

— Hé! Il a droit à un cadeau parce qu'il devient juge. Pfff!

— Oui, il y a droit. Tu deviens juge à travailler très dur.

— Je suis comptable et je travaille très très dur moi aussi. En plus je n'ai aucune chance de devenir juge moi.

— Nous non plus on ne veut pas être juge, alors on n'aura pas de cadeau. Tu es pire qu'un bébé Ogan.

— Je suis le bébé moi, traitement spécial quoi. Comment ce fait-il que je suis comptable de la compagnie et de tous vos comptes et que je ne savais pas ça. Je n'aurais pas approuvé une telle dépense.

Ils riaient tous.

— Je ne changerais cette journée pour rien au monde. Nous nous sommes tellement amusés Emmanuël et moi.

Emmanuël lui sourit. Ogan se questionnait encore, puisqu'en étant comptable, il ne comprenait pas d'où venait l'argent.

— De combien est le chèque?

Michaël lui donna.

— Tien, régale-toi, c'est la seule chose que tu pourras faire avec.
— Très désolé pour toi que tu ailles devoir retourner ta voiture de location…elle est si belle.

Il regarda Mia et lui sourit.

— Tu m'as eu sur ça aussi. C'est bien pour ça que tu t'es précipité pour passer avant moi. Tu avais vu les voitures dans la cour.
— Je ne fais que des gestes bien calculés.

Zack chuchota à l'oreille de Michaël.

— Tu ne crois pas que si tu ne penses qu'à l'apporter dans ton lit, que tu devrais cesser de l'agacer.
— Fiche la paix.
— Michaël, je t'ai apporté un petit cadeau pour ta nomination.

Mia lui avait apporté un porteclé en forme de marteau que les juges utilisaient.

— Merci. Je l'adore. C'est très gentil à toi.

Michaël attendait que Mia parle de partir avec impatience.

— Hé Mia.
— Oui Michaël.
— Tu ne m'as toujours pas donné ma réponse. Et…tu n'es quand même pas pour refuser que je te fasse un tour de mon nouveau bolide.
— J'aimerais beaucoup essayer ton bolide Michaël, mais je dois décliner. Je dois être à la cour à la première heure demain.
— Ah! Je croyais que…
— Michaël, quand j'y pense, faire l'amour avec toi et me retrouver devant toi le lendemain…je ne me sens pas bien de faire cela.
— Alors, si je comprends bien, si on va au lit ensemble, je dois plus être avocat.
— Non, ton destin est que tu seras juge. C'est très bien pour toi. Même en étant avocat, ce ne serait pas bien de coucher avec la partie adverse. Je crois qu'il est préférable de laisser tomber.
— Ma grand-mère était avocate et mon grand-père juge quand ils se sont rencontrés.
— Non Michaël, je ne fais que commence ici et je ne voudrais pas débuter ma carrière avec une mauvaise réputation. Désolé Michaël.
— ''Comme si j'étais pour me venter avec qui je passe dans mon lit. Mauvaise réputation hein''.

Elle se dirigea vers sa voiture, elle aurait voulu se retourner et Michaël aurait voulu courir à elle.

— Passe une bonne nuit. ''Moi je ne vais pas en passer une.''
— Contente de t'avoir rencontré dans de meilleures circonstances Michaël.

— Ce n'est pas ce que tu disais à mes frères plutôt.

Elle lui sourit et disparut

Michaël ne put dormir que quelques heures. Il se demandait pourquoi Mia voulait être avec lui quand ils étaient dans le bureau d'Ogan et qu'après la soirée, elle ne voulait plus.

Amélia discutait avec Zoé avant son départ en voyage.

— Tu as vu comment ils étaient attirés l'un par l'autre.
— Je sais, c'était très évident. Ça sautait aux yeux, mais Mia se refuse à mélanger travail et vie privée.
— C'est malheureux.
— Si je ne partais pas demain, j'aurais fait en sorte qu'ils puissent se revoir.
— Ah! Je pourrais peut-être l'inviter pour…disons faire les magasins ensemble. J'utiliserais le prétexte qu'elle vient d'arriver.
— C'est une bonne idée. Elle ne connaît personne.
— Bon, je vais essayer.
— Mais cela ne la mettra pas en contact avec Michaël.
— Non, pas immédiatement, mais si je deviens son amie, j'essayerai de trouver des occasions pour qu'ils puissent se rencontrer.
— Super.

Amélia discuta avec Ogan de son projet.

— Ma belle Amélia. T'ai-je déjà dit de ne pas comploter avec ma soeur.

Amélia sourit.

— Oui, mais Ogan, ces deux-là s'attirent. C'est évident.

— Mais oui, je suis bien d'accord avec toi. Le matin de l'accident, c'était tellement drôle. Michaël n'arrivait pas à pouvoir contrôler ses instincts mâles. Mais pour elle, je ne sais pas.

— Hum, Ogan Mezzo. Ne vient pas me dire que pendant la fête, tu ne pouvais pas voir comme tout le monde l'effet que Michaël lui avait fait dans ton bureau.

— O.K. O.K., j'ai peut-être vu un peu.

Amélia donna une tape sur le bras d'Ogan.

— Toi! Alors tu es d'accord.

— Toujours d'accord avec toi.

Pendant trois semaines, Michaël et Mia ne s'étaient pas rencontrés. Mia finalisait l'ouverture de son cabinet et Michaël s'installait dans son bureau du palais de justice.

Michaël devait passer au cabinet de ses parents avant de se rendre au palais de justice aujourd'hui. Zack y était de passage. Michaël arqua les sourcils, il pouvait entendre qu'une personne dans la salle de bain semblait malade. Il se rendit immédiatement dans le bureau de sa mère pour y trouver Zack, Emmanuël et son père.

— Bonjour tout le monde.

— Bonjour M. le juge.

Michaël sourit à Zack. Il avait travaillé si fort pour s'entendre dire cela.

— Maman, en entrant j'entendais des bruits dans la salle de bain. Je crois que quelqu'un est malade là dedans.

Instinctivement, sa mère se dirigea vers la salle de bain. Les hommes étaient tous à la porte de son bureau à la regarder. Comme Johannie arriva à la salle de bain, Maggie en sortit. Elle s'aperçut que les hommes la regardaient tous.

— Ça va ma chérie?
— Ah merde! C'est de la faute de votre fils.
— Qu'est-ce qu'il t'a fait?

Maggie ouvrit de grands yeux et Johannie sourit.

— Frédérick, je ne crois pas qu'elle va détailler avec toi.

Frédérick était confus. Il ne comprit pas immédiatement. Soudain il leva les yeux au ciel et sourit à Maggie. Michaël se dirigeait déjà vers Zack pour le féliciter.

— Salut papa.
— Hein! Tu vas bien ce matin toi? Quatre, c'est déjà assez. Tu es fou.
— Zack, réveille-toi vieux.
— Michaël, tu crois vraiment que...
— C'est un peu délicat. Je te verrai plus tard.

Michaël était parti sans aucune explication. Zack s'avança vers Maggie. Elle était blême. Elle était à faire une accolade à ses parents. Il regarda ses frères qui souriaient eux aussi.

— Maggie chérie, tu vas bien?
— Zack, nous allons avoir un autre enfant. Je vais faire un test pour confirmer, mais je sais.

Il prit sa femme dans ses bras et l'embrassa.

— Je t'aime chérie.

— Je crois que ce pourrait être mon changement de pilule. C'est pas notre chance hein?

— Nous allons les prendre comme les autres.

— Les prendre! Peux-tu parler au singulier s'il vous plaît?

— Oui, c'est aussi ce que j'espère.

Michaël revenait vers eux.

— Je peux te féliciter là…papa.

— Oui Michaël.

Michaël pensait que lui, n'aurait pas d'enfant avec la femme qu'il aime…jamais.

Michaël devait juger une des causes de Mia pour la première fois aujourd'hui. En entrant dans la cour, il vit le mécontentement de Mia.

— Nous allons commencer.

Cette cause ne fut pas longue à régler. Michaël fit appeler Mia dans son bureau par la suite.

— Maître LeBrun.

— Oui.

— Juge Mezzo vous a convoqué dans son bureau.

— Merde!

— Pardon.

— Désolé, oui. Donnez-moi une minute s'il vous plaît. Je dois me rendre à la salle de bain.

— Très bien. Je vais vous attendre ici.

Mia disparut.

— ''Qu'est-ce qu'il me fait? Il n'a pas le droit. Il sait très bien que je n'ai pas le droit de dire non. Mais par contre, lui non plus n'a pas le droit. Ah! Michaël pourquoi?''
— Dites au Juge Mezzo que je n'ai pas le temps.
— Mais, Maître LeBrun, vous n'avez pas le droit de refuser.
— Dites-lui.
— Très bien.
— Désolé M. le Juge, Maître LeBrun dit ne pas avoir le temps.

Michaël leva la tête en souriant au gardien.

— Bien. Je vous remercie.

Il regarda par la fenêtre. Il la vit qui partait. Devait-il la rattraper, il ne le savait pas vraiment. Ce qu'il savait c'est qu'il voulait cette femme. Il regarda son agenda pour l'après-midi et décida qu'il passerait à son bureau plus tard. Il appela son bureau.

— Bureau de Maître LeBrun.
— Bonjour. J'aimerais avoir un rendez-vous avec Maître LeBrun cet après-midi tard. Est-ce possible?
— Puis-je avoir la raison?
— Non, mais c'est urgent.
— Bien. J'aurais une place à 17h00 seulement.
— C'est très bien.
— Puis-je avoir votre nom?
— Michaël.
— Un numéro…
— Non, juste Michaël. Elle saura.

Mia entra dans son bureau. Elle avait un client qui l'attendait. Elle fit signe à sa secrétaire de la suivre dans son bureau.

— Laissez-moi quinze minutes avant de faire entrer mon client. J'ai un appel très urgent à faire.
— Très bien. Vous vous sentez bien?
— Oui. Merci.

Mia ne savait plus où mettre la tête. Cet homme la bouleversait tellement.

— ''Ah! Je devrais peut-être faire l'amour avec lui et ce sera fini''.

Elle aurait eu besoin de parler avec une amie, mais le problème est qu'elle n'en avait pas. Mia était une fille qui vivait en solitaire. Elle ne savait vraiment plus quoi faire. Elle avait peur d'une liaison avec un juge. Si cela ne fonctionnait pas, qu'arriverait-il par la suite?

Elle fit entrer son dernier client. La journée avait été très longue. Quand le client partit, elle en était très soulagée. Sa secrétaire entra avec un majestueux bouquet dans les bras. Onze roses.

— Pourquoi onze?
— Aucune idée. C'est quand même bizarre. Le fleuriste doit avoir fait une erreur.
— Oui, c'est certainement ça.

Mia prit la note.

Félicitation Maître LeBrun,
mais tu as déjà défié un juge
par contre. J'aimerais bien
te voir dans un contexte
personnel. Je ne sais plus où
j'en suis avec toi. Je sais très
bien que tous les deux avons
une attirance physique.
J'aimerais savoir s'il y a
plus que ça. Peut-on se
donner une chance?
Le juge laissé en plan.

Il ne manquait plus que ça!

Ses lèvres lui brûlaient juste à penser à leur baisé. Elle ferma les yeux et son ventre se contracta, elle pouvait encore sentir ses mains sur ses hanches. Elle mit le bouquet de roses sur une table et cacha la carte dans sa poche de veston. Elle devait faire savoir à Michaël que le risque était trop grand pour elle, qu'il n'était pas son genre finalement. Elle se préparait à partir quand elle vit Michaël, assit dans la salle d'attente avec une rose à la main. Sa secrétaire était partie.

— C'est l'accueil que tu me réserves, le mutisme.
— Désolé, bonjour Michaël.
— Mia, je suis ici à titre personnel.

Il s'approcha d'elle. Son corps réagit en une fraction de seconde. Comment son corps pouvait la trahir si vite? Elle voulait ressentir ses lèvres sur les siennes encore. Il lui donna la rose.

— Pour toi.
— Et voilà celle qui manquait au bouquet.

Michaël sourit. Elle avait bien compté les roses.

— Oui, pour que je puisse te la remettre moi-même.
— Michaël, je ne suis pas sûre que nous devrions…

Il mit ses lèvres sur les siennes, il ne voulait plus entendre cette phrase. Il la voulait, elle. Il voulait lui faire l'amour, n'importe où, mais il en était impatient. Elle voulut le repousser. Pourquoi son corps ne lui en donnait pas la force? Elle décida de se laisser aller dans ses bras, elle n'en pouvait plus de le combattre. Il l'embrassa encore et encore, de plus en plus farouchement. Elle répondait à ses baisés, à ses caresses et à son appel à l'amour. Il la rapprocha de lui en la regardant dans les yeux, il voulait lire dans ses pensées.

— Tu vois ce que tu me fais?

Il reprit sa bouche et la souleva sa jupe doucement pour ensuite la soulever par les fesses. Il l'adossa au mur, il défit les boutons de sa chemise tout en l'embrassa et la pressant entre lui et le mur. Il l'admira avant de reprendre ses baisés.

Ogan ouvrit la porte. Michaël déposa Mia très vite et ils se distancèrent l'un de l'autre. Mia vit Ogan, elle se retourna très vite et se dirigea dans son bureau. Michaël fit une grimace à Ogan.

— Merde toi! Qu'est-ce que tu fais là?

Il donna une enveloppe à Michaël.

— Amélia et moi passions déposer ça pour Mia après le travail.

Mia les entendait parler. Elle se rappela qu'Ogan devait passer.

— Disparait de ma vu tu veux.
— Très bien. N'oubli surtout pas de verrouiller la porte derrière moi.

Michaël verrouilla et alla retrouver Mia dans son bureau. Elle avait remis son linge.

— Mia, non.
— Mon instinct me dit que je ne devrais pas faire cela.

Il la prit dans ses bras et la pressa sur lui. Il l'embrassa.

— Non Mia s'il vous plaît. J'ai vraiment besoin de toi. Depuis la première fois que je t'ai vu, je n'arrive pas à bien réagir chaque fois que je te revois.

Il continua à l'embrasser sans relâche jusqu'à ce que le corps de Mia se détende et accepte à nouveau. Son corps ne voulait que lui à présent. Il la déshabilla, elle en faisait autant.

— Mia, hum.
— Oh! Je ne peux plus résister Michaël. Prends-moi.

Il la reprit dans ses bras et la souleva pour qu'elle enroule ses jambes autour de lui. Elle était prête pour lui et lui était dure à en faire mal. Il prit une protection, après soigneusement l'avoir installé, il la reprit et la pénétra doucement. Il se laissa aller en elle et l'embrassa tout en augmentant le rythme de ses poussées. Ils jouirent ensemble.

— Mia, une chose que je voulais te demander qui me tracasse. Tu as quel âge?

— Vingt-trois ans.

— Impossible d'être avocate à vingt-trois ans.

— Je sais, j'ai passé quelques années scolaires.

Michaël l'avait mis sur ses genoux en s'asseyant. Il la déposa sur l'autre chaise et se prit la tête entre les mains.

— Qu'est-ce qui m'a pris? Mia, j'ai trente-sept ans. Nous avons quatorze ans de différence. Je savais très bien que tu avais l'ère jeune, mais…

— Tu parles comme si c'était une maladie.

— Non, mais tu sais ce que je veux dire.

— Non, je ne comprends pas. Pour moi c'était…c'était très bien. Pourquoi aurais-je des remords à cause de l'âge.

Il la reprit dans ses bras.

— Alors, qu'est-ce que je t'ai fait?

Il lui sourit.

— Tu veux bien venir souper avec moi?

— Oui, mais tu m'amènes chez toi et on commandera tu veux bien?

— Oui.

Il l'embrassa tendrement.

— Tu me rejoins, je vais prendre le repas en passant.

Ogan entra dans l'auto avec un grand sourire. Amélia le scruta.

— Pourquoi ce sourire craquant?

— Michaël était là.

— Michaël! Super.

— Oui et je peux t'assurer qu'ils étaient… disons en début d'accord mutuel…feux d'artifice, tu sais.

Mia apprit à Michaël qu'elle avait été adoptée et qu'elle était originaire de la Chine. Elle lui dit aussi qu'elle n'avait pas attendu et qu'elle avait adopté deux filles de là bas. Michaël fût terriblement surpris.

— Tu en veux d'autres enfants?

— Je ne sais pas, j'aimerais bien avoir deux autres filles de la Chine. Il y en a tellement qui attendent d'être adoptées.

— Hum.

Michaël ne savait que répondre à cela. Il décida de profiter de la nuit qui les attendait et de ne plus penser à cela. Une chose était sûre dans sa tête, lui il voulait des enfants, les siens.

Huit mois plus tard, ils se voyaient toujours Mia et lui. Jamais sur une base régulière et tous deux avaient toujours leur appartement. Michaël avait rencontré ses deux filles qu'il trouvait merveilleuses. Une nuit qu'il couchait chez elle, il reçut l'appel que Maggie était sur le point d'accoucher.

— Maggie est en train d'accoucher. Je dois partir, voudrais-tu venir avec moi…nous pourrions amener les filles.

— Non, ce n'est pas ma place.

Michaël était déçu. Elle savait bien que sa famille était comme cela et que ces choses-là étaient partagées en famille. Il avait l'impression qu'elle ne voulait pas faire partie de sa famille quelques fois ou qu'elle ne voulait pas s'y adapter.

— Très bien. On s'appelle.
— Tu dois vraiment y aller maintenant? Tu pourrais passer demain.
— Non Mia. C'est un plaisir pour nous de partager cela. Je t'appelle. Je vais prendre une douche avant de partir.

Le téléphone portable de Michaël sonna à nouveau. Mia répondit. C'était Annabella.

— Salut, est-ce que Michaël est là? Je voudrais lui parler.
— Il est sous la douche. Puis-je t'aider Annabella?
— Non, je voulais savoir s'il savait que Maggie venait d'accoucher.
— Oui, il le sait. Au revoir.

Mia coupa la communication sans laisser le temps à Annabella de r'ajouter quoi que ce soit. Mia ne l'aimait pas, elle savait qu'Annabella semblait comptée un peu trop pour son oncle. Mia en profita pour regarder combien de fois ces deux-là pouvaient bien s'appeler. Le numéro d'Annabella y était chaque jour.

— ''Pour quelle raison une jeune fille de dix-sept ans doit parler à son oncle chaque jour?''

Michaël arriva à l'hôpital le dernier.

— Salut Michaël.
— Salut ma belle Amélia. Où en est l'accouchement?

Amélia n'eut pas le temps de répondre que Zack apparut avec de gros cigares dans les mains.

— Oh Michaël! Tu es venu?
— Je n'aurais pas manqué ça Zack.
— Mia n'est pas venue avec toi?
— Non, elle avait les filles…

Michaël regarda sa famille, Amélia et Ogan qui étaient là avec leurs enfants, Emmanuël et Jordon avec leur petite fille qu'ils avaient adopté, Zoé et Ted avec leur garçon. Ils étaient tous heureux. Pourquoi Mia se refusait à ce bonheur qu'il lui offrait? Ils partirent tous rejoindre Maggie.

— Elle est merveilleuse Maggie. Félicitation à vous deux.
— Tu es seul Michaël?
— Oui, Mia ne pouvait pas venir.
— Je comprends Michaël.

Michaël prit sa nouvelle nièce. Il ne pouvait s'empêcher de penser qu'avec Mia les chances devenaient de plus en plus minces d'avoir un bébé ensemble…et même de rester à se fréquenter. Il tomba dans les yeux d'Annabella qui ne semblait pas contente contre lui. Il détourna le regard. Il la prit à part plus tard.

— Annabella, tu sembles fâché contre moi? J'ai raison?
— Oui, je t'ai appelé plutôt pour m'assurer que tu savais que Maggie accouchait et c'est Mia qui m'a répondu. Elle n'est pas pour toi cette fille oncle Michaël. Elle n'est pas vraiment gentille.
— Pourquoi dis-tu cela?
— Elle ne m'aime pas, elle a coupé la communication avant que j'aie fini de parler. En plus, tu sembles ne pas le savoir, alors elle ne te l'a pas dit.

— C'est vrai qu'elle ne me l'a pas dit, elle a peut-être oublié. Pour ce qui est qu'elle soit pour moi ou pas, c'est mon problème à moi.

— Je voulais juste te prévenir.

— Bien, merci.

Michaël retourna près de Zack.

— Comment allez-vous nommer cette princesse?

— Chloé.

— Elle est si mignonne.

Zack lui sourit.

— Elle te va bien.

Tous partirent à rire et Michaël sentit qu'il se détendait un peu.

— Ogan et Amélia, vous voulez être son parrain et sa marraine?

— Oh oui, avec grand plaisir! Merci.

Ils repartirent tous pour laisser Maggie et Zack se reposer avec leur fille. Michaël regarda sa montre, il ne voulait plus retourner chez Mia. Il regarda Annabella qui le scrutait toujours.

— Annabella, pourquoi me regardes-tu toujours comme ça?

— Probablement parce que j'aime la vue que j'ai.

— Hum. Allez on se revoit plus tard.

Michaël entra chez lui et il réalisa que Mia et lui n'étaient pas une bonne solution. Il devait lui dire, ça n'allait pas. Elle ne voulait pas d'enfant de lui, elle ne voulait qu'adopter deux autres filles de la Chine. Elle ne voulait pas participer à plusieurs évènements avec sa famille. Il voulait une femme comme ses frères avaient, une femme avec qui tout partager. Il se demandait s'il ne devait pas renoncer à une relation permanente et rester seul, il ne trouverait jamais l'amour de sa vie puisqu'il l'avait devant les yeux et qu'il s'interdisait de l'aimer. C'était impossible.

Quelques jours plus tard, il se décida à appeler Mia.

— Salut Mia.
— Salut Michaël, j'étais sur le point de t'appeler. J'avais fait une autre demande d'adoption et je viens d'avoir l'appel. Je dois partir bientôt pour aller les chercher. Tu veux venir avec nous?

Michaël en tomba presque par terre.

— Non Mia, non. Je suis désolé, mais je voulais te parler d'autre chose. Tu crois qu'on pourrait se voir ce soir?
— Impossible, j'ai trop de choses à faire avant mon départ.
— Bien, alors nous allons devoir nous parler au téléphone. J'ai bien réfléchi…et je crois que ça n'ira pas entre nous.
— Je l'avais deviné Michaël. Je crois que j'ai fini par comprendre pourquoi Annabella ne m'aime pas. Est-ce que vous couchez ensemble?

Michaël n'en revenait pas de sa question.

— Non…n..non, mais où vas-tu chercher ça?
— Michaël, après un moment, c'est très facile à voir. Si toi tu ne l'aimes pas, elle Annabella, elle t'aime beaucoup et elle est très jalouse de toi.
— A-t-elle fait quelque chose de mal?
— Non, j'ai juste deviné. Je crois que c'est la meilleure chose à faire pour nous. Je dois raccrocher Michaël. Au revoir.

— Au revoir.

— ''Elle savait. Est-ce si évident?''

Michaël ne se montra pas pendant quelque temps au cabinet et dans la famille. Il avait des problèmes à comprendre lui-même à ce que Mia lui avait dit. Lui, il le savait bien qu'il était devenu fou amoureux de sa nièce, mais qu'elle lui dit qu'Annabella était jalouse de ses conquêtes, cela l'avait surpris. Il devait absolument passer au cabinet aujourd'hui. Sa famille commençait à questionner pourquoi il ne se montrait plus.

— Salut Ogan.

— Salut. Tu ne sembles pas bien toi. Tu es malade?

— Non, c'est Mia et moi, nous avons rompu.

— Au moins il pouvait faire passer sa peine évidente sur le fait qu'il venait de sortir d'une relation.

— Tu veux en parler?

— Non, il n'y a rien à dire.

— Tu sais Michaël, je ne pouvais pas sentir que tu en étais amoureux, alors où est le problème?

Michaël appuya ses coudres sur son bureau et passa ses mains sur son visage.

— Il n'y a rien de plus, c'est juste que je crois que je vais rester vieux garçon.

Ils partirent à rire. Le reste de la journée se déroulait bien. Petit à petit Michaël reprenait sa vie et s'habituait à voir Annabella en essayait par des efforts surhumains de ne rien démontrer d'autre que de l'affection pour elle.

Michaël devait se rendre à une soirée où sa famille assisterait aussi. Il invita une femme, Sandra. Michaël remarqua qu'Annabella l'avait ignoré toute la soirée et qu'elle n'était pas plaisante avec Sandra. Il prit Annabella à part pour lui parler.

— Annabella, arrête ce que tu fais.
— J'ai le droit de ne pas les aimer.
— Ne fait pas ça, c'est impossible et tu le sais très bien.

Sur ce, il retourna auprès de Sandra.

Michaël avait passé toute l'avant-midi à la bar, il retourna dans son bureau.

— Juge Mezzo, vous avez une visiteuse dans votre bureau.
— Ah! Bien merci.

Il arqua les sourcils en voyant Annabella.

— Annabella, qu'est-ce qu'il y a?

Elle se leva et s'avança vers Michaël. Elle mit ses mains sur les joues de Michaël, lui fit un doux sourire et l'embrassa tendrement, avec amour. Michaël répondit au baiser qu'il attendait depuis si longtemps, mais il se reprit et la repoussa.

— Que fais-tu Bella?
— Je sais très bien que tu m'aimes aussi Michaël. Moi aussi je t'aime depuis si longtemps. J'ai réalisé que ma vie n'était pour être rien sans toi, alors je devais savoir.
— Non, non. Sort de mon bureau, va-t'en Bella, ne fais pas ça. Je ne veux pas de ça. Je ne peux pas, va-t'en Bella.

Il la mit à la porte et la referma. Annabella sortit du palais de justice. Elle avait le coeur brisé, elle l'aimait tant. Elle devait savoir avant de partir, s'il l'aimait lui aussi. Elle retrouve chez elle et pleura toutes les larmes de son corps.

Michaël n'en pouvait plus, il ne dormait plus. Depuis une semaine qu'il était chez lui et la seule chose à laquelle il pouvait penser était son baiser. Il aurait voulu la prendre et l'aimer. Elle venait à peine d'avoir dix-huit ans. Elle avait attendu pour lui déclarer son amour. Michaël ne voyait qu'une solution possible. Il partirait loin pour qu'Annabella puisse l'oublier et s'épanouir avec des jeunes de son âge.

— On frappa à sa porte. Il alla ouvrir.
— Salut Michaël, ça n'a vraiment pas l'erre d'aller toi.
— Non, en effet.
— Tu veux en parler? C'est une cause?
— Non Ogan, c'est dans ma vie personnelle. J'ai eu la surprise de ma vie, déplaisante ça va de soi.
— Tu n'es pas malade j'espère?
— Non.
— Tu peux me parler, je pourrais t'aider, je ferai tout ce que je peux.
— Je sais Ogan. Je sais.

Michaël semblait dans un état de découragement total.

— Vient t'asseoir Ogan. Je dois te dire quelque chose. Avant que je commence, s'il vous plaît ne me juge pas mal. Tu dois savoir que je n'ai rien encouragé de cela d'aucune manière. Je te le promets Ogan.
— Très bien. Tu m'intrigues vraiment. Que sait-il passé pour que tu sois si bouleversé?

— Tu sais comme Annabella m'a toujours bien aimé?

— Oui et c'est encore le cas. Elle s'est confié à toi pour quelque chose de mal qu'elle a fait?

— Hum.

— C'est donc ça.

— Pas du tout Ogan. Ne fais pas de devinette et laisse-moi parler, c'est déjà si difficile pour moi.

— Très bien.

— Annabella est passée à mon bureau cette semaine.

— Ah non! Ne me dis pas qu'elle est enceinte.

— T'ai-je demandé de ne pas parler?

— Oh oui, continu.

— Elle…elle voulait…hum…me faire une confession.

Ogan se sentit un peu mal, il avait peur de la suite.

— Elle m'attendait dans mon bureau et comme je me retournais après avoir fermé la porte, Annabella se jetait sur moi et elle m'a embrassé. Le problème est que j'ai répondu à son baiser Ogan. J'ai vraiment honte de moi, je suis si désolé.

Michaël s'essuya les yeux.

— Quand j'ai réalisé ce que j'étais en train de faire, je l'ai repoussé et je lui ai dit de sortir de mon bureau. Elle est sortie en pleurant. Je suis si désolé Ogan. J'ai ressenti que son comportement envers moi avait changé, mais le plus gros problème est que je l'aime moi aussi. Mais je lui ai dit que je ne l'aimais pas. Je me devais de te le dire.

— Hum, au moins ce n'est pas ta nièce de sang.

— Je vais partir loin Ogan. Je veux qu'elle m'oublie.

— Tu sais, ça fait déjà une semaine qu'elle pleure toujours et Amélia et moi pensions que c'était un garçon, mais elle refuse de nous parler. C'était donc pour toi.

— Dis-moi qu'elle va mieux maintenant.

— Non Michaël, elle est inconsolable. Suffit que tu sois la personne qu'elle aime le plus dans la famille, je me suis dit que j'étais pour te demander de venir pour essayer de la consoler. J'aimerais bien que tu acceptes. Elle doit arrêter ça et être raisonnée, sinon elle va être malade. Depuis déjà une semaine qu'elle ne mange plus.

— Tu me demandes beaucoup Ogan, mais parce que je l'aime, je vais y aller.

Michaël prit une douche et se rendit chez Ogan.

— Salut Amélia.

— Salut Michaël. Ogan m'a expliqué. Va la voir s'il vous plaît. Elle doit cesser de pleurer et manger à tout prix.

Michaël entra dans la chambre et prit place près d'elle dans le lit et la prit dans ses bras. Il avait le coeur brisé de la voir comme cela. Il pleura avec elle un moment et ensuite il se reprit et lui parla.

— Bella, arrête ça. Tu vas te rendre malade ma chérie.

— Je t'aime Michaël, je t'aime. J'ai essayé crois-moi. Je n'ai pas demandé qu'une telle chose m'arrive. Au début je me disais, mais voyons qu'est-ce que je fais là, je ne dois pas, mais c'est plus fort que moi, je t'aime. J'en avais mal au ventre tellement je voulais que tu m'aimes toi aussi. Mais je sais très bien que tu m'aimes, mais que tu ne veux pas.

Le corps de Michaël réagissait au sien, comme à toutes les fois qu'elle l'approchait. Il la prit sur ses genoux et l'enlaça dans ses bras. Ils s'embrassèrent tendrement et ensuite il lui mit la tête sur son épaule et lui caressa les cheveux doucement.

— Repose-toi sur moi Bella. Tu veux manger?

— Non, je n'ai pas faim. Je suis fatiguée.

— Alors, dors et promets-moi de ne plus verser une larme. Dans quelques jours nous reparlerons de tout ça à tête reposé et tu dois manger pour reprendre des forces avant que nous discutions.

— Reste tu veux. J'aimerais m'endormir dans tes bras.

— Oui, dors ma chérie.

Annabella s'endormit presque aussitôt.

— ''Mon Dieu, que va-t-il se passer de nos vies?''

Il coucha Annabella sur son lit et sortit de la chambre, salua Ogan et Amélia en vitesse et se dirigea vers la porte.

— Michaël, attends.

— J'ai besoin de rentrer chez moi Ogan.

Ogan le rattrapa dehors.

— Hé! Terrible journée hein.

— Oui effectivement. En étant avocat, j'ai souvent entendu des gens dirent que quelque chose avait changé leur vie à jamais, hé bien! Cela m'est arrivé à moi aussi. Cette journée où Annabella est venue dans mon bureau à changer ma vie. Je suis con, c'est de ma faute ce qui est arrivé. J'aurais dû partir pour la laisser vivre sa vie et oublier.

— Il faut regarder l'évidence en face, elle n'est pas ta vraie nièce.

— Elle aussi dit ne pas avoir demandé ce qui est arrivé. C'est comme ça, c'est arrivé et nous devons vivre avec.

— L'aimes-tu d'amour Michaël?

411

Michaël ferma les yeux. Le coeur lui faisait mal à cette pensée.

— Oui, plus que je ne le voudrais. Je dois rentrer et penser à ce qui va arriver, que vais-je lui dire quand nous allons nous rencontrer pour parler de tout ça.

— Très bien. Merci Michaël d'être venu.

— Je n'ai pas de remerciement à recevoir après avoir fait un gâchis comme celui-là.

Michaël laissa un message à son bureau qu'il ne viendrait pas au bureau de la semaine qui suivit. Il expliqua qu'il avait de gros problèmes personnels à régler et qu'il lui serait impossible de juger convenablement s'il n'arrivait pas à se concentrer.

— On frappait à la porte. C'était son père, Michaël s'attendait à sa visite d'une journée à l'autre.

— Michaël, que ce passe-t-il?

— C'est personnel papa.

— Quel est le problème mon fils? Au palais, on me dit que tu ne dois revenir qu'après avoir réglé tes problèmes. Quels sont-ils tes problèmes? Tu es horrible à voir, tu sais?

— Merci papa, mais je le sais. Je vais te dire que mes problèmes sont personnels et que je vais devoir partir…très loin d'ici papa.

— Son père le regarda, il était soucieux.

— Michaël, j'ai déjà un frère qui a osé disparaitre de ma vie comme tu veux le faire. Ne fait pas ça. Tout peut s'arranger. Il faut parler mon garçon, ne me fait pas ça s'il vous plaît. Dis-moi ce qui est si terrible pour que tu partes loin de nous.

— Je ne peux pas en parler papa, pas maintenant.

Son père reparti pour le bureau en toute urgence. Une réunion familiale s'imposait.

— Les enfants nous avons un très gros problème sur les bras. Michaël vient de m'apprendre qu'il va partir loin de nous. Il ne veut pas me dire la raison et il m'est impossible de le deviner. Il est horrible à voir. C'est évident que ce qui va l'éloigner de nous est sérieux.

Ogan et Amélia se regardèrent avec un air soucieux. Un silence mortel s'installa dans la salle.

Amélia leva les yeux et regarda sa belle-famille et Ogan prit la parole.

— Nous, nous savons. Nous l'avons appris ce matin. Michaël est dans le même état qu'Annabella. Nous avons découvert qu'ils s'aimaient. Il ne faut pas les juger.

Ogan leur détailla tout ce qu'il avait appris d'Annabella et de Michaël.

— Moi aussi j'ai bien vu ça.

Tous regardaient Zoé. Elle leva les épaules.

— Nous devons être honnêtes. Jason et moi avons constaté la même chose.

Johannie baissa la tête en fermant les yeux.

— Moi aussi j'ai bien vu qu'Annabella envoyait des éclaires à Michaël et à deux reprises, Michaël l'avait prise à part pour lui parler.
— Alors si Michaël veut partir, c'est pour laisser la place à Annabella et se faire oublier d'elle.

— Moi je ne veux pas voir ma fille partir, mais je ne veux pas non plus voir Michaël détruire la vie dont il a travaillé si fort pour y arriver.

— C'est pareil pour Annabella. Ils vont se détruire tous les deux.

Ted prit la parole.

— Oui, mais…on parle ici d'un oncle et sa nièce.

Amélia regarda Ted.

— Alors ce sera à moi de décider, je crois. Annabella n'est pas la nièce de sang de Michaël et ce ne sera pas la première fois que l'on voit un couple avec une différence d'âge. J'aimerais mieux voir ma fille avec un homme d'un certain âge qui l'aime et qu'elle aime aussi que de la voir avec un homme de son âge et qu'ils ne soient pas heureux. Désolé pour ceux qui n'aiment pas ma vision, mais je les aime tous les deux et ne veux en voir aucun se détruire.

Le silence se réinstalla dans la salle. Ogan regarda Amélia.

— Je vais voir Michaël.
— Et moi, Annabella.

Ogan frappa à la porte de Michaël. Celui-ci regarda par le judas.

— Va-t'en Ogan, je ne veux pas te voir. C'est mieux comme ça, crois-moi.

Il ouvrit la porte et Ogan le poussa pour entrer.

— Imbécile! Il n'est que 10h00 le matin et tu bois ça. Je vais te faire un café.

Quand Ogan revint près de Michaël, celui-ci avait des larmes aux yeux.

— Nous venons d'avoir une réunion familiale et apparemment, les femmes de notre famille avaient vu certaines choses que nous les hommes n'avez pas vu. Il y a longtemps apparemment que vous vous reluquez. Aussi qu'Annabella serait jalouse de tes conquêtes…des choses comme ça.

— C'est pour cette raison que j'étais avec Mia. Je lui portais beaucoup d'attention pour ne pas en porter trop à Annabella. Mais je ne savais pas qu'entre Annabella et moi que c'était réciproque, je crois que nous ne voulions pas le voir. Dis-lui que je ne l'aime pas et que je vais partir loin.

— Pour finir de la détruire et toi aussi, non merci. Elle dit qu'elle va partir elle aussi. Mais nous aimerions tous que personne ne parte. Si vous vous aimez vraiment…elle n'est pas ta nièce de sang, tu sais. Amélia et moi aimerions vous voir heureux tous les deux et parmi nous. Nous ne voulons pas vous voir partir et déchirer par la vie. Comme Amélia dite, ce n'est pas d'hier qu'on voit des couples avec une différence d'âge.

— Que dis-tu Ogan?

— Que je vais te tuer si tu lui fais du mal! Elle semble perdue et toi aussi. Vous avez besoin l'un de l'autre. Après avoir vu Annabella pleurer pendant une semaine, je crois qu'il y a vraiment de l'amour.

— Jamais je ne lui ferais de mal. Je ne voulais pas lui faire une telle peine. Peut-être moi, à un certain moment, je lui ai fait savoir par mes regards que je…je l'aimais. Oui Ogan, je l'aime, mais ce n'est pas une raison pour détruire sa vie. C'est moi le plus âgé et c'est à moi de partir.

— En ne l'acceptant pas, tu lui as fait du mal c'est sûre. Alors, cesse de lui en faire plus et essayer de voir comment cela irait entre vous. Toi aussi tu dois essayer d'arrêter de te faire du mal avec cela.

— Ogan, elle a dix-huit ans, j'en ai trente-huit. C'est impossible. Quand je l'ai consolé ce matin, je lui ai dit que nous allions reparler de tout cela, mais je sais très bien que je dois m'éloigner d'elle.

Michaël se mit le visage dans les mains.

— Je ne veux pas lui faire de mal, et j'ai si honte.

— Mia était très jeune aussi.

— Elle avait vingt-trois ans. Cinq ans de plus. Je suis un minable, je crois. Pourquoi j'attire des jeunes femmes?

Ogan arqua les sourcils.

— Tu te plains si je ne me trompe. Les hommes diraient qu'il faut croire que tu as de la veine pour un vieux de ton âge.

— Euh! C'est toi qui es un imbécile maintenant.

— Nous vous aimons tous les deux. La famille est au courant et bien d'accord avec notre décision à Amélia et moi. Nous voulons vous garder parmi nous, alors le mieux serait d'essayer. Si un de vous deux partait, mais que vous vous aimez vraiment, aucun de vous deux ne sera heureux. Alors j'aimerais que tu la rendes très heureuse.

— Je ne pourrais pas.

Ogan se leva pour partir.

— Si, tu peux. Je vais te l'envoyer et vous parlerai. Au moins, essayez d'être ensemble avant de vous détruire si ça ne marche pas. Salut Michaël. Va prendre une douche et rase-toi, tu auras l'ère moins minable quand elle arrivera.

— Non Ogan, ne fait pas ça.

Il était trop tard, il avait refermé la porte.

Michaël pensa à Annabella, il la faisait souffrir. Mais qu'allait être une relation comme celle-là? La fille de son jeune frère. Il devait se concentrer sur le fait qu'elle n'était pas sa fille de sang, sinon il ne survivrait jamais à ça.

Il décida d'appeler son père. Il avait toujours été très proche de son père. Souvent il lui demandait conseil. La situation était délicate, mais Ogan disait qu'ils savaient tous. Comment allait-il le prendre vraiment?

— Bonsoir papa.

— Bonsoir Michaël, je suis content de t'entendre. Ça va?

— Non, pas du tout. J'ai besoin de conseil papa à propos de ma situation avec Annabella.

— Bien Michaël, dis-moi sur quoi exactement tu veux un conseil?

Michaël lui expliqua la situation du début à la fin.

— Tu sais Michaël, ta mère l'avait bien vu. Toi aussi tu l'aimes il me semble, car tes regards pour elle ont changés. Aussi quand j'ai demandé à quand le prochain mariage quand nous étions tous en vacances pour celui de Zoé et Ted, tu t'es empressé de me répondre si vite que tu n'y pensais pas du tout avec Mia, n'est-ce pas. Tu étais déjà amoureux d'Annabella.

— Je ne le savais pas, mais j'ai senti que j'étais un peu jaloux quand nous l'avons trouvé sur la plage avec un petit ami. Je suis minable hein.

417

— Non tu n'es pas minable. Tu sais ce qu'ils disent d'un homme qui est vraiment amoureux?

— Non.

— Qu'il ait perdu.

— Tu m'aides beaucoup papa. Alors je suis bien perdu.

— Michaël, tu dois oublier que tu es son oncle. Tu sais très bien que tu l'es seulement que par politesse.

— Mais papa, même sans cela, elle a dix-huit ans et j'en ai trente-huit.

— Hum, tu es un veinard, tu ne crois pas.

Michaël leva les yeux au ciel. On frappait à la porte.

— Ah merde papa! Ogan a vraiment envoyé Annabella ici. Je te rappelle demain.

Il ouvrit la porte et Annabella resta plantée là à le regarder.

— Que fais-tu ici Bella?

— Papa a dit que nous devions parler. Michaël, j'ai besoin de toi, je sais très bien que tu m'aimes aussi.

Il déglutit péniblement.

— Il semblerait que tout le monde voyait que j'avais de l'amour pour toi, alors si toi aussi tu le dis, je ne suis plus surpris que tout le monde sache.

— Je peux entrer?

Il ferma les yeux quelques secondes et pinça les lèvres.

— Tu ne m'as pas laissé beaucoup de temps pour penser.

— Je te l'ai dit, c'est papa qui disait que tu voulais me voir.

— Ogan! Ah lui! Tu veux un verre?

— Oui, ça m'aidera à relaxer.

— Moi aussi je suis très tendu.

Ils rirent. Michaël vint s'asseoir près d'elle.

— Michaël, tu crois que nous pourrions essayer au moins.

— Je ne sais pas, je ne sais plus rien ce soir.

— Michaël, je voulais te dire que je suis une femme respectueuse. Si je savais que tu aimais quelqu'un d'autre, je ne serais jamais intervenue.

Il la regarda avec une grimace.

— Il n'y a plus personne.

— C'est à cause de moi?

Il lui refit une grimace.

— Tu es beau quand tu fais cette petite grimace que j'aime bien.

Il la fit rire avec ses grimaces.

— ''Qu'elle est belle quand elle rit''.

— J'aime ton chez-toi, la décoration est reposante.

— Je vois que tu as bu ton verre déjà.

— Hum, oui. Je crois que je suis un peu nerveuse et je n'ai pas réalisé que je l'avais calé.

— Oui, c'est une situation assez difficile. Tes parents semblaient-ils vraiment d'accord avec cette union?

— Oui, je leur ai dit toute la vérité, comment je me sentais et c'est là que papa m'a dit que tu voulais me parler. Je leur dis toujours la vérité ou je ne parle pas.

— C'est bien.

— Tu te rappelles quand nous étions en voyage et que j'ai embrassé un garçon sur la plage?

— Oui, je t'avais attendu pour discuter avec toi.

— Tu m'avais attendu parce que tu étais jaloux. Soit honnête avec moi Michaël.

— Si tu le crois.

Elle lui sourit. Elle en était sûre.

— Entêté hein. Hé bien! quand je me suis aperçu que tu étais là avec Mia, moi j'étais jalouse quand je t'ai vu l'embrasser. C'est pour ça que j'ai stupidement inventé l'histoire qu'il m'invitait chez lui, seule, sans parents.

— Tu avais inventé ça?

— Hum, oui.

— Mais…

— Pour te rendre jaloux, mais aussi parce que chaque fois que tu me faisais un petit discourt sur le bien faire, tu veux toujours être seul avec moi. C'est ce que je voulais, être seule avec toi.

— Tu es incroyable, tu sais.

Elle approcha sa main vers lui. Il la prit dans la sienne et leur regard se rencontra. Michaël pouvait lire le désir qu'il y avait dans celui d'Annabella. Il déglutit.

— Tu ne m'as toujours pas fait de discours ce soir.

— Je crois qu'il n'y a plus rien à ajouter.

Annabella arqua les sourcils et lui sourit.

— M. le juge qui ne sait plus quoi dire. Impossible.

Il sourit et serra sa main un peu plus.

— ''Je n'ai plus de mot parce que je te veux.''

Elle enlaça ses doigts au sien.

— Tu veux un autre verre Michaël? Moi je vais en reprendre un peu.
— Oui, j'y vais.
— Non, c'est mon tour.
— Bien.

Il la regarda se déplacer si gracieusement. Quand elle revient, elle vint s'asseoir beaucoup plus près de lui. Il réalisa que ses gestes étaient calculés, mais il s'en fichait, il la voulait plus près de lui, beaucoup plus près. Annabella mit sa jambe sur celle de Michaël et il y mit sa main.

— Qu'est-ce que tu me fais Bella?
— Je me rapproche de toi, j'aime sentir ta chaleur. Je suis si bien dans tes bras et je voudrais que tu m'embrasses à nouveau.
— J'ai des visions pour l'instant qui m'en empêchent.
— Quelles visions?
— Être ensemble dans la famille, je me sens mal juste à y penser. Qu'est-ce que ce sera?
— Hum, j'y ai pensé aussi. C'est sûr que ce sera une petite épreuve la première fois, mais certainement surmontable. Beaucoup plus que de souffrir de ne pas être avec toi.

Il lui fit signe que oui. Depuis environ trois ans déjà qu'il se sermonnait à cause d'elle. Maintenant qu'ils s'étaient embrassés, il souffrait affreusement.

— Tu bois trop vite Bella. Tu vas être malade si tu n'es pas habitué. Je ne veux plus que tu en reprennes pour ce soir.

— Bon, je boirais avec toi.

Il lui sourit de toutes ses dents. Il lâcha sa main, la mit derrière sa nuque. Il déglutit, il avait tellement soif d'elle. Son érection était tellement dure et il savait qu'elle l'avait vu. Il n'en pouvait plus, il la voulait. Il l'embrassa tendrement et Annabella en profita pour se glisser sur ses genoux. Elle défit quelques boutons de sa chemise. Michaël trouva une ouverture sur sa hanche. Il laissa sa main y glisser, elle était si douce. Il laissa glisser sa main jusqu'à son sein et leur baiser devint de plus en plus sauvage.

À bout de souffle, Annabella envoya sa tête vers l'arrière et l'invita à son cou, si délicat. Cette belle peau laiteuse dont il avait tant rêvé.

— Tu me rends fou Bella, fou.

— Et si tu savais comme toi aussi. Il me semble que depuis toujours que j'attends que tu me prennes que j'en devenais folle. Je suis à toi et à toi seul Michaël.

Il l'embrassa jusqu'à ne plus avoir de souffle.

— Tu es si douce, si belle.

Il laissa ses mains monter doucement à nouveau sur son corps quand elle arqua son dos vers l'arrière, il n'en pouvait plus, il devait être en elle. Il reprit sa bouche.

— Tes yeux sont merveilleux Michaël.

— Qu'est-ce qu'ils ont mes yeux?

— Ils sont vitrés, tout comme quand tu me regardais quelques fois.

— C'est parce que tu me rendais fou, mon cerveau arrêtait de fonctionner.

— Je sais. C'est comme ça pour moi aussi.

Il laissa ses pouces aller sous son soutien-gorge. Sa respiration devint saccadée et l'embrassa pour lui montrer son approbation. Elle se collait à lui plus étroitement. Michaël envoya sa tête vers l'arrière et ferma les yeux quelques secondes.

— Bella, pourquoi es-tu venu ici? Es-tu certaine de vouloir cela? Bella, nous devions discuter avant. Si cela ne fonctionnait pas, entre-nous?

— Alors nous survivrons, mais je ne vois pas ma vie sans toi. Oui, je veux être à toi, depuis si longtemps que j'attends ce moment. Je prends même la pilule depuis un an, au cas où cela nous serait arrivé avant.

— Jamais je n'aurais fait ça avant ce soir. Jamais je ne me serais avancé.

— Je sais. J'avais compris ça.

Elle enleva la chemise du pantalon de Michaël et dévora son torse de ses yeux et de ses mains.

— Tu es si beau.

— Tu ne diras peut-être pas ça dans vingt ans Bella.

Elle lui sourit.

— Vingt ans ensemble, je suis partante. Mais je veux savourer l'instant présent avec toi, dans tes bras.

— Tu sais comme ça fait mal de vouloir une femme à ce point?

— Oui, moi aussi ça fait mal de vouloir un homme à ce point, comme je te veux.

— J'ai peur d'aller trop vite Bella, beaucoup trop vite tellement je te veux.

— Alors je te soulagerai avant.

Elle enleva son gilet et son soutien-gorge. Il caressa ses seins du bout des pouces et ils les prirent dans ses mains pour les mettre à sa bouche l'un après l'autre.

— Je ressens tes caresses jusqu'au plus profond de moi, mon bas ventre me brûle par tes caresses. C'est merveilleux Michaël.

Il la prit dans ses bras et la porta jusqu'au lit. Il la regardait allongé sur son lit, il était ivre d'elle. Il n'entendait plus rien autour de lui, il ne voyait que elle. Elle allongea ses bras vers lui.

— Vient Michaël.

Il lui enleva son pantalon et s'attaqua au sien par la suite.

— ''Quelle déesse''! Tu es si belle.

— Je suis à toi Michaël, à toi seul.

— Il y a longtemps que mon coeur est à toi Bella.

— Mon coeur est aussi à toi, mais maintenant prend mon corps.

Elle caressa son érection et descendit avec ses doux baisés jusque là. Elle lui enleva son caleçon et le soulagea avec sa bouche.

— Ce n'est pas juste, hum, ah, c'est moi qui voulais te prendre en premier. Tu défis mes lois en tout Bella.

— Nous aurons toute la vie pour recommencer.
— Hum, rrrrrrr.

Il caressa sa tête doucement puis quand elle vit sa main qu'il avait sur sa cuisse à lui se crisper, il la souleva très vite et l'embrassa sauvagement en gémissant. Il appuya très fort sur le bassin d'Annabella et faisait aller son bassin. Il éjacula entre leur ventre. Il lui parlait en l'embrassant.

— Ce n'est pas juste. Attends-moi, je reviens et je vais te donner tout ce que tu m'as donné comme jouissance.

Il alla se laver et prit une serviette humide et revint vers elle pour lui nettoyer le ventre.

— Je vais t'aimer maintenant jusqu'à ce que tu me supplies d'arrêter.
— Alors je te supplie maintenant de me prendre.

Il prit beaucoup de temps sur ses seins pour ensuite descendre entre ses cuisses jusqu'à ce qu'elle le supplie fort. Il la fit jouir deux fois avant de remonter à sa bouche et la sentir frémir sous lui.

— Tu sais nous pouvons attendre Bella, nous n'avons pas besoin de faire ça tout de suite si tu préfères.
— S'il vous plaît Michaël, je te veux en moi. Je ne veux faire qu'un avec toi. Prend-moi Michaël, prend-moi.

Il entra doucement tout en la regardant dans les yeux. C'était si intense. Il n'avait jamais vécu rien de tel.

— Est-ce la première fois Bella?
— Oui, je suis vierge pour toi.

425

— Tu me le dis Bella si jamais je te fais mal?

Elle lui fit signe que oui, mais elle le voulait tellement qu'elle l'attira à lui. Elle mit ses jambes autour de lui et essaya de l'attirer pour qu'il entre plus vite en elle, mais rien à faire, il voulait la prendre doucement. Elle pinça les lèvres et Michaël savait qu'il était au point attendu.

— N'arrête surtout pas s'il vous plaît Michaël.

Il continua tout en lui demandant si ça allait. Pour toute réponse elle s'accrocha fort à lui et enfouit son visage dans son cou et tira sur ses jambes plus fort.

— Viens Michaël, oui c'est bon, n'arrête surtout pas.
— Je suis perdu avec toi Bella.
— Je t'aime Michaël.

Il l'aimait, mais ne pouvait lui dire tellement il ressentait de la haine pour lui-même. Son corps la voulait, mais son esprit lui interdisait. Il se sentait trop bouleversé par son instinct mâle et ne pouvait faire fonctionner son cerveau. Il ne s'appartenait plus, il était possédé par Bella. C'était de l'amour à l'infini qu'il ne pouvait définir juste par un mot.

— Ah! Oui, oui, n'arrête…pas. C'est…hum.
— Oui Bella vient avec…moi. Aaaaaa Bella.

Il resta en elle jusqu'à ce que leur respiration s'atténue quelque peu. Il l'embrassa avant de rouler sur le dos. Il l'attira à lui et la serra fort.

— C'était merveilleux, mon amour.

Il sourit, lui leva le menton et l'embrassa à nouveau.

— Oui, merveilleux Bella.

Ils firent l'amour pendant des heures, dans la douche, sur le lit, sur le sofa. Michaël ne dormait toujours pas quand il croyait que Annabella était endormie dans ses bras.

— Bella, j'ai découvert l'amour.

Annabella l'entendit, car elle n'était pas endormie. Elle se sourit à elle même. Elle était heureuse. Elle attendit que Michaël soit endormi puis elle se leva et s'habilla. Elle trouva du papier pour lui écrire une note.

Mon amour de Michaël,
Je ne peux me permettre de
manquer mes cours
aujourd'hui.J'ai déjà manqué
une semaine.Tu me manqueras
tout au long de la journée. Je
ne penserai qu'à toi.
J'aimerais revenir ce soir chez
toi.Si tu veux, nous pourrions
souper ensemble.Envoie-moi
un texte pour me répondre.
Je t'aime
Ta Bella xxx

Michaël ouvrit les yeux et prit quelques minutes avant de se repasser les évènements de la nuit. Il chercha Bella du regard et l'appela. Il se leva et en arrivant dans la cuisine, il trouva la note et sourit. Il avait un pincement au coeur en pensant à elle. Il aurait voulu l'avoir près de lui en s'éveillant.

— ''Ses parents étaient-ils vraiment prêts à ça? Je dois parler à Ogan pour m'en assurer.''

On frappa à la porte.

— '',Mais…quelle heure est-il? 11h00, ah merde!''
— Un instant.

Il alla mettre son pyjama et regarda dans le judas qui était à sa porte.

— ''Ogan!''

Il ouvrit la porte à contrecœur. Il voulait lui parler, mais pas le voir et certainement pas avant son café.

— Entre. Tu veux un café?
— Oui s'il vous plaît. Ça ne va pas, ta secrétaire m'a dit que tu n'y serais toujours pas avant quelques jours.

Michaël leva les yeux au ciel.

— C'est vraiment toi qui me demandes ça?
— Hé oui!
— Pourquoi es-tu là Ogan? J'étais pour t'appeler un peu plus tard.
— Je crois que c'est la première fois que je te vois en pyjamas depuis…depuis très longtemps et il est presque midi en plus.
— Ogan, je te repose la question…

— O.K. O.K., C'est Amélia qui m'envoie, tu sais comment elle est, elle s'inquiétait pour toi. Elle m'a forcé à venir.

Michaël sourit. Ils allaient bien ensemble ces deux-là.

— Hum, hum.
— C'est vrai, tu lui demanderas si tu ne me crois pas. Elle voulait savoir si Annabella et toi aviez discuté et si Annabella allait bien. Elle est passée ce matin, mais nous n'étions pas debout.
— Elle est partie à ses cours. Elle…elle voulait venir souper avec moi ce soir.
— Alors je conclus que ça va?
— Oui.

Michaël regarda son frère.

— Ogan…suis-je en train de faire une erreur?
— Non Michaël, même nos parents avaient ressenti quelque chose entre vous deux. Ils nous ont toujours à l'oeil ces deux-là.
— Oui c'est vrai. Ce sont de bons parents.
— Michaël, je suis venu te répéter la même chose, car je sais que tu trouves cela difficile et contre tes principes de la vie. Mais la vie nous apporte des surprises quelques fois. Essayez Annabella et toi et vous verrez où cela vous apportera. Mais nous croyons qu'il y a vraiment un très grand amour entre vous deux.
— Oui Ogan, c'est vrai qu'il y a ce très grand amour entre nous deux. Mais si cela ne marchait pas Ogan, je devrai partir très loin d'ici pour que Bella puisse faire sa vie avec sa famille.
— Tu l'appelles Bella?
— Hum, oui. J'aime l'appeler Bella.

Michaël fit une pose et reprit.

— Mais toi Ogan, comment te sens-tu dans tout ça?

— Hé bien! J'ai eu mon lot de surprise hier, mais je m'en remets avec ce qu'Amélia me disait. Tu sais si Annabella serait avec un jeune de son âge et qu'il ne l'aimait pas à sa juste valeur et qu'elle ne serait pas heureuse, nous ne le serions pas non plus. Pour nous, l'importance, c'est qu'elle soit aimée et heureuse.

— Alors, c'est un oui? Tu acceptes ça?

— Oui, tu sais qu'elle est ma fille dans mon coeur, mais ce que je veux avant tout, c'est vraiment son bonheur.

— Merci. Je vais tout faire pour ne pas te décevoir. Je l'aime comme un fou Ogan.

— Si elle veut un vieux comme toi, c'est son problème.

Ils rirent ensemble et Michaël lui mit le cou coincé dans son bras.

— Très drôle jeunot.

— Alors ça va?

— Oui, j'appréhende quand même la première sortie en famille.

— Un à la fois dans ce cas. La famille est au courant, c'est déjà ça. Je dois dire que le seul qui est été surpris est Ted. Il ne savait pas qu'Annabella n'était pas ma fille.

— Je l'aime beaucoup, tu sais.

— Oui, je le sais, c'est la raison pour laquelle je l'accepte. Je sais que tu ne lui feras jamais de mal. Bon, je dois retourner au bureau.

Quand Ogan fut sur le point de fermer la porte derrière lui, il cria à Michaël.

— N'oubliez pas la fête des jumeaux dans une semaine.

Michaël envoya sa tête vers l'arrière en signe de défaite.

— Ah non! Pas la fête des jumeaux. Petite merde d'Ogan, il savait très bien quand j'ai parlé de la première sortie en famille.

Il reprit un autre café et alla s'installer au salon pour envoyer un texte à Annabella.

> *Bella, je t'attends avec impatience…*
> *Mais ne sèche surtout pas tes cours.*
> *Je suis impatient de te voir.*
> *À ce soir Bella*
> *M.xxx*

Ogan alla directement au bureau d'Amélia en entrant.

— Comment il était?
— Bien, il redoute la première réunion en famille. Alors je lui ai juste rappelé la fête des jumeaux en sortant.
— Ogan! Tu es terrible avec lui.

Il sourit et l'embrassa.

— Toi, tu ne le sais pas, mais ils m'en ont fait des coups mes frères et même la princesse.
— Qu'a-t-il dit?

Ogan la serra fort dans ses bras.

— Il m'a dit très sincèrement qu'il l'aimait beaucoup et qu'il ferait tout pour ne pas nous décevoir et pour la rendre heureuse. Aussi, que si jamais cette relation ne marchait pas, qu'il partirait loin pour s'assurer qu'Annabella reste près de nous.
— Je ne sais pas pourquoi, mais je les vois totalement toute leur vie ensemble ces deux-là.

— Tant mieux si c'est le cas. Moi, entre-temps j'ai très hâte à la fête des jumeaux. Je crois qu'on va bien rire de la situation.
— Je les aime tant tous les deux.
— Tu es la meilleure mère du monde toi.

Johannie était à la porte du bureau et Ogan leva les yeux sur elle. Il arqua les sourcils.

— Hum, hum, tu crois.
— Après ma propre mère naturellement.

Ils rirent tous.

— Bon, je vous laisse parler des derniers potins.

Ogan disparut dans son bureau.

— Je me demandais si tu avais des nouvelles d'Annabella et Michaël.
— Oui, ils vont bien, mais du côté de Michaël, ça semble un peu plus difficile à accepter.
— Je comprends.
— D'après ce que nous avons pu ressentir entre eux, je ne m'inquièterais pas trop. Le temps s'occupera du reste.
— Tu sais Johannie, je ne pouvais rêver meilleur époux pour Annabella. Je sais qu'il l'aime vraiment et qu'il la rendra heureuse.

Zoé entra au même moment.

— De qui parlez-vous?
— Annabella et Michaël.
— Ils s'aiment beaucoup hein?

— Oui et ils sont maintenant ensemble.

Michaël ouvrit la porte et souleva Annabella dans ses bras.

— Quel bel accueil? Je t'ai manqué d'après ce que je peux voir.
— Oui…très. Tu as faim?
— Plus tard tu veux bien.
— Comment c'est passé ta journée?
— Bien, mais trop longue avant de te retrouver.

Il lui sourit et l'embrassa. Ils firent l'amour quelques fois avant de se lever pour manger.

— Bella, j'ai pensé à beaucoup de choses aujourd'hui.
— À quoi donc?
— Nos amis par exemple. Moi, je ne suis pas un gars qui a beaucoup d'amis, beaucoup de relations oui, mais les membres de ma famille sont mes meilleurs amis. Je préfère être avec eux.
— Moi aussi.
— Par contre, quelquefois je me dois d'assister à des soirées.

Annabella le regarda surprise.

— Si tu préfères, je n'irai pas.
— Non Bella, si nous avons honte d'être ensemble cette relation n'ira nulle part.
— Dans ce cas, j'irai avec toi fièrement.
— Merci Bella, c'est vraiment ce que je veux. Nous allons devoir nous attendre à certains commentaires désobligeants, surtout moi, je crois.
— Je m'en fou, je t'aime et rien n'y personne ne pourra me sépare de toi.

Après une pause Michaël l'embrassa.

— En étant juge et d'une famille d'avocat, j'ai entendu des histoires incroyables, tu sais. Je ne sais pas exactement à quelle heure tu es partie, mais ne pars plus la nuit seule. Si tu restes, tu restes jusqu'au matin.

— Bien, mais si je viens sans passer la nuit…Michaël non quand même!

— Mais non, disons qu'après minuit le risque d'attaque double.

— Tu m'as fait peur. Écoute, je ne veux pas m'imposer chez toi, alors si tu veux que je passe la nuit, tu me demanderas, car si ce serait juste de moi, je resterais toujours dans tes bras.

Elle alla s'asseoir sur ses genoux.

— Moi aussi Bella, je veux rester toujours dans tes bras. Alors, tu crois que tu peux rester ici ce soir. Je vais te laisser dormir…un peu.

— Ah! Ah! Ah! Oui, j'aimerais bien…que tu me laisses dormir un peu.

— Alors, viens, je dois commencer tout de suite si je dois te laisser dormir.

— Je t'aime Michaël.

Il la souleva dans ses bras puissants.

— Je t'aime aussi Bella.

Après quelques heures à regarder Annabella dormir, il s'en voulait d'avoir laissé les choses aller comme cela. Aurait-il pu l'éviter? Il était enragé contre lui-même. Annabella ouvrit les yeux, elle le regardait, il était couché sur le ventre à la regarder.

— Tu ne dors pas mon amour?
— Non.

Elle leva la tête et se tourna sur le dos.

— Qu'est-ce qu'il y a Michaël? Tu sembles tourmenté.
— Je n'aurais jamais dû laisser les choses aller en ce sens Bella.

Elle prit son bras et le leva pour se hisser sous lui. Il finit par céder et se souleva un peu pour qu'elle prenne place sous lui. Elle lui mit ses mains sur ces joues et le regarda dans les yeux.

— Michaël, je t'aime, je ne pense qu'à toi, qu'à ce moment et crois-moi, j'ai été très raisonnable, j'ai essayé et essayé de t'oublier. Tu te rappelles à un certain moment je n'allais plus dans aucune fête familiale?
— Oui, je me rappelle très bien, le médecin disait que tu étais nerveuse et que chaque fois qu'une fête se préparait que cela te rendait nerveuse et que finalement, le jour venu, tu étais plus malade encore.
— Non, c'est ce que le médecin disait et aussi ce que tout le monde croyait, mais moi je faisais semblant pour ne pas avoir à te voir tellement c'était pénible.
— C'est toi qui faisais ça?
— Oui. Je t'aime Michaël, s'il vous plaît, ne me rejette pas. Je ne pourrais pas vivre sans toi, mon existence ne sera qu'une vie malheureuse.

Les larmes coulaient sur ses joues. Michaël essuya les larmes de ses pouces. Et il l'embrassa.

— Ne pleure pas Bella. Comment puis-je te résister maintenant que j'ai goûté à cet amour secret? J'en ai tant rêvé.

Annabella regarda Michaël dans les yeux.

— Prends-moi Michaël, prends-moi encore et encore.

Il entra doucement en elle et embrassa ses larmes.

— Je ne te rejetterai jamais Bella, nous allons devoir apprendre à vivre avec nos choix.

Juste avant d'entrer chez Zack, Michaël regarda Annabella.

— Bella, je suis si nerveux, je…

Elle lui mit le doigt sur la bouche.

— Tu te rappelles mon chéri, on s'assume.
— C'est moi qui ai dit cette bêtise?

Ils rirent et ceci fit en sorte de le détendre un peu.

— Embrasse-moi Bella et je vais tout oublier.

Ils s'enlacèrent quelques minutes.

— Tu es prêt. J'ai bien hâte de revoir les jumeaux et aussi ma toute nouvelle cousine.

Michaël la prit par le bras pour l'arrêter dans son élan.

— Bella, j'aimerais parler à la famille pour qu'ils soient d'accord qu'à partir de maintenant…qu'ils soient tes neveux et nièces et non tes cousins, cousines. Je crois que cela nous faciliterait la tâche. Tu es d'accord?

— Absolument d'accord avec toi.

Ils entrèrent et tous les accueillirent chaleureusement. Maggie les regardait et s'adressa à Zoé.

— Tu sais Zoé, j'aime Zack éperdument et nous vivons le parfait amour, mais quand je regarde Michaël et Annabella ensemble, j'ai l'impression que notre amour n'est rien comparé à eux.

— C'est vrai. Moi aussi je ressens cet amour passionnel qui émerge de leurs regards entre eux, leurs touchés…je si heureuse pour eux. Jamais je n'ai vu mon frère Michaël si…

— Si beau.

— Oh maman! Ils sont magnifiques.

— Oui, mais je vais devoir prendre Michaël à part et lui dire de se détendre.

— C'est vrai qu'il semble un peu tendu.

— Un peu! Il va éclater de nervosité bientôt. J'y vais de ce pas.

— Michaël mon chéri, tu viens voir les chevaux avec moi.

Ogan se leva et manifesta son intérêt pour la visite des chevaux, mais Johannie lui fit signe que non.

— Ah! J'irai plus tard, c'est tout. Bonne chance Michaël.

Il lui fit de gros yeux.

— Qu'il est mesquin celui-là maman.

Johannie riait. Oui, son Ogan était spécial.

— C'est pour ça qu'on l'aime, il est spécial comme vous tous.

— Oui, mais on dirait qu'il défit toujours toutes les lois dans notre famille lui.

— Ah! Ah! Ah! Laissons ton petit frère tranquille et parlons de toi mon chéri.

— Que veux-tu savoir maman?

— Je sais que tu es tellement stressé aujourd'hui que tu me fais peur.

— Ça va aller, ne t'inquiète pas.

— Non Michaël, tu dois comprendre que nous acceptons tous votre amour et aujourd'hui plus que jamais à vous voir ensemble. Vous êtes si beaux à voir, il y a tant d'amour entre vous deux. Cesse de te tourmenter.

— Merci maman. Je l'aime tant et depuis si longtemps.

— Depuis deux ans exactement que tes regards ont changés envers elle et c'est pareilles pour elle.

— Oui, c'est vrai. Maman, comment peux-tu toujours lire en nous, tes enfants? Ça semble si facile pour toi.

Elle le regarda et sourit.

— Quand tu seras parent, tu comprendras. Naturellement, les femmes ont tendance à voir plus que les hommes, ça, c'est juste naturel.

Il lui sourit.

— Alors vous êtes les plus merveilleux parents de la terre, car pour voir et comprendre vos cinq enfants comme vous le faites, vous vous devez d'être très attentifs envers nous.

Ils étaient restés sur place dans la cour, mais ne s'étaient pas rendus aux écuries.

— Je retourne à l'intérieur. Reste ici, je vais t'envoyer ton petit frère pour aller voir les chevaux.
— Très drôle maman. Je préfère Bella à sa place.

Il vit sortir Annabella au bras de son père.

— Tu devais vraiment l'amener avec toi?

Ils rirent et Michaël fit l'accolade à Ogan. Annabella les prit par le bras tous les deux.

— Venez, on va voir les chevaux.
— Tu aimerais venir en promenade à cheval avec moi Bella?
— Oui, j'adorerais.
— Zack m'a dit qu'après la fête des jumeaux, nous irions tous.
— Parfait. Dans ce cas nous attendrons.
— Ogan, je voulais demander quelque chose à la famille, mais je voulais t'en parler avant.
— Quoi donc?

Annabella regardait Michaël.

— Non papa, nous ne voulons pas le demander, c'est ce que nous allons faire.
— Et c'est?
— Bella va considérer ses cousins et cousines comme ses neveux et nièces maintenant. Ce serait bien si la famille le prenait dans ce sens aussi.

— Sans problèmes, tout naturel. Même que ce serait mieux. Annabella, tu veux bien nous laisser mon frère et moi s'il vous plaît.

— Oui, je vous revois à l'intérieur.

Ils la laissèrent s'éloigner avant de parler.

— Michaël, qu'est-ce que tu fais?

Il arqua les sourcils.

— Hein!

— Tu as toujours été un homme sûr de toi et maintenant tu agis comme…comme un imbécile. Sois toi même, ne change pas d'attitude.

— ''Mon petit frère qui me sermonne maintenant''.

— Tu n'as pas à tout demander. C'est votre vie. Je ne veux plus que tu te sentes comme si tu me dois quelque chose. Tu ne me dois rien.

— Désolé.

— Si tu continues comme cela, une montagne gravira entre nous deux et je ne veux surtout pas ça. Nous n'étions pas mal à l'aise avant et nous ne le deviendrons pas.

— Tu as raison. Et moi qui disais à Bella que si nous restions ensemble, que nous devions assumer pleinement notre relation et nos choix. Je suis le premier à faire l'imbécile.

Ogan lui fit un clin d'oeil.

— Viens, rentrons.

Les jours et les années passèrent. Depuis longtemps déjà qu'Annabella avait emménagé chez Michaël. Ils vivaient un parfait amour. Tous s'étaient adaptés autour d'eux, à les voir ensemble.

Étant jeune, Annabella avait voulu étudier la médecine, mais ses compétences académiques démontraient plutôt une force majeure en administration. Après cette constatation, elle s'était dirigée dans ce qu'elle connaissait le mieux, la loi.

Elle allait aujourd'hui pour la dernière fois sur le campus. Elle recevait son diplôme aujourd'hui. Johannie et Frédérick avaient tenu à lui faire un bal le soir même pour la fin de ses études. Mais cet après-midi, ils étaient tous présents à sa remise de diplômes. À la fin, elle alla sauter dans les bras de Michaël. Il l'attira vers le stationnement et s'arrêta devant une Aston Martin DB9 volante.

— Michaël mon chéri, tu n'as pas fait ça?
— Oui, pour toi, tu l'as bien mérité.
— Oh chéri! Elle est splendide.

Elle sauta dans ses bras à nouveau et l'embrassa. Michaël lui remit les clés.

— Tu vas me conduire à bon port…et prudemment?

Elle lui sourit.

Un des hommes qui venait aussi de graduer avec elle s'approcha d'Annabella quand elle était en train de s'installer au volant.

— Hé Annabella! Ton père te gâte toi.

Elle le darda du regard. Elle avait perdu son sourire. Michaël décida de lui répondre.

— Je crois que tu fais ton innocent. Tu as très bien vu qu'on s'embrassait y'a une minute.

Il ne répondit pas, il l'ignora complètement.

— Tu sais Jeff, je vais te le dire à toi. Michaël est même plus âgé que mon père, il est mon fiancé.

Elle sourit à Michaël.

— Tu viens…juge Mezzo.

Michaël sauta à l'intérieur de la voiture. Il sourira à Jeff.

— On va se revoir à la cour Jeff.

Jeff en resta bouche bée.

— ''C'est certainement une farce…mais je crois qu'il y a vraiment un juge Mezzo. Merde! Je ferais mieux de voir ça avec Nina''.

Il alla trouver Nina, l'amie d'Annabella.

— Nina, dis-moi, il y a quelque chose que je n'ai pas compris. Annabella, son nom est bien Mezzo?
— Oui, pourquoi cette question

Il lui expliqua comment il avait fait le con. Tout le monde savait que Jeff n'avait jamais cessé d'inviter et d'importuner Annabella, même après plusieurs refus, il ne lâchait pas.

— Tu t'es pas fait avoir Jeff. Elle va vraiment marier le juge Mezzo. C'est son oncle, mais son père l'a adopté quand elle était bébé, alors c'est pourquoi elle porte le nom de Mezzo.

— Avec son oncle.

— Quelquefois je me demande comment tu es devenu avocat et resté aussi imbécile. Je viens de te dire que ce n'est pas vraiment son oncle.

— Merci c'est gentil comme compliment.

— Si j'étais toi, je demanderais audience au juge Mezzo pour t'excuser, si tu veux travailler à Vancouver.

— Ouin.

— Elle se conduit comme une merveille Michaël.

— C'est toi qui es une merveille.

Elle lui sourit. Ils arrivèrent à l'appartement pour se préparer pour le bal. Il l'embrassa dans l'ascenseur.

— Je crois que nous allons devoir régler un problème avant de nous préparer.

— Oui, absolument d'accord ma chérie.

Il ferma la porte de l'appartement et prit Annabella dans ses bras. Il l'embrassa sauvagement, il la souleva par les fesses pour qu'elle s'accroche à lui. Il adorait la prendre comme cela, l'avoir accroché à lui.

Michaël avait demandé à Annabella s'il pouvait choisir sa robe de bal. Elle avait accepté.

— Oh! Quelle est belle.

— Tu l'aimes vraiment Bella?

— Si je l'aime! Elle est parfaite. Merci mon chéri, tu me gâtes beaucoup trop.

— J'ai hâte de la voir sur toi, mais j'ai peur d'avoir hâte de te l'enlever trop vite.

— Ah! Ah! Ah! Tu vas devoir te retenir pour quelques heures.

— Enfile-la vite, sinon je ne réponds plus de moi.

Tous les invités étaient déjà là à leur arrivée. Quand Annabella et Michaël entrèrent, tous applaudir. Zoé et Amélia s'avancèrent vers eux.

— Ma chérie, que tu es belle!

— Merci maman.

— Je crois que je ne fais pas mes achats au bon endroit.

— Zoé imagine, c'est Michaël qui l'a choisi.

Zoé regarda Michaël avec un sourire de surprise.

— Je n'aurais jamais cru mon frère capable de si de délicatesse. Tu as beaucoup de goût cher frère.

Michaël fit un clin d'oeil à Zoé. Il avait un gros sourire sur les lèvres.

— Tu dois absolument donner tes trucs à Ted.

— Ah! Ah! Ah!

— J'ai l'impression que ma femme parle de moi ici. Annabella, tu es sublime dans cette robe.

— Merci.

— Hé bien! Justement Ted, imagine-toi que c'est Michaël qui a acheté cette robe.

— Ah Michaël! Nous allons tous avoir des problèmes par ta faute.

Ils pouffèrent tous de rire.

Le bal se déroula à merveille. Au milieu de la soirée, la musique s'arrêta. Michaël fit signe à Annabella d'aller le rejoindre au centre de la salle. Il lui prit les mains et la regarda dans les yeux et lui chuchota.

— Je t'aime Bella.
— Je t'aime aussi chéri.

Michaël mit un genou par terre et les Ah fusèrent de partout. Annabella rougit. Il sortit un étui rouge de sa poche et l'ouvrit.

— Veux-tu m'épouser Bella?

Annabella souriait et elle avait les larmes qui coulaient sur ses joues. Elle se mordit la lèvre inférieure avant de répondre.

— Oui Amor, oui.

Il lui mit la bague et se leva pour l'embrasser tendrement. Tous applaudirent et les félicitèrent.

— Michaël, je suis la femme la plus heureuse.
— Je t'aime Bella, je suis fou de toi.

Quelques semaines plus tard, Jeff qui regrettait avoir insulté le juge Mezzo et ne voulait pour rien au monde ruiner sa carrière avant même de l'avoir débuté, fit une demande d'audience auprès de lui.

— Bonjour, j'ai rendez-vous avec le juge Mezzo.
— Oh oui! Maître Simon.
— Oui.

— Veuillez vous asseoir, il sera avec vous dans quelques minutes.

Agathe alla informer Michaël que Maître Simon l'attendait.

— Ma soeur devrait être ici d'une minute à l'autre. Je vais la recevoir avant. ''Jeff mérite d'attendre ce petit merdeux''.

En entrant avec un gros sourire, Zoé dit bonjour à Jeff et à Agathe.

— Bonjour Maître Mezzo, il vous attend.
— ''Non, c'est pas vrai! Cet enculé à une femme en plus, il est marié et s'amuse avec Annabella. L'hypocrite!''

Il se leva enragé et sorti sans dire un mot. Quand Michaël vint pour le chercher, Agathe lui expliqua qu'il était parti sans lui dire un mot.

— Bizarre ce gars. Tant pis pour lui.

Le lendemain, Michaël s'aperçut que Jeff était dans sa salle d'audience. Après que Michaël eu rendu le verdict, Jeff se leva.

— Je ne vois pas comment un juge peut se permettre de juger les gens quand lui-même est en délit dans sa vie.

Michaël leva la main pour que les officiers ne bougent pas.

— Expliquez-moi Maître Simon.
— Vous avez une très belle femme et vous la trompez avec un autre qui a à peine vingt-cinq ans.

Michaël sourit. Il comprit pourquoi Jeff s'était enfui de son bureau. Il sourit et leva sa main gauche.

— Maître Simon, je ne suis pas marié. Mais par contre, je suis sur le point de l'être.

Michaël fit signe aux officiers.

— Veuillez escorter Maître Simon dans mon bureau s'il vous plaît.

Jeff était blême pour une deuxième fois à cause de Michaël, ainsi que fou de rage. Il était obsédé par Annabella. Il comprenait que Michaël allait épouser Annabella.

— Jeff, nous parlons de ma vie privée ici. Est-ce que tu réalises que je pourrais te faire rayer du barreau pour avoir étalé la vie privée d'un juge en pleine cour et en plus de contredire mon jugement?
— Oui, désolé.
— Je crois avoir compris que tu as assumé que la très belle femme…ma soeur était ma femme hier.
— Ah! Votre soeur?
— Oui. Un avocat n'assume pas Jeff, il trouve les preuves. Qu'est-ce que tu as donc appris dans tes cours?

Jeff baissa la tête.

— Je suis désolé. Veuillez m'en excuser.
— Sors de mon bureau et n'essaie jamais plus de te mêler de ma vie privée ainsi que celle d'Annabella ou de ma famille.

Dans deux semaines, leur mariage allait être célébré. Annabella se rendait à la cour pour l'avant-midi écouter des plaidoyers. Jeff l'arrêta dans le couloir. Il la prit par le bras et l'attira à l'écart des regards.

— Aïl! Mais tu es malade, tu me fais mal.
— Annabella, écoute-moi. Tu ne peux pas épouser cet homme. Il ne veut que ton corps, il ne t'aime pas.
— Jeff, Michaël t'a demandé de ne plus approcher notre famille et je suis d'accord. Alors, fiche-moi la paix.

Nina les vit et se dirigea vers eux.

— Bonjour vous deux.

Jeff s'effaça en leur lançant un regard dur.

— Ne me dis pas qu'il est encore en train de te harceler celui-là? Il ne comprendra jamais.
— Oui et il commence à me faire peur.
— Avec le regard qu'il t'a lancé.
— Je vais parler à Michaël ce soir.
— Tu devrais peut-être lui en parler tout de suite. Je n'ai vraiment pas aimé son regard et regarde-moi ce qu'il t'a fait au bras, c'est très rouge.
— Merde! Il m'a vraiment fait mal. Je vais voir ça avec Michaël ce soir. Je ne veux pas le déranger dans sa cour.
— Comme tu veux, mais réagi au moins la prochaine fois pour alerter les gens autour de toi. Ne reste jamais seule avec lui.
— Tu as raison.

Quelques jours passèrent et Michaël avait décidé qu'Annabella devait formellement porter plainte contre Jeff.

Deux jours avant le mariage, Annabella venait d'entrer au palais de justice et elle vit Jeff, mais il ne s'approcha pas d'elle. Elle en était soulagée.

Son téléphone portable sonna juste avant qu'elle entre dans la salle d'audience. C'était un texte.

> *SVP vous rendre à*
> *l'hôpital Saint-Luc*
> *d'urgence.*
> *Michaël vous*
> *demande.*

Annabella décida d'appeler sa mère en se rendant à sa voiture.

— Maman, je viens de recevoir un texte pour me dire que je dois me rendre à l'hôpital pour Michaël.

Elle lui lut le texte.

— Il doit avoir eu un malaise ou un accident. Demande à ma secrétaire d'annuler tous mes rendez-vous et je te rappelle pour te tenir au courant.
— Bien chérie.

Comme Annabella touchait la portière de sa voiture, elle sentit vaguement qu'on lui mettait la main sur la bouche et après, plus rien.

— Bonjour Annabella.
— Mais…

Annabella prit quelques minutes pour regarder autour d'elle. Elle était attachée à un lit dans une pièce qu'elle ne connaissait pas.

— Toi!
— Oui mon amour, moi. Tu ne voulais pas entendre raison, alors j'ai dû t'enlever. Maintenant que tu es à ma merci, tu devras m'écouter et…tu me remercieras un jour.
— ''Mon Dieu! Il est vraiment malade lui. J'ai bien fait d'aviser ma mère''.
— Nous allons rester ici, toi et moi, jusqu'à ce que tu entendes raison Annabella, cet homme n'est pas pour toi. Moi je peux tout de donnée, je suis à la merci de ton amour. Je t'aime Annabella, tu ne l'as donc jamais compris. Nous sommes faits l'un pour l'autre et c'est notre destinée. Nous ne pouvons rien y changer.
— Jeff, que veux-tu?
— Toi mon amour. Rien d'autre. Tu sais très bien, pour toutes les fois que tu m'as humilié, que tu as refusé de sortir avec moi. Tu es à moi Annabella, tu es à moi seul.

On apporta un message urgent à Michaël dans sa salle d'audience. Son frère était dans son bureau. Il ajourna sa cour pour quinze minutes le temps de voir ce qui en était.

— Ogan! Que fais-tu ici? Qu'est-ce qu'il y a?
— C'est Annabella.

Michaël devint blême en entendant Ogan lui parler de l'appel qu'elle avait fait à Amélia.

— Quand Zoé nous a dit qu'elle venait de te voir à la cour, nous avons essayé de joindre Annabella sur son portable, mais elle ne répondait pas. Nous avons déduit qu'il y avait un problème. Ted est en route pour ici.

— Merde! C'est Jeff.

— Qui?

Ted arriva comme Michaël allait raconter à Ogan les différentes altercations qu'ils avaient eues avec Jeff.

— Tu peux m'avoir un mandat immédiatement pour son lieu de travail et sa résidence?

— Oui, je vais demander à un de mes collègues, car je suis impliqué directement. Je ne peux pas le faire moi-même. Ogan, va voir au stationnement sous terrain et vérifi si sa voiture est là.

Zoé entra en trombe dans le bureau et leur annonça qu'elle venait de voir la voiture d'Annabella dans le stationnement et elle avait son téléphone portable dans ses mains. Elle l'avait trouvé par terre près de sa voiture.

— Elle l'a probablement laissé tomber…elle a été surprise et…merde!

Ted était déjà à envoyer des officiers à la poursuite de Jeff. Ils se rendaient chez lui et à son travail.

Au bureau de Jeff, ils ne pouvaient rien faire avant d'avoir le mandat en main. Après l'avoir eu, il emporta l'ordinateur et fouilla le bureau au complet. Ils trouvèrent des tonnes de photos d'Annabella, apparemment depuis des années, il la photographiait à son insu. Tous les employés du bureau où Jeff travaillait avaient été questionnés. Personne ne pouvait les aider. Ils questionnèrent aussi tous les membres de sa famille. Toujours rien de ce côté à l'exception qu'ils apprirent que Jeff avait été soigner pendant trois ans étant adolescent pour des troubles de personnalité.

451

Ted en informa Michaël et la famille. Zoé de son côté demanda l'aide à Nina pour annuler la soirée de filles qui était prévue pour le soir même.

— Jeff a fait ça! Mais il est malade ce gars.
— C'est ce que nous croyons, t'a-t-il déjà parlé de quelque chose qui pourrait nous aider?

Nina chercha dans sa mémoire. Depuis des années qu'elle connaissait Jeff.

— Y'a bien une fois où il avait invité Annabella. Il disait appartenir un chalet près d'une pente de ski. Il parlait de montages et je ne me rappelle plus. C'est terrible Zoé.
— Est-ce que tu sais où était le chalet?
— Non et naturellement, Annabella avait refusé.

Zoé appela Ted pour l'informer. Ted se mit à diriger ses recherches sur cette information.

— Ted, la seule chose qu'il a à son nom est son appartement en ville et sa voiture.
— Appelez ses parents à nouveau.
— Ils disent que leur fils n'a jamais appartenu un chalet dans les montagnes.
— Merde! On n'arrive à rien. Y'a pourtant quelqu'un quelque part qui doit savoir. Rappelez ses amis, collègues de travail pour leur parler de ce chalet.

Leurs réponses revinrent toutes négatives. Depuis déjà trois jours qu'Annabella était porter disparut. Aujourd'hui était la journée de leur mariage. Michaël avait tout annulé jusqu'à nouvel ordre. Il avait espérance que Jeff l'aimait assez pour la garder en vie.

Maggie avait fait quelques appels dans la tribu où elle était née après avoir entendu Ted parler d'un chalet dans les montagnes. Les tributs étaient tous dans les montagnes. Le chef de bande lui assurera qu'il était pour faire le nécessaire pour que la nouvelle se répande dans tous les tributs environnants.

Maggie reçut un appel six heures plus tard. Jeff louait un vieux chalet d'un indien dans la montagne sauvage.

— Ton mauvais mariage est passé maintenant, nous allons pouvoir célébrer le nôtre Annabella. Je dois attendre que tu sois docile par contre. Si tu veux que je te détache, tu dois accepter mon amour.
— Ma famille va remuer ciel et terre pour me retrouver Jeff, tu ne t'en sortiras pas.
— Ah! Ah! Ah! Nous sommes introuvables mon amour. Douterais-tu de mon intelligence?
— Jeff, je doute de beaucoup plus que ça.

Il la regarda de nouveau avec ce regard noir. Il s'avança et leva sa blouse pour voir son ventre. Il passa ses doigts doucement.

— ''Je fais l'imbécile là, je ferais mieux d'entrer dans son jeu si je veux essayer de m'en sortir intacte''.
— Je ne voulais pas te prendre avant notre mariage, mais si tu es trop arrogante, je vais devoir te montrer qui tient les reines ici.
— ''Oh merde non! Ah Michaël! mon chéri, retrouve-moi''.

Annabella avait les larmes qui perlaient sur ses joues. Elle avait maigri, elle refusait de manger et elle commençait à ne plus pouvoir bien penser. À regret, elle dut entrer dans son jeu.

— J'ai faim Jeff.
— Ah! Enfin, il était temps.
— Je voudrais manger dehors, est-ce possible?
— Oui, on va s'installer sur le porche.

Annabella fût découragée de voir qu'ils étaient complètement entourés par le bois. Elle ne voyait que des arbres.

Ted arriva chez les Mezzo avec de meilleures nouvelles.

— Nous croyons l'avoir retrouvé grâce à Maggie.

Tous l'écoutèrent, certains laissaient couler des larmes. Depuis quatre jours depuis la disparition.

— J'ai eu l'approbation d'amener une personne avec moi, une seule.

Amélia et Ogan se regardèrent. Ogan comprit qu'Amélia préférait que ce soit Michaël. Celui-ci les regardait sans oser demander.

— Tu te sens capable Michaël.

Il ne pouvait répondre, il fit signe que oui.

— Alors tu dois aller te changer et mettre des vêtements foncés. Nous ne savons pas à quoi nous attendre. Tu dois comprendre une chose Michaël, il se peut que nous arrivions et qu'ils ne soient plus là.

— Tu devras m'obéir sans faute. Quand tu pourras approcher et la réconforter, c'est la raison pourquoi je te laisse venir, je t'aviserai. Tu ne bougeras pas avant ça.

— Oui.

— Tu me rejoins ici dans une heure. Nous avons un hélicoptère à 18h00 qui nous amènera où les secours sont en train de s'organiser et nous pourrons nous avancer ensuite. L'opération peut prendre beaucoup de temps, il faut être patient pour bien entreprendre une opération du genre.

Michaël alla vite passer chez lui se changer et il prit des vêtements pour Annabella.

— ''Ah mon Dieu! Faites qu'elle soit en vie''.

Michaël tomba assis sur son lit et pour la première fois, il pleura. Il s'y laissa aller quelques minutes avant de se reprendre.

— ''Allez Michaël, elle sera dans tes bras bientôt''.

Arrivé près du chalet où se trouvait Annabella et Jeff, Ted regarda Michaël.

— Tu vas tenir le coup? Tu ne bouges pas compris.

— Oui…oui.

Michaël dut attendre une heure après être arrivé au chalet pour voir les policiers réagir et entrer dans le chalet. Quels soulagement et angoisse au même moment qu'il ressentait. Il était bouleversé à l'intérieur de lui-même. Ils maitrisèrent Jeff assez vite et Ted entra à toute vitesse quand il vit Jeff sortir aux bras des agents. Il trouva Annabella pieds et mains liés au lit. Il lui détacha les bras et elle lui criait de la détacher vite. Après lui avoir détaché les mains, elle lui sauta au cou en pleurant.

— Merci Ted, merci. J'ai eu si peur.
— Tout est fini Annabella, calme-toi ma chérie.

Un officier détacha ses pieds tandis que Ted essayait de calmer les pleurs d'Annabella.

Ted la prit dans ses bras et la sortie du chalet. Il fit demander à Michaël d'approcher quand Jeff fût éloigné.

Jeff se mit à rire et regarda Annabella.

— J'aurais dû te prendre avant notre mariage. Je voulais être en toi.

Ted fût soulagé d'entendre ses paroles, car cela lui donnait la conviction qu'il n'avait pas violé Annabella.

Annabella se détacha des bras de Ted. Celui-ci croyait qu'elle allait courir pour ceux de Michaël, mais il fût surpris de voir qu'elle s'était enragée et elle alla frappa Jeff à plusieurs reprises jusqu'à ce que Ted la reprenne de force dans ses bras avant qu'elle ne se fasse mal. Michaël essayait aussi de se débattre pour attraper Annabella. Ted la porta jusqu'à Michaël. Il la prit et la conduisit dans le 4X4 où il avait attendu. Il la prit dans ses bras et la calma.

— Chut, chut, chut. Bella, tout va bien maintenant. Je t'aime, j'ai eu si peur de te perdre. Tout va bien aller.
— Oh Michaël! Garde-moi dans tes bras.
— Oui Bella.

Ted se retourna pour les regarder.

— Elle est épuisée. Nous allons devoir la conduire à l'hélicoptère pour qu'ils la transportent à l'hôpital. Je vais aller avec vous deux si tu permets Michaël. J'ai déjà fait envoyer un message à la famille.

— Merci Ted, c'est grâce à toi si nous l'avons retrouvé.

Quelques jours plus tard, Annabella eut son congé et Johannie avait fait envoyer un hélicoptère pour les ramener à la maison le plus vite possible.

Annabella et Michaël étaient étendus sur leur lit et Annabella avait la tête appuyée sur le torse de Michaël.

— Nous avons manqué notre mariage.

— C'est drôle d'entendre ça, mais oui. Nous allons remédier à ça quand tu seras prête Amor. Entre-temps, il y a toujours l'Italie qui nous attend. Si tu veux, nous pouvons y aller avant de nous marier, ça te ferait du bien.

— Je veux te marier. Tu crois que nous pourrions aller juste devant un juge.

Michaël souriait.

— Non Bella. Tu mérites mieux qu'un mariage devant un juge. Nous méritons cette journée tous les deux et j'avais si hâte de te voir dans la robe que tu avais choisi.

— Alors nous pourrions aller nous marier en Italie et faire un petit mariage, juste avec la famille.

— Ah! Ah! Ah! Bella, Bella. Tu me fais vraiment rire là. Tu connais très bien les Italiens, le mot famille, c'est toute la grande famille et il n'y a pas de petit mariage en Italie.

— Tant pis. Allons nous marier là-bas.

— Je veux te marier n'importe où Amor…excepté à la cour.

Johanne Landers

Elle lui sourit et l'embrassa.

Le mariage fût célébré en Italie avec toute la grande famille. Durand la réception, une femme apporta une enveloppe à Frédérick. Il ouvrit la carte à l'intérieur et c'était écrit. ''Je te devais bien cela Fred''.

Johannie l'avait lu aussi et ils ne comprenaient pas, mais Frédérick avait un doute, car le seul qui le surnommait Fred était Lorenzo Bianco, le mafioso, son ami de jeunesse. Un peu plus tard, Ted demanda à leur parler en privé.

— Qu'est-ce qu'il y a Ted?
— Je viens de recevoir un appel de Vancouver. Jeff s'est suicidé dans sa cellule. Ils vont clore l'affaire.

Johannie regarda Frédérick et tous les deux comprirent la note dans la carte.

— Je crois qu'il serait préférable de ne pas en parler aujourd'hui.
— Nous sommes d'accord.
— Puis-je vous laisser le soin de les aviser quand vous en jugerez bon?
— Absolument mon garçon.

Ils laissèrent Ted partir et Frédérick se passa la main dans les cheveux.

— C'est lui hein?
— J'en ai bien peur Johannie.

— Alors brûle cette maudite carte que tu as reçue et oublions cette histoire que nos enfants puissent être heureux et en paix. Tu as entendu Ted, il s'est suicidé.

— Calme-toi chérie. C'est exactement ce que je vais faire.

Il la prit dans ses bras et l'embrassa.

— Dans quelques jours, je prendrai Michaël seul et je lui dirai. Ce sera à lui d'informer Annabella quand il en jugera le moment.

— Oui, parfait. Viens, nous devons retourner à la fête. Je suis contente que ce soit terminé pour cet enfant.

— C'est terminé, n'en parlons plus.

Au retour d'Annabella et Michaël, son père lui parla.

— Michaël, nous avons eu une information que je me dois de partager avec toi et que je voudrais que tu la partages avec Annabella assez vite pour ne pas qu'elle l'apprenne d'une autre façon que par toi.

— Qu'est-ce qu'il y a papa?

— Jeff Simon s'est suicidé dans sa cellule, alors il n'y a plus de procès. Vous pourrez vraiment essayer d'oublier cette histoire sordide.

— Ah!

— Il n'y a rien à r'ajouter mon garçon.

— Oui, c'est…presque un soulagement.

— Ce n'est pas presque, c'en est un. Ce garçon était malade, ils auraient pu le soigner, mais c'est fini maintenant.

— Bien papa, merci.

Le soir même, il fit couler un bain pour Annabella et lui et il attendit qu'ils soient tous les deux détendus dans le bain et il lui annonça la nouvelle que son père lui avait communiquée.

Annabella versa quelques larmes et Michaël la serra dans ses bras.

— Nous pouvons essayer de mettre cette histoire derrière nous.
— Oui.

Ils étaient tous de retour et Annabella travaillait au cabinet avec sa famille et tout était rentré dans l'ordre. Elle avait des rendez-vous régulièrement chez le médecin pour s'assurer que tout allait bien. Aujourd'hui par contre elle voulait soulever un problème particulier avec lui, elle n'avait pas eu de règle depuis l'enlèvement.

— Vous savez quelques fois ça arrive après un traumatisme comme celui que vous avez vécu. Vous avez aussi manqué six jours de pilules. Cela peut facilement avoir déréglé votre système. Vous n'avez aucun vomissement, aucun malaise, alors je douterais que vous soyez enceinte. Par contre, si vous voulez être rassuré, vous pouvez faire un test qui se vend en pharmacie et vous aurez la réponse en cinq minutes.
— Parfait, je vous remercie.

Quelques jours passèrent et Annabella n'avait aucun malaise, elle se sentait très bien. Elle ne jugea pas nécessaire de faire le test.

— Annabella, tu ne manges plus le matin. Ce n'est pas bon pour toi. Je t'ai fait un déjeuner ce matin et j'aimerais vraiment que tu prennes le temps de manger avec moi. Fais-moi plaisir.

Il lui fit signe de s'asseoir, mais elle n'avait vraiment pas faim. Elle prit place à contrecœur. Elle grignota quelques fruits puis elle partit en courant vers la salle de bain.

Michaël la suivit.

— Ça va Amor?
— Non, non ça ne va pas du tout.
— Oh! Oh! Est-ce que ça pourrait être ça?

Michaël lui donna une serviette trempée et la transporta jusqu'à la chambre, il la déposa sur le lit.

— Reste là Bella et repose-toi aujourd'hui. Je vais faire venir le médecin.
— Non, va plutôt chercher un test de grossesse à la pharmacie.

Annabella n'avait pas fini de parler que Michaël se pinçait les lèvres pour ne pas sourire. Il revient avec trois tests différents en un temps record.

— Tu as fait de la vitesse ou quoi?
— Hum, et je crois que la raison n'aurait pas été très crédible en cour.

Elle sourit.

— Viens vite.
— Il faut lire les instructions avant.
— Pas besoin, on m'a tout expliqué à la pharmacie.
— Tu as même eu le temps de te faire expliquer les instructions?
— Oui. Tu dois uriner maintenant sur le bâton.

Il stoppa et regarda Annabella.

— Oh! Tu n'as peut-être pas besoin d'uriner immédiatement hein?

— Oui, j'ai toujours besoin d'uriner ces temps-ci.

Elle prit le bâton et se dirigea pour la salle de bain avec Michaël sur ses talons.

— Toi, tu restes là.

— Bien, mais tu vas sortir de là, tu n'attendras pas la réponse seule.

— Non, je ressors tout de suite.

Annabella fît le test tout en souriant, elle avait laissé la porte entre ouverte. Aussitôt terminé, Michaël entra. Il prit le bâton, il alla s'asseoir sur la cuvette, s'accouda sur un genou avec sa tête appuyée sur sa main.

— Trois minutes seront longues pour toi mon chéri.

Il leva les yeux du bâton et lui sourit.

— Viens t'allonger, nous allons nous asseoir sur le lit pour attendre.

Quand le bâton montra que le test était positif, il le déposa sur la table de chevet pour ensuite embrasser Annabella.

— Quel baisé, tu as le sourire qui ne décolle plus.

Il finit par embrasser son ventre et dire bonjour au bébé. Ensuite il lui fit l'amour tout en douceur.

— Je dois vraiment me rendre au bureau, je suis déjà très en retard par ta faute.

— Tu peux rester ici si tu veux, au moins jusqu'à ce que tu vois le médecin.

— Non Michaël, je vais très bien et je vais au bureau.

— Je viens avec toi.

En dix minutes, le bureau complet savait qu'ils attendaient un enfant.

Niko naissait six mois plus tard, puisqu'elle n'avait pas réalisé qu'elle attendait un enfant avant le troisième mois.

Johanne Landers

<u>Trouvez-les, ils sont là</u>
Mon bel amour
Ogan Mezzo que rien n'arrête trouvera les amours de sa vie
La redoutable Zoé Mezzo devant la défaite…et l'amour
Zack Mezzo, le beau charmeur chevauche avec l'amour
Emmanuël Mezzo face à son secret
Michaël Mezzo tourmenté par ses amours
La famille Mezzo : L'intégral
Le Prince Aja envoûté par Danna
L'amour interdit de Magalie
Amoureuse de son sauveur
Le cadeau de Gabriella
Un cowboy pour Mia
Mon ange gardien sexuel
Deux mois d'amour, une vie de passion
Mon oiseau volage d'amour
Annie taquine l'amour de sa vie
Destinée à lui
Alyssa, tu es mienne, eres mías

www.ingramcontent.com/pod-product-compliance
Lightning Source LLC
Chambersburg PA
CBHW051431260626
47162CB00001B/47